NUUN

NUUN

Qalin iyo Qoraalkii

WANAAJINTA QORAALKA

MUXAMMAD YUUSUF

GARANUUG

Garanuug

Xuquuqda © Muxammad Yuusuf 2021
Xuquuqda oo dhan way dhowran tahay. Buuggan ama qayb ka mid ah lama daabaci karo, lamana tarjuman karo la'aanta idan qoran oo laga helo qoraha iyo faafiyaha.

Dhigaalka, naqshadaynta, iyo qaabeynta jaldiga:
Muxammad Yuusuf.

Copyright © Mohammed Yusuf 2021
All rights reserved. No part of this publication may be reproduced, stored in any retrieval system, or transmitted in any form or by any means, including photocopying, recording, or other electronic or mechanical methods, without the prior written permission of the author and publisher.

Typesetting and cover design by Mohammed Yusuf.

Printed and bound by TJ International Ltd, Padstow, Cornwall
www.garanuug.com
info@garanuug.com

ISBN: 978-1-8384008-0-4

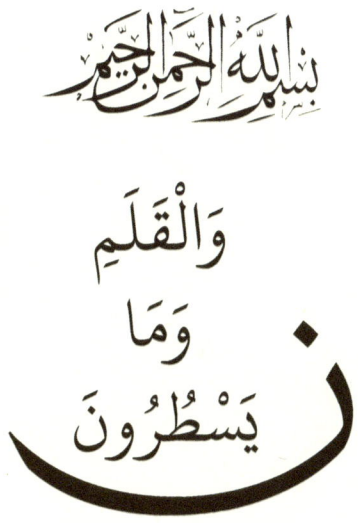

"Nuun— Waa Igu qalinka
iyo waxa ay dhigayaan."

AL-QALAM: 1

MAAMUUS

Xuska iyo Xusuusta

Maxamed Baashe Xaaji Xasan—saxafi, qoraa, iyo haldoor.

Alle ha u naxariisto.

1963–2020

"Wixii la qoraa quruuma hadhee muxuu hadal qiimo leeyahay?"

—**CABDI SINIMOO.**

HIBEYN

Guddiyadii af Soomaaliga ee dedaalka weyn galiyay sidii afka loogu samayn lahaa far lagu qoro, dhidibbadana u taagay hannaankiisa iyo habkiisa qoraal.

Hoobal
HADRAAWI

"Ninka hirarka dhaadheer
Dadka kala hadlaayee
Qof kastaba la haystee
Ugu taga halkiisow
Kolley waan hubaayoo
Haasaasahaygiyo
Waxa aad had iyo jeer
La haloosiyeysaa
Hibo gaar ah weeyee

Hiddo maxaad ku dhaqantaa?
Hanti maxaad ka leedahay?
Hub maxaad ka sidataa?
Adduunyadu hir weeyee?
Maxaad haabanaysaa?
Maxaad haybnaysaa?

Waxa hoobal lay yidhi
Aan kuu higaadshee
Hiddo waxaan ku dhaataa
Afkii hooyadeennoo
Hanti waxaa ka leeyahay
Suugaanta hodanka ah
Hubna waxaan ka qaataa
Hal-abuurka midhahiyo

Hannaankiyo sargooyada
Qalab lagu hufaayoo
Lagu haadiyaayoo
Hugunkayga yeedhaa
Lagu hawl galaayoo
Heellooyinkaygaa

Bulsho lagu hagaayoo
Ka hallawsan weligii
Lagu hoga-tusaayoo
Hawraarahaygaa
Dhasha lagu habaayoo
Dadku hadalladayduu
Ka dhigtaa hal haysoo
Dhegtu heesahaygay
Hanqal taag ku maqashaa

Hayhaato meelaan
Halistiyo wax yeellada
Ka arkaa hog dheeroo
Hoydayda yeedhaa
Nacab soo hillaabtiyo
Horror lagu ogaadaa.

Birta waxa u haystaa
Hubka waxaan ku laayaa
Qofka himiladaydiyo
Neceb horu markaygoo

Hagar-daamo taliyee
Jecel hadimadaydoo
Horsed sheelan baan ahay

Hammi baa I lumiyoo
Hogashiyo wareerbaa
Hilbahayga laastoo
Haraggiyo laftii baan
Ku haddafayaayoo
Ma haleelo dhaymaha
Ma dhasado kalliilaha
Mas ku jiro hoggiisoo
Cawa daran la hoydoo
Hurdo loo mar dhigay baan
Anna haro-walwaaleed
Hora hora idhaahdaa

Inta aan higgaadiyo
Hindisaha ku jeedaa
Dadku iga hayaamaa
Hore layga guuraa
Inkastaan u heegnahay
Xilka aan hagoognahay
Misna habaqlahaygay
Haadii ka dheregtoo
Hanbo feenna mooyee
Hordhac kuma badhaadhoo
Hayinkaygu ima geyn

Weli hogol da'aysoo
Haaneedka uma qaban
Weligey hal curatoo
Duco iyo habaar baa
I hareera yaalloo
Waxan ahay nin hodanoo
Hayntana ka madhanoo
Adooigu hamiyayaan
Waxba ii huraynoo
Halac laygu dhaafiyo
Gacan-haadis mooyee
Qofna iima hagar baxo

Adduunyadu hir weeyoo
Hanti uma dudaayee
Halis igu dardaarana
Nafta haysan maynoo
Mar qudhay hallowdaa
Furataa hoggaankee
Dadka ii han weynow
Marka aad I hoysaan
Waa in lay hagoogtaa
Waxan hiil ka geli jirey
Ama hoo ka tari jirey
Hengel lagu taxgeliyaa
Hadhow lay xasuustaa
Hebel lay yidhaahdaa."

—Hadraawi: Hoobal.

SOOGAABISYO

SWT	*Subxaanahuu wa tacaalaa.*
SCW	*Sallallaahu calayhi wasallam.*
CS	*Calayhis salaam/ Calayhas salaam.*
RC	*Radiyallaahu canhu/*
	Radiyallaahu canhaa/
	Radiyallaahu canhum.
AHUN	*Alle ha u naxariisto.*
HALKUUN	*Halkaa uun ka eeg.*

TUSMO

Maamuus **viii** •
Hibeyn **xi** •
Hordhac **1** •

❦

SEES IYO MABAADI'

Kaalinta Qoraalka **9** • *Kaalinta Qoraaga* **29** •
Qoraaga iyo Akhriska **45** •

MAWDUUCYO QORAAL

Taariikh **70** • *Taariikh Nololeed* **89** • *War* **121** •
Maqaal iyo Curis **135** • *Sheeko* **141** • *Anshaxa iyo Fanka* **173** •

QALAB QAADASHO

Isdiyaarin **195** •

QORITAAN

Qalinkaa Wax Suureeya **215** • *Guudmar* **219** • *Yaad Wax u Qoraysaa?* **223** • *Marinnada Maanka* **227** • *Bilow Xiise leh* **233** • *Hadalkana Sar Weedhiisa* **239** • *Ereyga* **247** • *Xidhiidhin* **249** • *Hummaag Sawirid* **251** • *Tilmaan* **265** • *Qalinqataar* **283** • *Khitaamuhu Miskun* **287** • *Xigasho* **291** •

HUFID IYO HAADIN

Tifaftir **297** • *Astaamayn* **307** •

HIGGAAD

Isku Qorid iyo Kala Qorid **319** • *Ahaansho* **331** • *Jiitin Gaaban* **339** • *Hamse* **345** • *Shed* **353** • *Wadarayn* **363** • *Xasilinta Higgaadda* **373** •

QAABAYNTA QORAALKA

Farta Qoraalka **395** • *Tuducayn* **403** • *Qaybaha Buugga* **407** •

Raadraac **415** •

HORDHAC

Mar kasta oo qoraalku fufo waxaa soo ifbaxda baahida loo qabo in wax laga qoro hagaajinta qoraalka. Innaga waxaa innoo dheer afka oo aan waqti dheer qornayn, qoraallada jira oo kooban, nidaamkii waxbarasho oo aad u tayo hooseeya, in badanna afaf kale lagu qaato waxbarashadii... Qoraalladii tusaalaha noqon lahaa oo yar ama tayadoodu hoosayso ayaa iyaguna keenay in qaabkii mawduucyada wax looga qori lahaa ay innagu adkaato. Dad badan oo wax qori lahaa ayaa meel ay ka bilaabaan iyo qaab ay u wajahaan la'. Inta aan adeegsiga qumman iyo naxwaha la gaadhin, higgaaddii baa lala daalaadhacayaa weli oo aan salka dhigan.

Muddo toban sano ku dhow waxyaalo aan ururinayay ayaa aan intii badnayd halkan isugu keenay. Qaybo badan oo ka mid ah shakhsi ahaan ayaa aan u ururiyay oo hawlo akhris, qoraal, iyo tifaftir isugu jira ayaa aan ka ururiyay ama ka kororsaday. Qaybo ka mid ahna waa xigasho ku timid baadhitaan si aan khibradda iyo aqoonta qoraallada ku kaydsan ugu soo gudbiyo akhristaha Soomaaliyeed.

Sababo badan oo jira awgeed, oo ay ugu horrayso buugga oo aad loo raagsaday, waxa aan ka tagay qaybo aan jeclaa inaan ku daro, qaybana waa ay ka kooban yihiin intii aan bilowgii ugu talagalay. Haddii ay dib ka muuqato muhimaddoodu dabcadaha dambe ayaa aan isku dayayaa inaan ku daro, haddii Alle idmo.

In badan oo buuggan ka mid ahi waxay ku saabsan tahay anshaxa. Qoraalka wanaagsan kuma koobna sixitaanka higgaadda, toosinta naxwaha, iyo ereyo qurux leh oo la adeegsado. Anshaxa wanaagsani sida uu u qurxiyo qofka labbisan, ayaa uu qoraalkana u bilaa, haddii laga tagana, uu qoraalkii u foolxumaadaa. Iimaaha qoraalladeenna aafeeya si wax looga qabto, waa in labadaa dhinacba laga abbaaraa.

Waa ay adag tahay in la qoro buug akhriste kasta iyo qoraa kasta baahidiisa wada daboolaya. Sidaas awgeed, meelo badani waxa ay u qoran yihiin qaab guud oo ay tahay in qoraagu baahidiisa waafajiyo.

Maadaama qoraallada ardayda loo diraa ay qaabab gaar ah leeyihiin, waxaa ii muuqatay in ay habboon tahay in buug gaar ah ay u baahan yihiin ee aan kan lagu faahfaahin karin. Laakiin qaabka goonida ah mooyaan e, nuxurka iyo talooyinka buuggani waa ay afcayaan waxaanna rejaynayaa in ay tayayn karaan qoraal kasta, noocii uu doono ha ahaado e.

Habqoraalka maansadu kuma jiro buuggan. Buugga Xabagbarsheed ee Cali Ileeye iyo buugaagta kale ee laga qoray ayaa loogu tagi karaa. Waxyaalaha uusan buuggani ka hadlin waxaa ka mid ah doodda R iyo Dh. Waa dood dheer oo murugsan oo aan laga dhammaanayn. Anigu Dh ayaa aan qoraa, adiguna kii aad ku qanacdo qor.

Xarfaha Carabiga ah ee aynaan lahayn kuwo u dhigma, waxa aan u adeegsaday kuwa Laatiinka, sida th, z, ... marka ka tagiddoodu ay dhib keeni karto iyo in la qalad fahmo magacii ama dhawaaqii. Meeshii laga fursan waayana, waxa suuragal ah in aan xarafkii Carabiga ahaa raaciyo (ش ظ). Buugaagta noocan ahi uma baahna in sida qoraallada akadhemigga ah tixraac loogu sameeyo, laakiin meelaha qaar waa aan raaciyay, umase habaysna qaybkii akadhemigga ah. Bilowgii hore tixraac la'aan baa uu qoraalku ahaa ee dhawr meelood oo u baahan markii aan arkay, ayaa aan intii kale ee aan haleelayna aan raaciyay, si ciddii u baahataa ay uga faa'iidaysan karto. Waa ka-dabatuur aan qorshaha hore ugu jirin, wixii dhimaal ahna taas ayaa sabab u ah.

Qaybta higgaadda waxa aan ku soo gudbinayaa habqoraalka ereyada qaar ee aan isleeyahay wuu habboon yahay, qoraalka afkeenna in la mideeyo oo salka loo dhigana waa uu soo dhoweyn karaa. Waa aragtiyo sax iyo qaladba yeelan kara, ayna suuragal tahay in aan aniguba wax ka beddelo haddii aan arko wax dhaama. Sidaas awgeed, haddii aadan ku qancin, kuma qasbanid.

Murti badan oo Soomaaliyeed ayaa aan buuggan ku soo ururiyay si ay jidka ugu iftiimiso qoraaga. Qoraa waxa aan uga jeedaa qof kasta oo wax qoraya, iimayl, cashar dugsiyeed, war, buug, ikk. Murti la'aan innama hayso e, meelmarintii baa aynu u maaro la' nahay.

Mahadnaq

الحمد لله الذي بنعمته تتم الصالحات.

Alle ayaa mahad oo idil iska leh.

Waxaa mahadnaq iga mudan macallimiin iyo asxaab badan oo aan ka faa'iidaystay aqoontoodii, talooyinkoodii, iyo dhiirigalintoodii. Iyada oo aanan wada magacaabi karin, waxa aan jeclaan lahaa in aan si gaar ah u xuso Maxamad Gaanni oo soosaaridda buuggan qayb weyn ka qaatay, akhriyay oo tifaftiray qaybo badan oo buugga ka mid ah, wax badanna ka saxay. Waxaa iyaguna talooyin badan ku daray, waxna ka saxay qaybo buugga ka mid ah Faarax Cali Yuusuf, Maxamed Cabdullaahi Cartan, Ustaad Cabdulqaadir Diiriye, Maxamed Ibraahim, Cali Ileeye, Boodhari Warsame, Maxamed Cabdullaahi Dhaaley, Ibraahim Aadan Shire, Bashiir Xasan Xuseen, Maxamed-Haykal Muxumed Cabdi, Maxamed Xasan, .

Dad badan ayaa si toos ah iyo dadbanba qayb uga ahaa ururinta xogta buuggani xambaarsan yahay. Aniga oo kulligood u wada mahadnaqaya, waxa aan si gaar ah u xusayaa Cabdullaahi Warsame, Rashiid Sh. Cabdillaahi, Maxamed Ciiraale, Cali Ciiraale, Axmed Cawaale, Idiris Maxamed Cali, Cabdiraxmaan Yuusuf, Cabdicasiis Guudcadde, Cabduwahaab Cabdulqaadir Saqa, Cabdiraxmaan Cirro, Axmed-Nuur Xasan, Maxamed Xirsi, Cabdillaahi Wacays, Cabdicasiis M. Jaamac, Kayse Xabaw, Sayid-Axmed Dhegey, Axmed Iid, Maxamed Cabdibashiir, Burhaan Cali, Cabdishakuur Cali Nuur, Cabdicasiis Maxamed Iimaan,

Axmed-Garaad Cali, Maxamed Cabdillaahi Kooliyow, Yuusuf Cabdifataax, Maxamad M. Yuusuf, Maxamed A. Xasan, Faarax Maxamed Cambaashe, Cabdullaahi Salaad Dacar, Axmed Maxammed Nuur, Cabdisamad Xoday, Maxamed C. Cali, Cabdiraxmaan Raage Cali, Bilaal Qaasin, Cabdiraxmaan Maxamuud, iyo Xamse Gadhle.

Dhammaan intii si toos ah iyo si dadbanba uga qaybqaadatay waxa aan leeyahay: Alle wanaag ha idin kaga abaalmariyo, in badanna mahadsanidiin.

Alle wanaag ha ku abaalmariyo eeddaday oo igu korisay jacaylka aqoonta iyo waxbarashada, labadayda waalid, iyo macallimiintaydii dedaalkoodu ii suuragaliyay in aan buuggan qoro.

Waxaa mahadnaq gaar ah iga mudan marwadayda Ruqiya Dalmar, oo runtii dulqaad iyo taageero badan ila garab taagnayd intii aan buuggan qorayay—Alle ha kaga abaalmariyo wanaag.

Waan hubaa in aan ka ildduufay dad mudnaa in aan xuso, waaana ay mahadsan yihiin. Xusuusta iyo booska qoraalkuba waa caqabado isku horgoynaya in dadkii mudnaa la wada xuso. Waad is-og tihiin e, khayr hela.

Wixii talo iyo tusaale ah waxaa la igu la wadaagi karaa: muxammadyuusuf252@gmail.com; @Muxammadyuusuf.

Mahadsanidiin.
Muxammad Yuusuf.

Sabti, 17 J. Aakhirah 1442
30 Jan 2021

NUUN 6

SEES IYO MABAADI'

NUUN 8

KAALINTA QORAALKA

عُبَادَةَ بْنِ الصَّامِتِ قال : سَمِعْتُ رَسُولَ اللهِ صَلَّى اللهُ عَلَيْهِ وَسَلَّمَ يَقُولُ : إنَّ أَوَّلَ مَا خَلَقَ اللهُ الْقَلَمَ فَقَالَ لَهُ : اكْتُبْ ، قَالَ : رَبِّ وَمَاذَا أَكْتُبُ ؟ قَالَ : اكْتُبْ مَقَادِيرَ كُلِّ شَيْءٍ حَتَّى تَقُومَ السَّاعَةُ

Wixii ugu horreeyay ee Alle abuuray waxa uu ahaa qalinka, dabadeedna Alle ayaa ku yidhi "Qor." Qalikii waxa uu yidhi: "Rabbi, maxaan qoraa?" Waxa uu Alle ku yidhi: "Qor maqaadiirta wax kasta ilaa Saacadddu (Qiyaamuhu) ka dhacayso."

Xadiiskan waxaa laga dheehan karaa ahmiyadda qalinka iyo qoraalku ay leeyihiin, iyo sida ay u soo jireen ilaa iyo bilowgii uunka. Haddii aynu sooyaalkaa aadka u fog ka soo durugno, waxyigii ugu horreeyay ee ku soo dega Nebiga scw waxa uu ka koobnaa shanta aayadood ee suuradda Iqra' (al-Calaq) ugu horreeya.

اقْرَأْ بِاسْمِ رَبِّكَ الَّذِى خَلَقَ ۝ خَلَقَ الإِنْسَانَ مِنْ عَلَقٍ ۝ اقْرَأْ وَرَبُّكَ الأَكْرَمُ ۝ الَّذِى عَلَّمَ بِالْقَلَمِ ۝ عَلَّمَ الإِنْسَانَ مَا لَمْ يَعْلَمْ ۝

"Ku akhri magaca Rabbiggaaga wax abuuray. Insaanka ka abuuray xinjir. Akhri, Rabbiggaana waa Deeqbadne e. Rabbigii qalinka wax ku baray. Insaankana baray wax uusan aqoon."

Aayadahani waxa ay ka hadlayaan akhris, abuur, deeq badnaan, qalin, aqoon, iyo garasho. Mana adka in la dareemo xidhiidhka ka dhexeeya arrimahan. Deeqaha iyo nimcooyinka Alle innagu galladaystay ayaa ay qalinka iyo waxqoristu ka mid yihiin. Bilowga suuradda ar-Raxmaan ayaa mar kale Alle innagu dareensiinayaa in aqoonta, abuurka, iyo wax-isu-gudbintu ay xidhiidh leeyihiin, oo Alle waxa uu leeyahay,

$$\text{الرَّحْمَٰنُ ۝ عَلَّمَ الْقُرْآنَ ۝ خَلَقَ الْإِنسَانَ ۝ عَلَّمَهُ الْبَيَانَ ۝}$$

"Ar-Rahmaan. Waxa uu baray Qur'aanka. Waxa uu abuuray insaanka. Waxa uu baray bayaanka (aftahammada)."

❦

Markii Alle abuuray Aadam cs waxa uu siiyay aqoon, taas oo ahayd magacyadii wixii jiray oo idil. Aqoontii la siiyay si aysan isaga ugu koobnaannin ee ay uga gudubto, waxaa la baray sidii uu u gudbin lahaa (bayaan). Alle waxa uu inna baray hadalka si aynu dareenkeenna iyo aqoonteenna isugu gudbinno. Waxa uu innoo raaciyay awood aynu hadalkaas ku kaydinno, kuna gaadhsiinno degaanno iyo xilliyo jidhkeennu uusan haleeliddooda awoodin. Waa taas awoodda qoraalku leeyahay. Haddii hore loo yidhi, "dhegi meel dheer bay ku dhacdaa, ilina meel dhow", qoraalku waa kayd hayn kara wax aan dheguhu haleelin.

KAALINTA QORAALKA

Ibnu Cabdirabbih[1] markii uu hadalka iyo qoraalka ka hadlayay waxa uu leeyahay: aadanuhu waxa uu dareenkiisa iyo aqoontiisa isugu gudbiyaa siyaabo kala duwan oo ay ugu horreeyaan carrabka iyo qalinku. Labaduba waxa ay ka tarjumaan dareenka qalbiga ku jira, oo carrabku waa agabka aynu xayawaanka mayeedhaanka ah kaga soocan nahay, ee inna gaadhsiiya heerka insaaninnimo—kaas oo lagu qeexo in uu yahay noole hadla. Qalinku waxa uu carrabka sii dheer yahay, in uu qofka hadalkiisa ka gudbiyo goortii iyo goobtii uu ka yidhi. Waxaa lagu akhrin karaa meelo kala dheer, xilliyo kala fog, kan hadda nool iyo mid qarniyo ka dib dhalan doonaaba waa ay ka faa'iidaysan karaan iyaga oo aan isku cidhiidhyin. Qoraalku waxa uu hadalka ka dhowraa qashqashaadda iyo beddelaadda ay af-ku-tebintu u keeni karto.

Qoraalku waa kayd.

Waxa ay Soomaalidu hore u tidhi, "Dadkuna hadalkay isku af gartaan, xooluhuna urta."

"Muwaashigu wuxuu kugu gartaa midiyo heestiise
Muyuusigiyo foodhiduna waa shay macaani lehe
Wax carruurta madadaalo tara miday taqaannaaye
Miyuul faraha lagu taago oo meel maraa jira'e
Maacuunta bahaluhu wid bay marar ka waabtaane
Intaasuba mafhuum weeye iyo maamul gooniyahe
Maqsadse laguma gaadho iyo dantii loo muxtaaj yahaye

---

1 العقد الفريد, bb.4/271-272.

NUUN 12

Hadal waa murti iyo faallo iyo wariyo maadayse
Iyo waxa baryada lagu masliyo duco la muujaaye
Midna waa calaacal iyo baroor ay murugo keentaaye
Intaasaa codka u muula oo lagu macneeyaaye

Mataanaha xuruuftoo soddona waa midh waxa dheere
Hal waliba milguu leeyahoo odhaah ku muujaaye
Maskaxda iyo laabtiyo wadnaha meel kastaba ruuxa
Sida ilaha maaxduu xubnaha ugu mushaaxaaye
Xididdo murugsan mawjado bad ah iyo maylinaa wada'e
Dalqaduu ku kala miirmo buu mudan ku yeeshaaye
Hadba maanku wuxuu doonayaa soo mufhuum baxa'e
Kolkaasuu af lagu maamuliyo muhindis doonaaye"

—Xaaji Aadan Afqallooc: Murtida Hadalka.

Qoraalku waa waxa innoo suuragaliya in aynu aqoon isu gudbinno, taariikh iyo sooyaal fog ka war haynno, murti iyo madaddaalo ka dheregno...la'aantiisna adduun iyo aakhiro midna innoo toosi maayaan. Qoraalku aad ayaa uu Qur'aanka dhexdiisa ugu soo noqnoqdaa, oo isaga ayaaba ah qoraal. Waxaa la innoo sheegay in wax kasta oo aynu samaynno ay qorayaan labo malag oo inna weheliyaa, ka dibna aakhiro qof walba kitaabkiisi oo markhaati ah gacanta midig ama bidix laga siin doono, taas oo uu ku mudan doono Janno ama Naar. Mar kale qoraalka uu Qur'aanku tilmaamayaa waa kitaabbadii Alle soo dejiyay ee ummadaha hanuunka u ahaa. Mar waxaa la inna faray in aynu mucaamalaadkeenna qorno oo, tusaale ahaan, aynu qorno daynta iyo wixii la midka ah. Gaaladu marka ay Nebiga scw la doodaan, Qur'aanku marar badan waxa uu weydiin jiray bal in ay keenaan raadraac qoran, kitaab, iyo wax la mid ah oo ka markhaati kacaya sheegashadooda.

Qoraalku waa lamahuraan, inkasta oo waxgaradkeenna in badan oo ka mid ahi aysan weli garowsannin, amase aan dhaho, aysan garowsannin ahmiyadda ay leedahay in ay afkooda hooyo wax ku qoraan, si ay dadkoodu uga faa'iidaystaan. Habacsanaanta dhanka qoraalka ka haysata waxgaradka Soomaaliyeed, iyo waxsoosaarkooda tiro iyo tayo ahaanba u liitaa waxa uu tusaale cad u yahay ahmiyadda uu qoraalku leeyahay, taas oo uu dareemi karo qof kasta oo isku daya in uu raadraac ku sameeyo sooyaalkii Soomaalida.

Maadaama aynu ahayn, welina nahay, bulsho afka wax isugu tebisa oo qoraalku aad innoogu yar yahay, tiro ma laha aqoonta, taariikhda, dhaqanka, iyo murtida innaga luntay welina lumaysa. Waayihii fogaaba marka laga yimaaddo, taariikhdii dhowayd baa aan si sugan looga hadli karin, maadaama uusan jirin kayd qorani, ayna ku dhisan tahay 'hebel baa yidhi' iyo 'hebel kalaa beeniyay'. Waa sababta taariikhdeennu ay u reeraysan tahay, reer walbana inta uu jecel yahay sheegto, inta kalana sheelo. Qoraaga Soomaaliyeed ee maanta joogana xil weyn baa ka saaran in uu dhibaatadan intii awooddiisa ah wax ka qabto, oo waayeelka sii dabargo'aya uu ka kaydiyo aqoonta ay xambaarsan yihiin inta aysan la xijaaban.

Maxaa wax loo qoraa?

*"Xigmad lagu tabaayaad darteed, ugu tacdiishaaye
Fahmuu nagu tallaalaa cilmiga, waa na tarayaaye
Taariikhna waw yahay raggii, tegay xusuustoode."*

—Cismaan Yuusuf Cali Keenadiid: Tacaddii Sow Maaha?

Abwaanku waxa uu tilmaamayaa ujeeddooyinka gabayga iyo waxyaalaha laga dheefi karo. Xilligan uu maansoonayo waxaa Soomaalida kayd u ahayd maansada, waase tilmaan qoraalkuna si fiican u qaadan karo. Abwaanka qudhiisu waxa uu ka mid ahaa dadkii dedaalka ballaadhan galiyay sidii af Soomaaliga loo qori lahaa, waana kii curiyay fartii Cusmaaniyada.

"Faranjigu wuxuu innooga adkaaday maskaxdii awoowayaashiis baa u qoran."[2]

—Biixi Qaley.

Nolosha aadanaha, xaddaaraddooda, iyo horumarkoodu kama maarmaan qoraal iyo akhris, waana murti laga

---

2 Muuse Galaal, Perspectives on Somalia, p.13.

dheehan karo ahmiyadda uu Alle siiyay qoraalka markii uu abuurkiisa ku bilaabay qalinka, waxyigii Qur'aankana akhris. Raadadka ilaa iyo hadda la helay, qoraallada ugu da'da weyn waxaa laga helay dhulka hadda Ciraaq loo yaqaan, horana Mesobataymiya loo odhan jiray. Waxaana laga helay qoraallo dhoobo ku xardhan (*clay tablets*) oo intoodii badnayd ay hadda yaallaan Matxafka Ingiriiska (*British Museum*) ee Landhan ku yaalla. Qoraalladan oo da'dooda shan kun oo sano lagu qiyaaso, waxa ay muujinayaan hannaankii maamul ee halkaa ka jiray, qaabkii xisaabaadka loo diiwaangalin jiray, hanti-qaybintii ama saami-siintii dadka kala duwan, sida askarta. In kasta oo taariikh maskaxda lagu xifdin karo, waa ay adag tahay in kun askari midba saamigiisa uu hal qof xifdiyo. Murti Carbeed ayaa tidhaahda: wixii la xifdiyaa waa ay lumaan, wixii la qoraana waa ay waaraan.

ما حُفظ فرَّ، وما كُتب قرَّ

Nebigana scw waxaa xadiis saxiix ah lagaga soo weriyay in uu yidhi, "Cilmiga ku dabra qoraal."

قيدوا العلم بالكتاب[3]

---

3 قيدوا العلم بالكتابة waa daciif.

NUUN 16

العلم صيد و الكتابة قيده ...قيد صيودك بالحبال الواثقة
فمن الحماقة أن تصيد غزالة ... وتتركها بين الخلائق طالقة

Aqoontu waa ugaadh qoraalkuna waa dabarkeedi,
Ugaadhaada ku dabar xadhko adag,
Doqonnimada waxaa ka mid ah in aad deero ugaadhsato,
Dabadeedna iyada oo aan dabranayn aad dadka ku sii dhex dayso.

—Imaam Shaafici.

Jooj Orwel (George Orwell), qoraagii *Beerta Xayawaanka* iyo *1984*, waxa uu tilmaamayaa in ay jiraan—dhaqaale ka sokow— afar sababood oo qofka ku kallifi kara in uu wax qoro: anaaniyad iyo ha-lagaa-sheego, jeclaysiga quruxda ereyada iyo tixiddooda, rabitaan taariikh kaydin, iyo ujeeddo siyaasadeed. Orwel waxa uu leeyahay ujeeddada ugu horraysa ee qoraallo badan dhalisaa waa qabweyni iyo anaaniyad (*Sheer Egoism*); ha-lagaa-sheego, ha lagu xusuusto, faan, aad caan noqotid, iwm. Ujeeddada labaad ee qoraalku ka dhashaa waa jacayl iyo xiise uu qoraagu u qabo quruxda ereyada, habdhacooda, tixiddooda, iyo in uu ka soo saaro murti qurux leh (*Aesthetic Enthusiasm*). Tan saddexaad waa rabitaan runta lagaga salgaadhayo oo wixii dhacay diiwaan lagu kaydiyo si mar dambe loogu aayo (*Historical Impulse*). Sababta afraad ee qoraal ku iman karo waxa uu Orwel ku tilmaamayaa ujeeddo siyaasadeed (*Political purpose*), taas oo ah rabitaanka in adduunku dhan gaar ah u weecdo, in dadka aragtidooda wax lagaga beddelo, iwm.[4]

In kasta oo qoraal walba laga yaabo in afartan sababood oo wada socdaa ay dhaliyeen, haddana mid uun baa xoog badanaysa. Qoraagu isaga oo doonaya in uu sooyaal kaydiyo, ayaa uu lahaan karaa ujeeddo 'siyaasadeed' oo uu qoraalkiisu ka dabqaadanayo, isaga oo islamarkaana ku dedaali kara qurxinta ereyada iyo wanaajinta habdhacooda, niyaddana ku haya in uu magac iyo maamuus ku helo dedaalkiisan. Shakhsiyadda qoraaga, bii'ada uu ku nool yahay, iyo xilliga uu joogo dhacdooyinka iyo duruufaha ku hareeraysan ayaa saamayn weyn ku yeelanaya ujeeddooyinkan toodii xoog badanaysa iyo qaabka ay isula falgalayaan.

Halabuurka Soomaaliyeed waxa ay dareenkooda ku gudbin jireen maanso, oo qoraalku waa wax innagu cusub, ilaa iyo haddana aynaan xaqiisa siinnin. Marar badan maansada Soomaaliyeed waxa ay ku bilaabataa arar tilmaamaysa sababta dhalisay iyo wixii qofka maansoonaya dareenkiisa kiciyay. Dhoodaan oo innoo tilmaamaya in uusan gabayga ka ganacsan, ee duruufaha adduun ku qasbayaan oo uusan aamusi karin, waxa uu yidhi:

"Uma kiilo maansada sidii, xuud kalluunsada e
Kasha muran ku yaalley xikmadu, kilinkilaysaaye
Kulcubaha xiskay dooda iyo, kiishash laabta ahe
Faallada kalyaha buuxisiyo, kubada uurkayga
Kaah iyo iftiinkay baxshaan, kaaxi maan arage
Kurka gabayga soo muujiyee, sheegidda u kaalman
Ma kaakicinne dhowr goor anigoo, kaalay odhan waayey

---
4 George Orwell, Why I Write.

Kud iyo mid karaysa ah afkana, kaabiga u jooga
Geedada wuxuu kuuriyoo, saabka kuududaba
Kol hadduu karsamay oo shidmayoo, aad u kululaado
Lama kaydin karo maansadii, kaayaheed galaye
Saakana karaamaa jirtee, bal aan tix kaynaansho."

—Dhoodaan: Yaa Kasbaday?

Mar kale waxa uu yidhi:

"Dirqi gabaygu kuma fiicniyo, waan darooryamiye
Kagadayasho door kuma noqdiyo, xaraf la doondoone
Duxna kuma leh dheef lagu dalbiyo, ugu ducee ruuxe
Dardarsiintu way u daran tahee, marin-daygaa u roone
Darsi ma aha la isbaro xigmadi, way da'a weyn tahaye
War waa deeq Ilaah baxshiyo, doobir gooni ahe."

—Dhoodaan: Uusduugad.

Dhoodaan waxa uu halkan ku tilmaamayaa in halabuurku uusan ahayn iskayeelyeel, oo uusan dirqi-ku-keen, iyo wax-iska-sheeg ku fiicnayn, ee ay tahay in uu gudbinayo dareen iyo baahi jirta oo ay adkaatay in laga aamuso. Waxaa kale oo ka muuqata in uu murtida ka fogeynayo dadka aan u qalmin, ee aan hibadeedi iyo garashadeedi lahayn.

Maansadan Sayid Maxamed waxaa ka muuqda farshaxan iyo faan badan oo uu ku araranayo inta uusan dooddiisa gudagalin.

"Awal maanso waataan balfoo, beylahshoo nacaye
Waa taan bidcaystoo ka dhigay, buurigoo kale e
Aan booyaamo xalay baa hurdada, layla baashiraye

Ba'dana aan ku dhigo waanigii, buuni ku ahaaye
Barqiyo raacad waxay galaan, badhaha Nowriise
Barkadaha ballaqan iyo ballida, aan buux dhaafsho

Aan butaaco sida karadha waa, bu'ashaydiiye
Aan biyeeyo togaggiyo halkii, bohola oo jeexan
Buurtiyo hannaankaba cagaar, baad aan kaga yeelo

Afartaa bojaye balaan mid kale, baabka ka higaadsho
Halkey bededi laabtaydu aan, biifka ka caddeeyo
Baaljiid rag waw daran yahaye, bayr aan ugu yeelo

Baaruuddiyo rasaastiyo madfaca, bow aan kaga siiyo
Aan bulxamo sidii badaha oo, baxarku qiiqaabay
Aan balbalo sidii beerta oo, baalka roganeysa

Baabuurka aan dhoofsho waa, bixitamayaaye
Aan bandiiraddiyo calanka iyo, bayraqa u taago
Bishaarooyinkii Eebbahay baarax, aan u sheego."

—Sayid Maxamed: Awal Maanso Waa Taan Balfay.

Halabuurka Soomaaliyeed iska-maansoodka muraad la'aanta ahi kuma badnaan jirin, mana aysan ku noolayn bii'ad ay iska xarrago maansoodaan (*aesthetic enthusiasm*), sida maansada af Ingiriisiga ku badan. Maansadu muraad baa ay lahayd, iyada oo aan quruxdeedii waxba laga dhimayn.

"Haddaan gabayga uurkoo bukiyo, arami kaa keenin
Ama olol jacayl iyo xanuun, kugu ijbaareynin
Afkuun baad kaleedee tixuhu, arar ma yeeshaane."

— Yuusuf Xaaji Aadan Qabille.

Ibnu Khalduun, isaga oo Aristotal soo xiganaya, waxa uu ku dooday in ay jiraan toddobo ujeeddo oo haddii uusan qoraalku midkood ku dhisnayn uu macnadarro noqonayo. Waxa uu ku adkaysanayaa in wixii toddobadan ka soo hadhay aysan tixgalin mudnayn.

1. Cilmi cusub yagleeliddiisa, habaynta baababkiisa, iyo raadraaca masalooyinkiisa iyo qodobbadiisa kala duwan. Ka dibna uu caalimkii buug ku kaydiyo aqoontii si cid kale uga faa'iidaysato. Tusaale ahaan, sidii uu yeelay imaam Shaafici markii uu dejiyay cilmiga *Usuulul fiqh*, ama Ibnu Khalduun laftiisu uu u dejiyay Cilmiga Bulshada (*Sociology*).
2. In qoraalladii hore lagu dhibaatoodo, isagana Alle u furo fahankooda, dabadeedna uu faahfaahiyo si uu dadka ugu furfuro aqoonta ay xambaarsan yihiin. Kutubta diinta laga barto in badan oo ka mid ahi waa noocan.
3. In uu gef ka helo qoraalladii dad hore, uuna awood iyo aqoon u leeyahay in uu saxo oo uu dadka u caddeeyo.
4. In qoraallada mawduuc laga qoray aysan dhammaystirnayn oo uu danaynayo in uu qabyo tiro.
5. In masalooyinka cilmi gaar ahi leeyahay aysan kala

habaysnayn, oo uu u dhaqaaqo sidii uu u hagaajin lahaa ee uu masalo kasta u dhigi lahaa booskii ay ku habboonayd.

6. In uu haleelo masalooyin ku kala firirsan laamo aqooneed oo kala duwan, laakiin isku laan ah, ka dibna uu ka shaqeeyo sidii uu cilmigaas meel isugu geyn lahaa goonina ugu sooci lahaa.

7. In qoraallada cilmi gaar ah laga qoray ee asaaska u ahi ay aad u dheer yihiin una faahfaahsan yihiin, ka dibna uu soo koobo isaga oo masalooyinka lamahuraanka ah aan waxba dhaafayn, si barashada cilmigaasi u fududaato.[5]

"Wixii intan ka soo hadhay waa waxqabasho aan loo baahnayn, waana jidkii saxnaa oo la garab maray," ayaa uu Ibnu Khalduun raaciyay.

Waxyaalaha toddobadan ka baxsan ee uu tilmaamay waxaa ka mid ah in qoraagu uu qoraal ka horreeyay soo qaato dabadeedna inta uu ereyada kala beddelo oo kala wareejiyo uu isagu sheegto lahaanshaha qoraalka ka dhasha. Waxaa kale oo uu farta ku fiiqayaa qoraallada mawduucii ay ku saabsanaayeen wax lamahuraan u ah ka tagaya, ama wax aan loo baahnayn ka buuxinaya. Falkan oo kale waxa uu ku tilmaamayaa jaahilnimo aan u cuntamin in uu ku tallaabsado qof garaadkiisu fayow yahay.

Ujeeddooyinka ay Ibnu Khalduun iyo Orwel tilmaameen iskama hor imaanayaan, oo waxa aad mooddaa in afarta Orwel sheegay ay guud ahaan la xidhiidhaan bilaabidda qoraalka. Halka toddobada Ibnu Khalduun ay qiimaynayaan natiijadii iyo midhihii qoraalka. Tusaale ahaan, laan

---
5 Al-Muqaddimah. bb.3/1103-1107.

aqooneed oo cusub in uu yagleeliddeeda qofku isku hawlo waxaa ku kallifi kara mid ka mid ah afartii sababood ee uu Orwel tilmaamay, ama iyaga oo wada socda.

Halabuurka Qoraalka

Qoraalka cusub in uu halabuur ugub ah la yimaaddo waxaa Ibnu Khalduun hortii ka hadlay Imaamul Xaramayn, al-Juwayni. Kitaabkiisa siyaasadda sharciga ah ku saabsan markii uu ka hadlayay in qof laga fiican yahay hoggaamiye laga dhigi karo iyada oo kuwii ka fiicnaa ay joogaan, waxa uu yidhi: arrintan waa la isku khilaafay aragtiyo kala duwanna waa laga dhiibtay, haddii aan qolaba wixii ay tidhi soo guurin lahaana waxa aan ka baqay labo arrimood; mid waa arrin aan aad uga ilaaliyo qoraalladayda kana dhowrsado, oo naftayda sarriigashada badani ay neceb tahay— waana in aan dudubiyo cutub laga soo minguuriyay hadalkii dadkii hore, waxaana aan u arkaa xatooyada aqoontii dadkii hore iyo fadhataysiga qoraalladii dadkii sharafta lahaa! Intaa waxa uu raacinayaa: qofkii damca in uu wax qoro waa in uu ubucda qoraalkiisa ka dhigaa wax aan dhigane hore loogu tagayn, wixii uu xigasho uga maarmi waayana waa in uu u soo qaataa in uu ku kaabo ujeedkiisii iyo maqsuudkii uu lahaa. Arrinta labaad ee uu diiddan yahay waa in uusan rabin in uu ku dheeraado wax aan ujeedkii kitaabka ahayn.[6]

---

6 الغياثي- تحقيق عبدالعظيم الديب, b.315.

Alxaasil, qoraalku waa in uu ujeeddo lahaadaa, midhihiisuna ay noqdaan kuwo dheef leh, ee uusan noqonnin 'anna waa i kan'. Horaa loo yidhi, "'Anigaa hadhay' looma hadlee, 'hadal baa hadhay' baa loo hadlaa." Halabuur cusub oo faa'iido maqnayd laga helayo waa in qoraalku xambaarsan yahay. Ibnu Khalduun toddobadan ujeeddo waxa uu ugu adkaysanayaa in qoraallada faraha badan ee aan dhammaanayn ay caqabad ku noqonayaan waxbarashadii iyo aqoon raadintii. Tusaale ahaan, imaam Nawawi isaga oo ku dhaqmaya ujeeddada toddobaad ee Ibnu Khalduun tilmaamay, ayaa waxa uu qoray kitaabka Minhaajka oo uu ka soo gaabiyay kitaabka la yidhaahdo *al-Muxarrar* oo yar dheer, mad-habkana loo cuskan jiray. Imaam Nawawi ujeeddadiisu waxa ay ahayd in uu qoro kitaab kooban oo Muxarrarka badhkiis ah, ayna fududdahay in la xifdiyo, wixii faa'iidooyin dheeraad ahna uu raaciyo.

Minhaajkii waxa uu noqday kitaab aad u qiime badan, dabadeedna waxaa dhacday in isagii lagu mashquulo oo mar labaad dib loo ballaadhiyo, sharax iyo faahfaahin ciiddaa ka badanna la raaciyo, ilaa ujeeddadii qoraaga meesha laga saaray. In ka badan boqol kitaab ayaa laga qoray! Waxa ay ka mid tahay sababaha ilaa xilli dhowayd wadaaddada Soomaaliyeed in badan aqoontooda fiqhigu ay ugu koobnayd inta Minhaajka ku qoran, ee aysanba u gudbin kutubta kale ee mad-habka Shaaficiyada. Beryahan dambe waxaa soo baxay qolyo kale oo aan iyaguna Buluuqul Maraamkaba dhaafin. Sidan oo kale ayaa loogu dhibban yahay kutubta naxwaha, oo asalkiisaba loo baranayay in uu barashada laamaha kale ardayga ka caawiyo. Isagii ayaaba boholihii xargaga noqday oo ardaydii xidhay.

NUUN 24

Qoraallada Soomaalida, oo badankoodu taariikh-ku-sheeg ku saabsan yihiin ayaa sidan oo kale loogu rafaadsan yahay. Intooda badan waxa aad mooddaa in hal qof wada qoray; waa dameer labadiisa dhegood oo waxba isma dheera, aan ka ahayn dhanka ay difaacayaan (badanaa: qabiilka qoraaga) iyo dhanka ay eedda saarayaan (qabiillada ay is-hayaan). In yar oo saafi ah, oo ay dadnimadoodu u diidday in ay wax bilaa macne ah qoraan ayaa lagu nool yahay ee inta kale waa xaabo mudan in qaboobaha dhaxanta laga shito!

"Biyo badan badh baa calow ah, hadal badanna badh baa been ah."

—Murti Soomaaliyeed.

❦

Marka aad rabto in aad wax qortid, ka feker baahida dadkaaga; maxay u baahan yihiin? Maxaad ka qaban kartaa? ... Qoraalkaagu yuusan noqon mid jaahwareersan oo aan xaaladaha lagu jiro la soconnin. Iyada oo geel loo heesayo, yuusan gorayo u heesin. Islamar-ahaantaana, yuusan kaa noqon *dameeri dhaan raacday*.

*"Gabay aan abuuraa hadduu, aniga ii muuqdo
Waxaan dooni meel ugub ahayd, inaan abbaaraaye
Ayaan kale astaan lehe waxaan, arar ku faalleeyey
Ruuxii aftahan loo yaqaan, ama abwaan sheegtay
Wax if jira wax aakharo jiriyo, waxaan la eeganba*

Waa inuu ogaadaa sidii, uur-ku-baallaha e
Aadmiguna siduu aawilaa, dhaaxba la arkaaye
Amin soo socdaa wuxuu ahaan, waan odorosaaye."

—Dhoodaan: Ogeysiis

Baahida bulshadaada, wanaagga aad la rabtid, iyo xaajada aan damacsan tahay in aad ka hadashid ku dedaal in ay iswaafaqaan intii aad awooddo. Sidan Abwaan Dhoodaan sheegay, halabuurka la curinayaa waa in uu abbaarayo meel ugub ah oo aan hore salkeeda loo soo taaban. Waana in uusan laf cad toobin ku hayn. Wanaag adduun iyo mid aakhiro wixii dadka dani ugu jirto abbaar. Sheeko kale oo jacayl ah, oo "anna waa i kan" ah, ka fogoow iyada oo dadkaagi musiibooyin kale rifayaan. Sheeko jacayl oo kuwii hore ka duwan in aad qortid cidna kaama hor taagna. Taas waxaa la mid ah in aad wax ka qortid wax wanaagsan oo aysan dadkaagu hadda baahi badan u qabin, sida qaabka loo dhiso daaro dhaadheer oo wada muraayad ah! Amni, wadanoolaansho, waxbarashada iyo tayaynteeda, dhaqaalaha sida loo kobciyo, ka faa'iidaysiga khayraadka dhulkeenna, akhlaaqda wanaagsan, horumarinta shakhsiga/ nafta, nolosha qoyska, iwm., ayaa maanta lamahuraan innoo ah. Ma joogno xilli aynu ku mashquulno "irbadda caaraddeeda imisa jinni baa ku dul ciyaari kara?".

Maanta masuuliyadaha ugu waaweyn ee qoraaga Soomaaliyeed saaran waxaa ka mid ah ururinta iyo kaydinta sooyaalkeenni iyo dhaqankeenna sii lumaya, ee dadkii xambaarsanaa maalinba midi aakhiro la aadayo intii uu yaqaannay iyada oo aan cidi 'maxaad haysaa?' odhan.

Dhalinyaro wada 'Qoraa' ahna baraha bulshada ayaa ay hadaltiro isku maaweelinayaan. Maanta waxa aynu in badan u aynay isxilqaankii dhawr nin oo dhalinyarannimadoodii u huray in ay kaydiyaan aqoontii iyo sooyaalkii ay soo gaadheen ee sii baaba'ayay. U fiirso dhaqanka, aqoonta, murtida iyo suugaanta Muuse Galaal kaydiyay iyo taariikhda Aw Jaamac ururiyay. Dhammaan qaamuusyada af Soomaaligu waxa ay tixraacaan qaamuuskii Yaasiin Cismaan Keenadiid. Intani waa tusaalayn e, waxgarad badan oo dedaalay waa ay jiraan. Maantana dedaalkoodii baa aynu dheefsanaynaa. Waxa aadse mooddaa in innaga la innagu tacab khasaaray, oo aynu kaalinteennii gabnay.

In aad mawduuc wax ka qortaa qasab kaaga dhigi mayso in aad tahay khabiir aqoon dheer u leh. Waxaa kugu filan danayn, u kuurgal, dedaal iyo garasho fiican, iyo aqoon guud oo aad u leedahay sida wax loo qoro. U fiirso maansayahanka Soomaaliyeed. Isaga oo aan khabiir ku ahayn baa uu ka maansoodaa waxa uu rabo. Curinta maansada ayaa uu khabiir ku yahay, xaajada uu ka maansoonayana waxa uu ku sameeyaa dabagal iyo u fiirsi qotadheer. Waxaa kale oo uu leeyahay aqoon guud oo ku saabsan afka, dhaqanka, hiddaha, iyo sooyaalka dadkiisa iyo degaankiisa. Intaas ayaa u suuragaliya in uu maanso ka curiyo wax kasta oo dadkiisa iyo degaankiisa xidhiidh la leh. Xitaa mawduucii uu furfuri kari waayo, qaab kale oo uu wax uga dhaho ma waayo. Sidaas si la mid ah ayaa la gudboon halabuurka qalinmaalka ah. Waa in uu ka dhisan yahay aqoonta guud, leeyahay garasho fiican oo uu wax ku faaqidi karo, iyo farshaxannimo qoraal.

Nebigu scw waxa uu yidhi: "Iga gaadhsiiya [diinta] hal aayadna ha ku ahaato e."

بلِّغوا عني ولو آية

Maqaal kooban oo dadka faa'iido u leh ka bilow. Haddii aad ka badan awooddana waxba ha ka hagran dadkaaga. Waari maysid e war ha kaa hadho. Aakhiradaada wax u sii hormarso. Nebigu scw waxa uu sheegay in qofku marka uu dhinto camalkii loo qorayay uu joogsanayo, wixii aan ka ahayn saddex ay ka mid tahay aqoon uu ka tagay oo la dheefsado. Qoraal faa'iido leh oo aad qortay, ayaa adiga oo qabrigaaga ku jira xasanaad lagaaga qorayaa. Laakiin waa in ay la socotaa niyad wanaagsan oo Alle dartii ah. Si kasta oo uu u qiime badan yahay oo looga faa'iideysto, haddii ay istusnimo iyo ha-lagaa-sheego kaa ahayd, aakhiro waxba kuma lihid, sida uu Nebigu scw innoo caddeeyay. Maalinta Qiyaame dadka ugu horreeya ee Naarta lagu tuuri doono waxaa ka mid ah qof Qur'aanka aad ugu fiicnaa dadkana bari jiray, mid jihaad ku dhintay, iyo mid hanti badan lahaa oo sadaqo badan bixin jiray. Saddexdaba istusnimo ayaa ay ka ahayd, oo midi waxa uu rabay in dadku yidhaahdaan waa qaari', midna in geesi lagu tilmaamo, kan kalana in la yidhaahdo waa deeqsi. Intii ay rabeen waa loo yidhi abaalmarintoodiina adduunkay ku heleen, ka dibna Naarta ayaa lagu tuurayaa! Suubbanihii scw waxa uu yidhi: "Camalladu waxa ay ku xidhan yihiin niyada, qof kastaana waxa uu leeyahay waxa uu niyaystay."

إنما الأعمال بالنيات وإنما لكل امرئٍ ما نوى

Khayr iyo Alle dartii niyayso. Qabweyni, anaaniyad, iyo

rabitaanka in dadku kaa hadlaan oo lagu ammaano iska ilaali.

KAALINTA QORAAGA

Masuuliyadda Qoraaga Soomaaliyeed

Qoraagu waxa uu isu xilsaaray in uu halabuur iyo gadhwadeen ku noqdo nimcada qoraalka ee Alle innagu galladaystay. Waxaa saaran masuuliyad iyo ammaano ay waajib tahay in uu hagar la'aan u guto; taas oo ah kaydinta, kobcinta, dhowrista, iyo faafinta aqoonta iyo garashada ummaddu leedahay.

إِنَّ اللَّهَ يَأْمُرُكُمْ أَن تُؤَدُّوا الْأَمَانَاتِ إِلَىٰ أَهْلِهَا

"Alle waxa uu idin farayaa in aad ammaanada u guddaan ciddii lahayd,"

Aqoonyahanka iyo halabuurku waa haldoorka ummadda hore u kiciya, una ifiya jidka. Waxaa xil ka saaran yahay sidii uu ugu horkici lahaa wixii dheefteedu ku jirto, una baal marin lahaa wixii dhibaato u keenaya. Si ay taasi ugu suuragasho, waxaa lamahuraan ah in uu xambaarsan yahay aqoon diimeed iyo mid adduunyaba. Waa in uu dhaqankii iyo sooyaalkii ummaddiisa garanayo, dhowrana baadisooca dadkiisa. "Waxa beddela umamku waa aqoonyahanka. Laakiinse waa marka aqoonyahanka kaydkiisa aqooneed[...] saxan yahay, waa in aanu weel wax lagu shubay ahayn e [caqli] wax naqdin kara waa in uu yahay. Haddii aqoonyahanku ahaan lahaa weel wax lagu shubay, haan la buuxiyay, dee CD-yada iyo DVD-yada ayaa aqoonyahan noqon lahaa sow ma aha?!", ayaa uu yidhi Sheekh Mustafe X. Ismaaciil mar uu jeedinayay maxaadiro cinwaankeedu ahaa '*Waa Kuma Aqoonyahan?*'. Aqoontu iska raro ma aha e waa in la buunsho bixiyaa oo wixii dheef leh la dhoweystaa, inta kalana qashinka lagu daraa. Qofku aqoonta uu bartaa waa in ay wax u kordhisaa, qofnimadiisa iyo garaadkiisana ay kobcisaa.

"Haddaan guga kuu kordhaa,
gaboow mooyee ku tarin,
garaad iyo waaya-arag,
illeen wax ma dhaantid geed."
—Gaarriye: Gurmad

※

كُنْتُمْ خَيْرَ أُمَّةٍ أُخْرِجَتْ لِلنَّاسِ تَأْمُرُونَ بِالْمَعْرُوفِ وَتَنْهَوْنَ عَنِ الْمُنكَرِ وَتُؤْمِنُونَ بِاللَّهِ

"Waxa aad tihiin ummaddii ugu khayrka badnayd ee dadka loo soo bixiyay; waxa aad faraysaan wanaagga, xumahana waa aad reebaysaan, Ilaahayna waa aad rumaynaysaan."

Wanaagga in la isfaro oo ummadda samaha lagu hagaa waxa ay keenaysaa in xumaantii laga daadiyo. Dadkeenna maanta dhibta haysataa cidna kama qarsoona haddii aan la iska indhatirayn: qabyaalad, eex, caddaaladdarro, dhaqan baaba', nidaam xumo, fawdo, waxqabshasho la'aan, danaysi gaar ah, boob, gumeysi shisheeye, xisaabtan la'aan, waxgarad garaadkii gudhay,... Waa halkii uu Xaaji Aadan Afqallooc lahaa,

"Wax na diley inkaar tacasubay nagu abuureene
Wax na diley inaga Reer fulaan laynaga adkaaye
Wax na diley idaacado kaddiba iyo dhaarta iibka ahe
...
Wax na diley afkiyo dhaqanka oo la akhiraayaaye
Wax na diley Islaamnimada aan la ixtiraamayne
Wax na diley amwaashiga bukaan loo ixsaan faline
Wax na diley abkood bahalahoo cunay adduunkiiye
Wax na diley mujtamacaan aqoon nolosha insaane
...
wax na diley addoon daallinoo lagu ismaa Aw e'
Wax na diley Iblays fooxle yidhi awliyaan tahaye
Wax na diley islaan saar qabtay dumarku aadaane
Wax na diley ibtilo Qaad ahoo rogey akhlaaqdiiye
Wax na diley agyuururid shaxdaad ku indho beeshaaye
Aadmigu dhammaantii horay u ambaqaadeene

Aradkiiba laga guuryey oo samaday aadeene
Miyaynaan la mid ahayn maxaa ina alhuumeeyey!"

—Xaaji Aadan Afqallooc: Wax Na Diley

Maansadan Xaaji Aadan waxa ay ku beegnayd 1967-kii, laakiin maanta in la tiriyay ayaa la moodaa. Sababtuna waxa weeyaan in aan wax badani iska keen beddelin ilaa xilligaa. Horumarkiiba waxa aynu u qaadannay adeegasho iyo agab kala jaad ah oo guryaha lagu sharraxdo, ama jeebka lagu sito. Dhaqan ahaan iyo dadnimo ahaanba in badan ayaa aynu hoos uga sii dhacnay halkaas uu Xaajigu tilmaamay. "Alle ku doori" mar baa ay duco noqotaaye, bulshadeennu doorin khayr qabta ayaa ay u baahan tahay. Waxa ay u baahan tahay in mar labaad, sidii haan gunta laga soo tolo. Waxa ay u baahan tahay in aan korka laga dhayin e, maasha la saro, hurgumooyinka bulshadeenna ku raageyna laga daweeyo. Waa in la hirgaliyaa isbeddel bulsheed oo gun iyo baar ah si aynu ula ambaqaadno asaaggeen, oo aynu balaayada, baaska, iyo baryootanka uga baxno. Duul aan isbeddelin Alle ma dooriyo.

إِنَّ اللَّهَ لَا يُغَيِّرُ مَا بِقَوْمٍ حَتَّى يُغَيِّرُوا مَا بِأَنْفُسِهِمْ

Masuuliyadda aqoonyahanku waa in uu dhaliyaa isbeddelkan, oo uu bulsho cusub gunta ka soo dhisaa. Waa in uu beddelaa dhaqanka, fekerka, iyo maanhagga bulshada la hadhay, kuna rakibaa nidaam jihayn cusub. Haseyeeshee, aqoon kasta oo uu xambaarsan yahay, iyo awood kasta oo u leeyahay kala hufiddeedda iyo kala haadinteeda, guul badan ma gaadhi karo haddii uusan lahayn awooddii iyo kartidii uu ku gudbin lahaa, sidaas awgeedna ma horseedi karo isbeddelkii loo baahnaa. Hagitaanka bulshadu waxa uu u baahan yahay in aqoonyahanku la yimaaddo halabuurkii uu ku fulin lahaa, kaas oo suuragalinaya samaynta "…aragtida guud ee bulshadu rumaysan tahay," sida uu Sheekh Mustafe ku tilmaamay maxaadiradiisa.

Bulshooy adigay bokhraday
Beerkayga adaa gogladey
Boggeyga adaa huwadey
Wadnaha adigaa barkaday
Bishmaha adigaa furfura.
Baxaalliga hawlahaaga
Bidhaansiga waayahaagaa
Bisaylkaba iigu wacan.
Markii lagu bililiqaysto
Markii baaqaagu yeedho
Ayaan boholyow gabyaa
Dareenku baraarugaa.

—Hadraawi: Bulsho.

"Madmadowga ay yeelatiyo siday u maaryaaddey
Goortaan indhaha soo marshee milicsi daymoodo
Sidaan ahay masuulkii arlada waw mudducayaaye

Dalka yaa u maqan baan hawada kaga murmaayaaye"

—Jaamac Kadiye: Masaawaad.

※

Waa in aan adiga oo hurdo dheer ku jira lagu gilgilin ee aad heegan ahaatid. Marka dadku hurdaan, waa in aad wax saadaalin iyo sahamin ku maqnaatid. Meel fog in aad wax ka aragto ayaa lamahuraan ah, oo aad guryasamo reerka u soo sahamisaa iyaga oo aan geeddiba weli ku fekerin. Ma aha in dabada lagaa riixo, oo aadan col iyo abaar toonna war u haynin sidii lax dhukan. Booskaa waxaa buuxiyay "waxgaradka" hadda innoo jooga ee aan waxba la soconnin, soona baraaruga goor xeedho iyo fandhaal kala dhaceen.

Halabuurku geesinnimo, dhiirranaan, iyo dhabar-adayg ayaa uu u baahan yahay. Tusaale waxaa kuugu filan ragga aan murtidooda halkan ku soo qaatay iyo sooyaalkoodi. Laakiin geesinnimadu ma aha in aad haadaan iska tuurto, ee waa in aadan ka leexannin xaqii iyo runtii aad u halgamaysay. Bulsho hoggaaminteed iyo beddeliddeedu ma aha wax fudud, oo Soomaalidu hore ayaa ay u tidhi, "Canaan ka yaab reer ma doojo." Aqoonta aad xambaarsan tahay iyo halganka aad ku jirtaa waa dhaxalkii Nebiyada cs, iyaguna wixii ay soo mareen waa aad ka war haysaa.

"Wax na diley ammuur waajib aad kaga baqdaa eede,"
"Wax na diley dantoo lagu akhiro yuu cadhoon oday'e,"

—Xaaji Aadan: Wax Na Diley.

*"Nin baqdaa ma halabsado,
bayd gaabku kuma galo,"*

—Gaarriye: Uurkubaalle.

Waa in aad samir iyo dulqaad u yeelato gudashada waajibkaaga, ee maalinta ay kululaato aadan qalinka tuurin, ama dhanka kale ka soo jeesannin.

Qoraa ahaan, halabuurkaagu waa in uu yool leeyahay, mabda'na ku dhisan yahay. Waa in aad nadiif tahay oo wanaagga aad dadka ugu yeedhaysaa uu kaa muuqdo. Ma aha in labo isdiiddan midna lagaa maqlo midna lagaa arko. Ma aha in aad noqotid "iidheh" lagu shubto. Abwaan Gaarriye ayaa mar uu hordhac u samaynayay maansadiisa *Uurkubaalle*, waxa uu tilmaamayaa ahmiyadda ay leedahay in shakhsiyadda halabuurku nadiif ahaato, isaga oo taas sababaynayana waxa uu yidhi, "[maansayahanka] waxaa lagu qiimeeyaa shakhsiyaddiisa." Haddii aad wax iska walaaqanayso cidina warkaaga qaddarin mayso, tixgalin badanna siin mayso. Gaarriye waxa uu ku sii daray, "Haddaad doonayso inaad noqoto maansayahan, ... maansayahaynkii DADKA, waa inaad adigu karaamo yeelataa, shakhsiyaddaadu waa inay karaamo yeelataa." Karaamadaasina waxa ay ka dhalanaysaa, sida abwaanku tilmaamay, "...in wax la iigu soo hagaago; meel la iigu soo hagaago oo qofku maansadayda ugu soo hagaago waa in uu helo."

"Sidii ugub-haween waa inuu u asturraadaaye,"
—Jaamac Kadiye: Aftahan.

Haddii aad gabbaldaye noqoto oo aad hadba dhanka cadceeddu kaa jirto u wareegto, waa dhibaato. Maalinba jihada dabayshu u dhacayso yaan lagaa helin e, waa in aad xididdo gundheer ku qotontaa. Ha ku guulwadayn halabuurkaaga, ee ku dedaal in aad xaqa iyo runta garabtaagnaatid, kuna taagnoow hadh iyo habeen. "Xaq baa lagu bacrimiyaa" halabuurka e, la jiifiyaana bannaan waa uu ku hagaasaa.

Maansada Aftahan ee Jaamac Kadiye abwaanku waxa uu talooyin muhiim ah siinayaa qofka halabuurka ah. "Xaqqa waa inuu ku addimaa oo arrimiyaaye," ee uusan eex iyo iin toona ka shaqaynin. "Ummaddiisa waa inuu sinnaan ugu adeegaaye," ee uusan noqonnin fiqi tolkii kama janna tago. Saxafiga dadka marin habaabiya ee ciddii uu maalintaa taageersan yahay, ama biilkiisa bixisa, ama qabiilka uu ku abtirsado, dhankeeda u janjeedhaa waa uu qaayo beelayaa, qaddarin iyo qiimana yeelan maayo. Kuwaa uu u xaglinayo ayaa maalinta ay ku sannifaan tuuraya, cid kalana awalba naxariis uma haynin. Sidaas awgeed, "Waa inuu ikhyaar daacada oo jira ahaadaaye,"... "In kastaan kolley Aadanaha iimood laga waayin; insaaninnimo waa inuu ku ismanaadaaye".

Ummad baa ku sugaysa, farriin baad siddaa e, hungurigu yuusan kaa xumaan. Waa in aad aqoontaada iyo aragtidaada xor u tahay.

"Wax na diley adduun niman raboon eegahayn sharafe,"

—Xaaji Aadan: Wax Na Diley

Qoraalkaagu yuusan la qiimo noqon qamadi qorraxda taalla oo qofkii qadaadiic bixiya daasad loogu qaado. Yaysan kaa noqon "maxaan malmaluuqaa oo aan shilimaad ka helaa", ee noqo qof bulshada u boqran oo baahideedu ay dhaqaajiso dareenkiisa. Si fiican u dhugo murtida abwaannadan:

"Duxna kuma leh dheef lagu dalbiyo, ugu ducee ruuxe,"

—Dhoodaan: Uusduugad.

"Soddon laguma baayaco
Boqor laguma caabudo
Biidhiqaatenimo iyo
Baqas waa ka xaaraan."

—Gaarriye: Uurkubaalle.

"Magac ba'ay ninkii doonayiyo miis yar inuu qaato
iyo sharafta kii muujiyaa muunad kala roone."

—Jaamac Kadiye: Masaawaad.

Marka ay diin gasho, ee aqoonyahanka waxsoosaarkiisu

uu noqdo hadba sida ay madaxdu wax u rabaan, ee maalinna uu "*xalaalun xalaal*" yidhaahdo, maalinta xigtana "*xaraamun xaraam*," ee uu noqdo shaabbad lagu bannaysto dhiigga, sharafta, iyo hantida dadka, ha ogaado gooddiga Alle ee ah:

$$\text{فَوَيْلٌ لِلَّذِينَ يَكْتُبُونَ الْكِتَابَ بِأَيْدِيهِمْ ثُمَّ يَقُولُونَ هَذَا مِنْ عِنْدِ اللَّهِ لِيَشْتَرُوا بِهِ ثَمَنًا قَلِيلًا فَوَيْلٌ لَهُمْ مِمَّا كَتَبَتْ أَيْدِيهِمْ وَوَيْلٌ لَهُمْ مِمَّا يَكْسِبُونَ}$$

"Hoog waxa uu u sugnaaday kuwa ku qoraya kitaabka gacantooda, dabadeedna dhahaya: kani Alle agtii ayaa uu ka yimid, si ay ugu gataan qiime yar. Hoog baa ugu sugnaaday waxa ay gacmahoodu qoreen, hoog baana ugu sugnaaday waxa ay ka dheefayaan."

Sheekh Mustafe oo isna arritan tilmaamayay waxa uu yidhi, "Aqoonyahanku hadduu caloosha aqoonta ka hormariyo, aqoonyahan ma aha. 'Maxaan cunaa' haddaad u noolaato; hadday noqoto 'aqoontaydu maxay goysaa; suuqa maxaan ka gooyaa?'. Haddaanay aqoontu xishood iyo cilmi iyo wax qiimaynaynine, waxa ay qiimaynaysaa uu noqdo 'sidee lacag lagu helaa—walow badda ku dhacnee?', qiimo ma leh markaa … Aqoonyahanku haddii uu noqdo qof la iibsan karo; suldadu iibsan karto, dawladuhu laaluushi karaan oo iibsan karaan, aqoonyahan ma aha. Hadduu aqoonyahanku noqdo qof qabiilku iibsan karo; toban oday intay kuu yimaaddaan ku yidhaahdaan 'reerku saasuu damcay', waa lagu iibsaday."

KAALINTA QORAAGA

"Wax na diley dantoo lagu akhiro yuu cadhoon oday'e,"

—Xaaji Aadan: Wax Na Diley

Soomaali haddii aynu nahay, maanta xaaladdeennu meel xun baa ay maraysaa. Tiro ma leh abaaraha inna soo maray, waxa keli ah ee aynu kala hadhnaana waa magac aynu u bixinno. Garaad iyo garasho kama kororsanno. Sida ummushu xanuunka foosha u illowdo, baa aynu baaba'ii abaarta u illownaa marka roob yari da'o, meelna waxba ma dhiganno. Biyihii aynu la'aantood u dhimanaynay, iyaga oo horteenna qulqulaya ayaa aynu daawannaa, mase garanno kaydsada. Halabuurkii Soomaaliyeed kaalintiisi meeday? Weli ma la hayaa hal buug oo masiibadan iyo xal u raadinteeda laga qoray? Imisa maqaal oo macna leh baa saxaafaddeenna ku soo baxay? Dadka ma la baray sidii ay dhibta abaarta uga hortagi lahaayeen? Wacyigalintii meeday? Roobka Allaa hayee, marka cirku awdmo in aynaan gaajo u dhammaan xal ma loo raadiyay?

Meeday kaalintii uu halabuurku ku lahaa waxbarashadeennan baaba'a taagan? Boqollaal "aqoonyahan" oo inta adduun shahaado taalla xambaarsan baa innoo jooga e, maxaa innagu kallifay in aynu tobannaan manhaj dugsiyeed sidii bariis la soo degno? Ma dow baa in waxgaradkeennii oo makhaayadaha fadhi-ku-dirir la fadhiya ilmaheenni la baro Nakuuru, Najraan, iyo Niilka Masar iyo Xabashi isku haystaan, isaga oo aan dalkiisii waxba ka aqoonnin? Goorma ayaa aynu ka baxaynaa tiihan?

"Adduunyadan Ilaahay dhisiyo uunka lagu beeray
Afrikaanka mooyee khalqigu naga ayaan roone
Aqoon iyo cilmi bay leeyihiin amase iimaane
War Soomaali aafada heshay la ashqaraareene"

—Jaamac Kadiye: Aftahan.

Abwaanku Afrikaanka waa uu ku dembaabay!
Bulshada Soomaaliyeed waa ay mudducaysaa. Haldoorkeedii iyo halabuurkeedii baana hagraday. Waxa ay rabtaa halabuur waxa ka daahsoon u iftiimiya. Waxa ay rabtaa haldoor u halgama xaqeeda, halaqana ka dhowra. Waxa ay rabtaa afhayeen u hadla.

"Innaga waxa ina baylihiyay aqoonyahankaynnu daba soconnay. Aqoonyahankeennii meel cidla' ah buu ina dhigay. Ka Soomaali ahaan, waxa ina qaybiyay, ina burburiyay, xadkaa ina gaadhsiiyay, waa aqoonyahankeennii. Waayo, aqoontuu sidaan noqonin tii iftiinka ahayd ee bulshada ifinaysay. Aqoon ku xoogsi ah uun bay noqotay ka ugu fiicani, isagu ku xoogsado oo uu wax ku korodhsado, laakiin dalkiyo bulshada aan midna waxtar u lahayn. Aqoon xorriyad leh oo horumar keeni karta oo Rabbigeedna rumaysan aakhrideedana ka fekeraysa, adduunkeedana dhisaysa ayaynnu u baahan nahay." ayaa uu yidhi Sheekh Mustafe.

Aan ku soo gunaanado hadalkan qiimaha badan ee ku jiray maxaadiradii *'Waa Kuma Aqoonyahan?'*, oo Sheekh Mustafe ku tilmaamayo aqoonyahanka loo baahan yahay, iyo haddii la helo waxa ka dhalanaya. Sheekhu waxa uu hore u soo sheegay in aqoonyahanku toosh dadka u sido uuna jidka wanaagsan ugu ifinayo, laakiin tooshkaas waxaa keli ah oo "sidi kara qof garaadkiisu xor yahay, kayd aqoomeedna leh, waxa uu sheegayaana ay ka run tahay oo noloshiisa ka muuqato. Intaa haddaad heshaan, adduunkanna magac baad kaga tegaysaan, iyo maamuus, aakhirana waad liibaanaysaan. Waana inta ay Anbiyadu qaban jirtay, iyo dadkii hormuudka u noqday umamkooda dhammaantood; dadkii umamkooda hormuudka u noqday ee aqoonyahanka u ahaa waa waxa ay sameeyeen."

"Marka beladu sooyaanto
Saadaashu beenowdo
Saca nuguli kaa leexdo
Adna sebenka raac maaha

Inan sabadu duugoobin
Sayax iyo ugbaad waayin
Sudda iyo degaankaagu
Surmi iyo harraad yeelan
Ama saacu guur-guurin
Sohda ceelku dheeraannin
Adaa yeeli kara saasba

Heedhee Sahraay heedhe
Saxariirka aafaadka
Saxallada kal-meerkooda
Sambabkuba col weeyaane
Marka saymo loo iisho

NUUN 42

Ama soofku jaanqaado
Ushu way sabooshaaye,
Ha ku dagan sidsidadkeeda
Qalinkaa wax suureeya
Kugu sima halkaad doonto
Saaxiib kal furan weeye
Sunto fara-ku-hayntiisa
Weliga a ha sii deynin
Sisin iyo ku beer muufo
Iyo laanta saytuunka,

Ku qotomi sugnaan waarta
Iyo nabadda seeskeeda
Samo iyo ku dloon heedhe
Dunidiyo sinnaanteeda
Ku dawee sawaaceenka
Iyo siica daacuunka
Ku burburi sarbaa mooska
Iyo soohdimaa meersan
Ku rnidee samuud raaca
Midabada la sooc soocay
Dadkan tobanka saamood leh
Weligaa ha tumin seefo
Iyo sabaradaha mowdka
Dar samaysan baa yaalla
...
Erey sami wuxuu gooyo
Allow yaan ku jarin soodhka
Garashada ka dhigan seefo.

...

Heedhee Sahraay heedhe
Dhulka iyo wixii saran
Sare iyo wixii laalan
Inta sudan intii seemman
Waxa jira sir iyo caadba
Rabbi qudha sax weedhiisa
Sida uu ku yidhi buuxi
…
Garashiyo sugnaan hoyso
Falka sami ha kuu raaco
Mana jiro sed kaa baaqday
Ilbaxnimadu saas weeye
Sirta noloshu taas weeye."

—Hadraawi: Sirta Nolosha.

إِنَّ اللَّهَ وَمَلَائِكَتَهُ وَأَهْلَ السَّمَوَاتِ وَالْأَرَضِينَ حَتَّى النَّمْلَةَ فِي جُحْرِهَا وَحَتَّى الْحُوتَ لَيُصَلُّونَ عَلَى مُعَلِّمِ النَّاسِ الْخَيْرَ

"Alle, malaa'igtiisa, inta samooyinka jooga iyo inta dhulalka jooga, xataa qudhaanjada godkeeda ku jirta, iyo kalluunkuba, waxa ay u ducaynayaan qofka dadka khayrka bara."

NUUN 44

QORAAGA IYO AKHRISKA

"Maxaad kula talin lahayd qofka raba in uu qoraalka bilaabo?"

"Akhris, akhris, akhris."

Waa weydiin iyo warcelinteed ay badanaa isweydaarsadaan qof qoraa ah iyo mid raba in uu qoraa noqdo. Ceel nin galay baa laga waraystaaye, inta wax qaayo leh qortaa waxa ay ka siman yihiin akhris badnaan.

Haddii aadan weligaa arkin cid kubbad ciyaarysa, si kasta oo laguugu sharxo, waa ay adkaanaysaa in aad keentid oo aad kubbad fiican ciyaartid. Kubbadda waxaa lagu bartaa daawasho iyo dhaqangalinta wixii la arkay iyo wax lagu daray. Daawashada ciyaartooyga xirfadda leh waa cashar. Qoraalkuna waa la mid. Qofku haddii uusan waxba akhriyin sidee ayaa uu ku kala baranayaa qoraalka wanaagsan iyo midka liita? Boqollaal buug oo ka hadlaya sida wax loo qoro in aad akhrido waxaa ka dheef badan in aad akhrido buugaagta caadiga ah. Akhri buugaagta aadka loo ammaano. Akhri buugaagta qorayaashoodu qaddarinta badan helaan. Raadi sababta ay ammaanta ku muteen. Sidaas oo kale, akhri kuwa la dhaliilo, oo isku day in aad ogaato sababta. Labadaa dhexdooda aqoon badan baa kaaga kordhaysa.

Qalin iyo buug qaado oo qoraalka kala dhig-dhig adiga oo u fiirsanaya sida qoraagu wax u qoray: ereyada qoraagu xushay ee uu adeegsaday, qaabka uu isu raaciyay, sida uu isugu tidcay weedhaha iyo afkaaraha, meesha uu ku hakaday, meesha uu ku joosaday, iyo qaabka uu wax u tilmaamayo iyo dareenka ay ku galinayso. Isweydii waxa ku kallifay in uu qaabkaa u qoro, iyo sababta uu erey u doortay— ma heli karayay mid kaga habboon? Adigu sidee ayaa aad u qori lahayd? Ma isleedahay mid ka fiican baa aad qori kartaa?...

Shirkaddda Toyota waxa ay baabuur samaynta ka eegatay shirkad Maraykan ah. Baabuurka Shefroleey (*Chevrolet*) ayaa ay iibsadeen oo ay kala furfureen si ay wax uga bartaan. Ka dibna waxa ay la yimaaddeen naqshad cusub oo ay iyagu leeyihiin. Maantana Toyota waa shirkadda iibisa baabuurta ugu badan, hannaankeedii shaqana waxa uu noqday mid caalamka laga wada adeegsado ama halbeeg noqda ah oo ay xitaa shirkado aan baabuurta samayn adeegsadaan. Laga-barayba laga badi.

❦

Hadalka waxa uu ilmuhu ka bartaa bulshada uu ku dhex nool yahay. Si dabiici ah oo hawl yar ayaa uu u nuugaa iyada oo uusan buug iyo qalin qaadannin. Ka warran haddii saddex-jirku baran lahaa magac, magacuyaal, meeleeye, fal, falkaab, diiradeeye, xidhiidhiye, ...? Weligiiba ma hadleen.

Al-Jaaxid oo ka mid ah halabuurka tusaalaha loo soo qaato marka laga hadlayo qoraalka wanaagsan iyo qoraal badnidaba, waxaa lagu tilmaamaa in uu buugaagta aad u jeclaa, oo buuggii uu arkaba uusan dhigi jirin ilaa uu wada akhriyo, wixii uu doonaba ha ku saabsanaado e. Buug jacayl waxa uu ka gaadhay heer uu dukaammada buugaagta kiraysan jiray, si uu u dhex joogo habeenkii marka laga maqan yahay oo uu buugaagta taalla u akhristo.

Waxa uu leeyahay: aqoonta waxaa lagu helaa in duruusta la dhigto, laakiin waa in kutubta aad akhrisanaysaa ka badato casharrada aad qaadanaysid oo aad adigu iswaddid, dhaqaalaha aad kutubta u huraysidna waa in uu kaala macaanaado midka ay kuwa balwadda lihi ku bixiyaan balwaddooda, qofkii aan heerkaa gaadhinna aqoonta kama haleelo darajo wanaagsan oo ka dhigta hormuud laga dambeeyo. Waa halkii Hadraawi lahaa:

"Marka aad sunuud hayso
Waxa suuq mug weyn yaalla
Ha la simin kitaab weeye."
—Hadraawi: Sirta Nolosha.

Culamada Muslimiinta kuwa ugu qoraalka badan waxaa ka mid ah Ibnul Jawzii (508-597H). Mar uu taariikhdiisa wax ka qoray waxa uu tilmaamay in uu akhriyay in ka badan labaatan kun (20, 000) oo buug, welina uu aqoon kororsi ku jiro. Waxaa sidaas oo kale isna u akhris badnaa Ibnu Xajar al-Casqalaanii oo ciddii maanta rabta in ay cilmiga xadiiska barataa aysan kutubtiisa ka maarmin. Waxa uu qoray in ka badan 150 kitaab oo intooda badan aan mawduucooda looga dabo hadlin. Tusaale kale waxaa innoo noqon karaa Imaamul Xaramayn, al-Juwayni (419-478H), caalimkii weynaa ee gadaashii kutubta Shaaficiyada ee la qoray ay intooda badani kutubtiisa ku dhisan yihiin, ilaa iyo haddana kutubtiisa masaajidda, dugsiyada Qur'aanka, iyo jaamacadahaba lagu dhigto. Waxa uu yidhi: "Cilmul kalaamka hal kalmad kama aanan odhan ilaa aan hadalkii Qaadi Abuu Bakar (al-Baaqillaani) keligii ka xifdiyay labo iyo toban kun oo warqadood." Cilmul kalaamka oo keli ah iyo hal caalim qoraalladiisii baa uu 12,000 oo warqadood ka xifdiyay intii uusan cilmigaa wax ka qorin. Ogow waa xifdi ee waxaa ka sii badnaanaya inta uu daalacasho uun ku dhaafay. Markii uu wax ka qoraynaa waxa uu noqday tixraac. Maxaa aad ka filaysaa culamadiisii kalana in uu ka xifdiyay? Imaamul Xaramayn usuulul fiqhiga culamada looga dambeeyo ayaa uu ku jiraa, ardayga ilaa hadda barashada cilmigaa doonayaana badanaa kitaabkiisa yar ee *al-Waraqaat* ayaa uu ka bilaabaa. Mar kale akhriskiisa isaga oo tilmaamaya waxa uu sheegay[1] in casharrada uu sheekhiisii ka qaatay mooya e, uu keligii akhristay boqol mujallad[2] oo cilmiga usuulka ah.

Waxa uu sheegay in uu xifdiyay konton kun[3], waxsoosaarkiisa aqooneed ee ilaa maanta gundhigga ah

---

1 Al-Qiyaathii, b.75, hordhaca tifaftiraha.
2 Kutubta/ buugaagta waaweyn badanaa dhawr qaybood oo kala daabacan ayaa laga dhigaa mid kastaana waa *mujallad*. Buuggan aad akhrinaysaa waa hal mujallad. Haddii uu qayb kale lahaan lahaana waxa uu noqon lahaa labo mujallad (*volume*).
3 Konton kun baan ku akhriyay konton kun—ayaa uu yidhi.

marka la eegana wax lala yaabo ma aha. Fiqiga Shaaficiyada kutubta laga qoray intooda badan waxaa udub dhexaad u ah oo ay ku wareegaan *Mukhtasar al-Muzani* (مختصر المزني). Imaam Muzani waa ardaygii imaam Shaafici, aadna ugu dedaalay faafinta mad-habka. Mukhtasar al-Muzani waxa uu gaadhay heer gabadhii gurigalaysa alaabta ay gurigii waalidkeed ka sii qaatado uu ku jiro. Muzani ciyaar kuma gaadhin darajadan e, sida laga soo tebiyay, kutubta kale inta aan laga hadlinba, *Risaalada* imaam Shaafici ayaa uu konton sano akhrin iyo daraasayn ku waday oo uu lahaa mar kasta oo aan akhriyo wax cusub baa iiga baxa. Waa hal kitaab oo aan gaadhin 600 oo bog.

Kitaabkaas ay kuwa kale ka dabqaataan midka loo maro, ahna dawliska lagaga dhaansado, waa sharaxa al-Juwayni u sameeyay—*Nihaayatul Madlab fii Diraayatil Mad-hab* (نهاية المطلب في دراية المذهب). Kitaabkan ka dib isaga uun baa lagu dabo faylay oo noqday tixraaca koowaad. Isagii ayaa udubdhexaad cusub noqday, maadaamana uu aad u ballaadhan yahay, waxaa soo gaabiyay ardaygiisii, imaam Qasaali, oo u bixiyay al-Basiid (البسيط), haddana u sii gaabiyay al-Wasiid (الوسيط), mar kalana u sii gaabiyay al-Wajiiz (الوجيز). Raafici ayaa sii waday, isna waxaa ku xigay imaam Nawawi iyo Ibnu Xajar al-Casqalaani,... waana meesha uu ka soo baxay kitaabka fiqhigeenna ugu sarrayn jiray: al-Minhaaj (منهاج الطالبين وعمدة المفتين).

Sida uu soo tebinayo as-Subki, waxaa la sheegaa in imaam Juwayni uu maalin ardaygiisii Qasaali ugu yeedhay: Fiqiyoow... Ka dibna waxa uu arkay in Qasaali yaraystay fiqinnimada oo uu derejo ka sarraysa ka jeclaa. Markaas ayaa uu ku yidhi: Albaabkan fur. Waa meel kutub ka buuxdo. Waxa uu yidhi: Fiqi (faqiih) la ima odhan ilaa aan kutubtan oo dhan weeleeyay.

Qoraa ahaan, waxa aad akhrinaysaa waa qaar mawduucaaga toos u taabanaya iyo qaar kale. Asalkuna waa in aad kuwa mawduucaaga ah dedaal gaar ah galisid. Aqoontii mawduuca iyo qaabka wax looga qoraba waa in aad ka dheregtid.

Akhrisku ma aha tababbarasho oo keli ah e, waa kaydkii xogta iyo aqoonta laga tixraacayay. Qoraalka jiraalka ahna tixraac kama maarmo, haddii uusan ahayn qof waayihiisa gaarka ah ka sheekaynaya (*memoir*, مذكرات).

Qoraagu markan waxa uu wax u akhrinayaa xog urursi. Waa lamahuraan in qoraagu isku hawlo in uu aqoontiisa dhiso oo uu si fiican u yaqaanno takhasuskiisa iyo tixraacyada uu leeyahay, aqoonyahankiisa wax-ku-oolka ah, qiimaynta iyo kala garashadooda, iwm.

Taariikh Soomaaliyeed haddii aad ku hawlan tahay, waa in aad aqoon fiican u leedahay waxa laga qoray, cidda qortay, iyo qiimaha aqooneed ee ay leeyihiin, si aad u xigato wax iyo cid mudan xigasho.

Buugba wax baa uu ku fiican yahay, sida Ibnu Xasam yidhina, mid bilaa faa'iido ahi ma jiro. Garo buugga aad akhrinaysid ee tixraaca kuu noqonayaa meesha uu ku fiican yahay, iyo meesha uu ku liito ama ku dhaliilan yahay.

Qaabka aad akhriska u wajahaysaana waa uu noocyo badan yahay. Mar baa ay kugu filan tahay in aad dul marto si aad mawduuca guud iyo waxa ku jira u ogaatid. Laga yaabee in aadan muddo u baahan, laakiin marka dani kaa soo gasho waa aad taqaannaa dantii meel aad ugu hagaagto oo buuggaa macaariif baad tihiin.

Buugaagta qaarna sidii carrab lo'aad oo caws helay baa si fiican loo goostaa oo daanka dambe la dhigaa, ka dibna la ridqaa ilaa nafaqadii oo dhan laga tuujiyo.

Wixii aqoon iyo murti ku jira ka guro oo midhaha iyo caleenta inta aad ka mudhxiso, laamihii oo qallalan ka tag, ama iyagana diiro, haddii ay curdin yihiinna qudhoodaba raamso!

Faa'iidooyinka aad ka kororsatid diiwaangasho oo kala habee. Qasab ma aha in aad hadda adeegsatid e, waa kaydkaagii aqooneed. Tixraac iyo xigashadana ha ka illaawin si aad hadhow ugu noqoto, taariikhdii aad qortayna raaci. Kutub badan ayaa asalkoodu ahaa waxyaalo faa'iidooyin ah oo akhriste ka qortay buug uu akhrinayay ama xusuus akhriskaasi ku dhaliyay.

Hadal aad buug ka qortay, bayd gabay ah oo aad maqashay, maahmaah, odhaah, weedh, amaba hal erey oo kaadh kuugu qoran, ama buug ama dhijitaal ahaan kuugu kaydsan oo aadan sannado badan u baahan, ayaa laga yaabaa in aad maqaal ama qoraal kale ugu baahato mar. Haddii aadan mar hore meel dhigan lahayn, hadda uma aadan aydeen.

Wax badan oo buuggan ku jira sidaas ayaa aan ku ururiyay. Waana tii culimadeennu yidhaahdeen: cilmigu waa sidii ugaadh baxsad badan e, qalinka ha lagu dabro.

Qoraagu waa kii galal iyo faylal badan leh ee mashaariic badan ay qabyo u yihiin. Hal mar baan wax qoray qoraa laguma noqdo. Qoraa—waa magac ka tarjumaya joogtaynta qoraalka. Waa xirfad. Xirfadduna hal mar kuma koobnaato.

Wixii aad akhridaa waa dhito kuu taalla. Nin sheekh ahaa oo Baytul Maqdis tagay ayaa la weydiiyay: ma aragtay Ibnu Taymiyah? Haa. Noo tilmaan markii la yidhina waxa uu ku jawaabay: waa sidii *Qubbatus Sakhrah*[4] oo kitaabbo laga buuxiyay oo leh carrab hadlaya!

Qofkii kutubtiisa akhriyaa waa uu arkayaa akhris badnaantiisa iyo inta meelood ee uu wax ka soo xiganayo. Akhris badnidu waxa ay u suuragalisay in uu waqti yar xifdigiisa kitaab ka qoro. Su'aal laga soo weydiiyay magaalada Xamaah ee Suuriya waxa uu jawaabteedii yeedhiyay intii u dhexaysay duhurka iyo casarka. Hadda waa buug gaar u daabacan oo ardayda waqti aan yarayn ka qaata (الحموية). Mar nin amiir ahi weydiistay in uu u qoro axkaamta siyaasadda iyo maamulka dawladeed la xidhiidha, waxa uu hal habeen ku qoray kitaabkiisa siyaasadda sharciga ah ku saabsan (السياسة الشرعية في إصلاح الراعي والرعية).

Keligiina ma aha e, culamo badan iyaga oo xabsi ku jiray ayaa ay qoreen kutub ilaa hadda la dheefsado. Kitaabka weyn (15 mujallad) ee fiqhiga Xanafiyada ee *al-Mabsuud* (المبسوط) oo uu qoray imaam Sarakhsii, waxa uu in badan u yeedhiyay ardaydiisii isaga oo xabsiga ku jira iyaguna ay bannaanka fadhiyaan, markii la sii daayayna waa uu dhammaystiray.

Buugyaraha barashada cilmi xadiiska laga bilaabo ee *Nukhbatul Fikar* (نخبة الفكر), waxa uu Ibnu Xajar qoray isaga oo safar ah. Ibnul Qayim waxa uu *Zaadul Macaad*

---

4 Waa masjidka leh qubbadda dahabiga ah ee dad badani u yaqaannaan Aqsa.

(زاد المعاد) qoray isaga oo safar ah. Sidaa oo kale, *Rawdatul Muxibbiin wa Nuzhatul Mushtaaqiin* (روضة المحبين ونزهة المشتاقين), oo 600 oo bog kor u dhaafay, waxa uu qoray isaga oo safar ah kutubtiisiina aan la joogin. Hordhaca ayaa uu ku cudurdaaranayaa oo waxa uu leeyahay:

"Waxaa laga rejaynayaa qofkii uu kitaabkaani gacantiisa soo galo, in uu u cudurdaaro qoraagiisa. Maxaa yeelay, waxa uu qoray xilli uu degaankiisii ka fogaa kutubtiisiina ay kala maqnaayeen. Halkee baa ay gaadhi karaan qalbigiisa noogay iyo dedaalkiisa rafaadsan, iyada oo ay jirto in badeecadiisuna ay burseel tahay oo qofkii iyada oo kale watana ay ku dhabowday in loogu maahmaaho: 'wax badan baa warkoodu araggooda dhaamaa'. Waa kan isaga oo naftiisa kabdhaw uga dhigay leebabka kuwa fallaaraha gana, bartilmaameedna uga dhigay carrabyada kuwa wax dhaleeceeya; akhristihiisu dheefta ayaa uu leeyahay, qoraagiisuna dhibtiisa (magdhaw, eed i.w.m). Tani waa badeecadiisii oo adiga laguu soo bandhigayo;… si wacan ayaad u haysan doontaa ama si wanaagsan ayaad u siidayn doontaa, wax aan intaa ahayn hadday kaa mudatana, Alle ayaa kaalmo u ah, Isaga ayaanna talo saaranaynaa!"

Aqoonta mawduucu waa lamahuuran, laakiin qasab ma aha in aad bilowgaba khabiir ku tahay waxa aad rabtid in aad wax ka qortid. Buug aad u aragto in loo baahan yahay ayaa aad hawshiisa gali kartaa adiga oo aan aqoontii aad ku qori lahayd wada hayn. Laakiin inta aad ku jirto hawshaa waa in aad barato wixii aad u baahnayd.

Akhrinta mawduucaaga ku saabsani waxa ay kuu suuragalinaysaa in aad ogaatid halka wax marayaan, doodaha taagan, arrimaha laga faraxashay, kuwa aan daboolka laga rogin, caqabadaha jira,... iwm., si aad wax loo baahan yahay oo macne leh u qortid ee aadan wax mar hore laga gudbay iyo badeeco suuqa ka baxday isugu mashquulin ama wax la qoray aadan waqti iskaga lumin. Waxa aad qoraysaa yuusan noqon saambuuse laga addimay.

Halabuurka dadkiisa la dareenka ah uma baahna in uu isweydiiyo waxa loo baahan yahay ama in uu baadhitaan u galo e, isagaa bulshada ka horreeya oo sahan iyo hormuud u ah. Isagaa taagantooda faalleeya, timaaddadana sadaaliya ilaa hadhow marka sidii uu sheegay wax u dhacaan la dhaho adigaa na habaaray qumayahow!

"Haddaan Bari ina qalayn
Haddaan Bogox ina fantayn
Beelaha agaheenna yaal
Haddaynaan buro ku noqon
Tukii baallaha caddaa
Adduunyada baadideenna
Bannaanada kaga xeroon
Boogteenniyo dhaawaceenna
Haddaan baga layna odhan
Miyaynu isbaran lahayn!"
—Hadraawi: Bulsho (1980).

In aad qortid wax dadku daneeyaan waxtarna u leh,

waxaa ka horraysa in aad adigu isdhistid oo aad noqotid qof leh aqoon iyo garasho oo wacyigiisa guud dhisan yahay. Qoraagu ma ahaan karo lax dhukan oo col iyo abaarba moog. Wax badan akhri oo maankaaga quudi. Ha isku koobin mawduuc yar ee garashadaada ballaadhi oo waxgaradnimo ku dedaal. Qof weyn oo aqoon la bidayo ma aha in uu ka jaahil noqdo waxyaalo caammadu taqaan oo doqoni-garatay ah. Ibnu Xasam ayaa innoo soo tebiyay odhaahdan, "Aqoon kasta in baan ka qaatay—qofku in uu maqlo dad wax sheegaya uusanna fahmin waa dhib weyn.", ka dibna waxa uu raaciyay: run badanaa!

Qalin qori aad buugga ku calaamadiso iyo meel aad wax ku qorto diyaarso marka aad wax akhrinaysid. Wixii ku cajabiya hoosta ka xarriiq, haddii uusan dhawr sadar ka badnayn. Haddii kale qaybta dhan xarriiq hoos aadaysa barbardhig. Haddii ay hal erey tahayna goobaabin gali.

Wixii su'aal aad ka qabtid, summadda su'aasha (?) ku ag qor. Wixii aad la yaabtidna midda yaabka (!) ku qor. Wixii qalad ah ×, wixii muhiim ah *, haddii uu aad muhiim u yahayna ***. Haddii qaybtaas ama weedhaasi aad kuu cajabisayna xiddig saaro. Hadhow adiga oo aan buuggii wada akhriyin baad meelahan kuu calaamadsan toos u abbaari kartaa.

Wixii faallo ah, ama su'aalo kugu soo dhacay, ama sixitaan ah, ama wax kale oo aad ku xusuusatay... ku ag qor. Aayad Qur'aan ah, xadiis, maahmaah, odhaah, iwm., baa aad xusuusan kartaa, maanso ayaa kugu soo dhici karta, buug kale oo aad akhriday oo si kale uga hadlay ayaa aad xusuusan kartaa… in aad sidan samaysaa waxa ay kaa caawinaysaa in aad aqoontaadii isku xidhid ee aysan kaa noqon jasiirado kala go'doonsan oo aan shaqo isku lahayn.

La falgal qoraalka, ha isu daadraacin, hana la diririn e, u akhri qaab naqdin ah, ayaa uu yidhi Ibnu Xasam. La sheekayso, su'aalo weydii, dood la gal meeshii munaasib ah. Laakiin waa in aad heerkii kuu suuragalin lahaa arrimahan joogtaa oo aad leedahay gundhiggeedii. Waa halkii Soomaalidu tidhi: "Cilmi aan ku baree caqli aad la kaashato ma leedahay?". Cali al-Cimraan waxa uu leeyahay: buugga ama qoraaga ha isu horwadhin sidii mayd horyaalla ciddii maydhi lahayd e, ku akhri dhugasho iyo dhiifoonaan.

Akhrisku ma aha in aad wada liqdo wax kasta ama aad qashin isku qulaamiso. Waa naqaysi iyo in aad hadhow sidii shinnida malab miid ah ka dhiijisid.

"Qofkii helaya maan fiicanee, madax fayow haysta
Run la miidhay dhegihiisa, waa inaan ku miisaaye."

—Dhoodaan: Ha Midowdo.

Akhris Lafagurid

Qoraalku, gaar ahaan buuggu, waxa uu leeyahay qalfoof isu haysa oo qaabaysa cadkiisa una yeesha muuqaal. Mortimer Adler iyo Jaarlas Faan Dooren, waxa ay leeyihiin si aad qalfoofta iyo qaabdhismeedka buugga u daalacatid, waa in aad ku akhridaa indho sidii raajada (X-ray) ah oo ka dusaya cadka dusha ka saaran iyo huga lagu asturay. Akhriska lafagurka ah ee aan hoos ku soo koobay oo faahfaahsan waxaa looga bogan karaa buugga *How to Read a Book* ee ay iska kaashadeen labadan qoraa.

Marka hore meelee buugga oo aqoonso waxa uu yahay iyo waxa uu ka hadlayo. Raadi dulucda buugga. Qaybaha muhiimka ah ee buugga la soo bax, u fiirso qaabka la isugu habeeyay ee ay isu haystaan ee keenaya in ay buug ahaan isugu dhafmaan ama dhismaan.

Lafdhabarta uusan la'aanteed istaagayn hel. Raadi meelaha uu la'aantood u dhutin karo, meelaha sidii faryarada ah ee uu u baahan yahay laakiin uu ka maarmi karo walow uu dhaawacmayo, iyo meelaha sidii timaha aan qaabkiisa wax u dhimayn ee quruxda iyo shacniga ku kordhinaya.

Sida baruurta badani ay habsami-u-socodka qofka u saamayso, ayaa hadalka badan ee qoraalka lagu naaxiyo ee qalfoofta buugga la huwiyaana uu xarragada uga dilaa. Waa in uusan ahayn weyd lafo ah oo sanka laga qabsado, ama baruur dubaaxinaysa oo lagu laqanyoodo. Waxaa loo baahan yahay isu dheellitirnaanta muruqa, baruurta, iyo qalfoofta si xarragadu ugu toosto, uuna socodka ugu laafyoodo.

Qaabdhismeedkii marka aad heshid, heerka xigaa waa in wixii buuggu siday la aad eegto. Muxuu yahay ujeedka qoraagu? Sababta uu buugga u qoray iyo waxa uu rabo in uu ku soo gudbiyaa maxay yihiin?

Ereyada uu adeegsanayo dhuux oo u fiirso sida uu u adeegsanayo. Ma yihiin kuwo ku habboon? Ma adeegsi cusub baa mise waa mid la isla yaqaan? Haddii uu mid cusub yahay, miyaa uu u baahnaa mise waa uu iskallifayaa?

Ma ka maarmi karay? Ereyadu ma buuxiyeen kaalintii qoraagu u xushay oo macnihii iyo farriintii ma xambaari karaan mise maya?

U fiirso weedhaha, farriintooda, iyo sida ay isugu xidhan yihiin. Eeg dhererkooda iyo gaabnidooda iyo saamaynta ay taasi ku leedahay farriinta iyo fahankeeda iyo quruxda ama xiisaha qoraalku leeyahay.

Tuducyada u gudub oo raadi farriintooda iyo xidhiidhkooda. Dood gaar ah miyaa ay qaarkood xambaarsan yihiin? Mise doodda qoraagu waxa ay ku dhex filiqsan tahay tuducyo iyo weedho badan? Haddii ay sidaa tahay, isku day in aad soo ururisid dooddaa. Ma ku saxan yahay qoraagu in uu sidaa yeelo? Maxaa ku kallifay? Maxaa aad ka baran kartaa?

Tallaabooyinkii iyo caddaymihii dooddu ku dhisnayd haddii wax ka maqan yihiin waxa aad ku heli karta dabagalkan aad samaynaysid. Haddii ay wax maqan yihiin, isweydii sababta qoraagu uga tagay: ma ilduuf baa mise ulakac? Mise waa gef iyo garasho la'aan?

Biyadhaca buugga, u fiirso qaabka qoraagu u xalliyay mawduucii ama uga jawaabay su'aalihii—ma ku guulaystay? Sabab? Ma ku guuldarraystay? Sabab? Maxaa aad ka baran kartaa?

Haddii uu qayb ku guulaystay oo xalku yacyacood yahay, maxaa aad isleedahay waa lagu hagaajin karaa? Haddii uu karintii ka badiyay sidii cunto ilmo ama duq ilko la' loogu talagalay, halkee ayaa ay ahayd in uu dabka kaga qaado?

Si kasta oo loogu dedaalo, buug qof qoray iin kama madhna. Waa camal aadane iyo caadadiis oo tobanka ma buuxiyo. Taas niyadda ku hay oo ha isu curyaamin in aadan qori karin wax dhan kasta ka dhammaystiran. Qoraalku dhiirrasho iyo kudhac kama maarmo. Baqdinta badani maxay waxgarad aqoontiisii naga hor taagan tahay! Markaas ayaa aad fahmaysaa in indha-adayggu yahay sed!

Marka aad buuggii sidaa u lafagurtid, waxa aad awooddaa in aad adeegsato qaab kale oo buugga muhiimka ah loo weelayn karo oo xogtiisa loo dhuuxi karo: waa in aad soo gaabisid ama soo koobtid. Waa hawl u baahan fahan qotadheer oo ka dhashay lafagur buuxa oo buugga aad ku samaysid e, ma aha in aad qaybo ka saartid oo keli ah. Waa in aad kala garan kartaa waxa asalka u ah buugga ee la'aantii dhismihiisu uu dumayo, faraca laga maarmi karo, qurxinta, iyo wixii awalba dheeraadka ku ahaa ee qorayaashu mararka qaar qoraalka ku naaxiyaan.

Buugaagta akhrintooda iyo lafagurkoodu ku anfacayaan ma aha kuwa wanaagsan oo keli ah. Kuwa liita ee aadan u bogin iyagana raadi cilladdooda si aad uga dhowrtid qoraalkaaga. Halkee looga yimid? Maxaa dhaawacay? Ogowna waxgaradku waa kii ku waantooba qayrkii. Ugu yaraan niyadda ayaa ay kuu dhisayaan in aad wax dhaama qori kartid. Xusuuso Ibnu Xasam: buugna faa'iido kama madhna.

Aqoonta ka sokoow, akhrinta badan waxa ay qoraaga u suuragalinaysaa in uu barto qoraalka wanaagsan, iyo in uu kala saaro qaabka habboon iyo midka aan habboonayayn ee wax loo qoro. Imaam Awzaacii (88-157H), oo mad-habkiisa fiqhiga ah muddo dheer lagaga dhaqmayay

Suuriya iyo nawaaxigeeda, ayaa waxa uu leeyahay: Waxa aan la qaadanaynin u baro si la mid ah sida aad u baranaysid waxa la qaadanayo.

Waxa xun sidee ayaa aad uga leexan kartaa haddii aadan garashadiisaba aqoon u lahayn? Imaam Sufyaan ath-Thawrii (97-161H) oo ka mid ahaa taabiciintii yaryaraa ayna wax ka barteen Abuu Xaniifah, Awzaacii, Maalik, iyo imaamyo kale, ayaa markii uu qoralka xadiiska ka hadlayay waxa uu sheegay in uu saddex siyaabood u qorto: mid waxa uu u qortaa in uu ku dhaqmo, midna in uu ogaado jiritaankiisa oo uu haysto laakiin uusan ku dhaqmin, iyo mid uu ogaansho uun uga dan leeyahay ee uusan wax tixgalin ah u hayn. Qoraagana sidaas oo kale ayaa la gudboon; wax badan oo kala duwan akhri, adiga oo ujeeddadaadu tahay in mid wax aad adeegsato aad ka heshid oo uu kuu noqdo meel aad ka dabqaadatid, midna aad jiritaankiisa ka war haysid waa intaas oo aad mar u baahataa e, midka saddexaadna aad u akhridid in uu noqdo sidii bahal aad naftaada ku xuuxisid si aadan isaga oo kale u qorin!

Akhriska badani ma qasbayo akhrinta buugaag badan e, waxaa laga yaabaa, sida Cabbaas al-Caqaad laga soo tebiyay, in hal buug oo aad saddex mar akhridaa ka dheef bato saddex buug akhrintood.

Akhriska badani tiro ahaan iyo tayo ahaanba waa uu noqdaa. Ku celcesho buugga ku cajabiya ee aqoontiisa ama habqoraalkiisa aad wax badan ka baran kartid. Culamo hal kitaab 700 oo jeer akhriyay iyo kuwo 1000 jeer akhriyayba waa ay jiraan. Caalimkii Muxammad ad-Daquulii (الدَّغُوْلِيّ), oo ka mid ahaa ardaydii imaam Muslim, waxa uu sheegay in mar kasta, haddii uu safar yahay iyo haddii uu negi yahayba, uu afar kitaab joogto u akhrin jiray: kitaabkii Muzani ee aynu soo marnay, kitaabka *al-Cayn* oo uu qoray Khaliil ibnu Axmed al-Faraahiidii (100H-170H)[5], Taariikhda Bukhaarii[6], iyo *Kaliilah wa Dimnah*.

Waa fiqhigii, luqadii, taariikhdii, iyo madaddaaladii. Adigu ma leedahay buugaag sidaa kuu weheliya mar kasta?

Akhrin qotadheer u la kala bax oo dheegasho ahaan ugu tababbaro kii habqoraalkiisu heer sarreeyo. Ka dhigo ulo aad ku tukubtid, sidii qof aan lugihiisa keligood ku socon karin. In qoraa kale wax laga eegtaa kuma koobna bilowga, ee waa wax ay sameeyaan xitaa qorayaasha hirgalay.

Maadaama aanan arkin buug Soomaali qortay oo qoraalka si faahfaahsan uga hadlaya, waxa ay noqotay in aan kuwo kale raadiyo. Kuwaas qaabdhismeedkooda, mawduucyadooda iyo xogta ay xambaarsan yihiin, iyo habqoraalkooda, ayaa aan wax badan ka bartay, ku qaabeeyay wixii iga dhex guuxayay, kana helay wax badan oo aanan ku baraarugsanayn ama aanan aqoon u lahayn, ka dibna aan raadcayn iyo ururin ku bilaabay.

Buugga *al-Faaruuq* markii aan qorayay, taariikh nololeedyo badan baa aan daraaseeyay qaabdhismeedkooda, habqoraalkooda, mawduucyada ay abbaareen iyo sida ay uga hadleen iyo weliba macluumaadka sida ay u kala xusheen

---

5 Waa qaamuuskii af Carabi ku qoran ee ugu horreeyay.
6 *At-Taariikh al-Kabiir*—waa taariikh nololeedkii dadka xadiiska wariya oo sidii qaamuus u habaysan.

iyo sida ay isugu dubbarideen—marka xogtu suququl tahay sida loo maareeyo, marka ay badan tahay sida loo kala naqaysto, iyo waxa mudan in diiradda la saaro. Waxa ay noqotay in aan raadiyo taariikh nololeedyada dad u dhigma Cumar RC oo hoggaamiyayaal ummadeed soo noqday, sida Juuliyas Siisar, Nabooliyoon, madaxdii Maraykanka oo qaar qayb ka ahaayeen asaaskii hannaan dawladeed oo cusub. Mawduucaaga sida wax looga qoray akhris baa aad ku heli kartaa, haddii aad jid cusub jeexaysidna, kaagaa laangooyo u noqonaya dadka kale e ku soco.

❦

Halabuurkaagu si uu u koro ku hab halabuur cuddoon oo nafaqo u leh. Markaa uun baa aad kaalingal (qualified, مؤهل) noqon kartaa, sidii aynu ku soo marnay hadalkii Imaamul Xaramayn, al-Juwayni.

Taagtaa tallaabso oo hadba qoraal kula heer ah raadso. Haddiise aad ismaqiiqdo oo kabo kaa waaweyn aad ku socod baro istidhaahdid, in aad kufaysaa waa hubaal, lamase oga in aad ka soo kaban doontid oo aad mar kale sare u kici doontid. Heerkaaga garo. Hana isku dhererin qoraa gaasabaxay oo halabuurkiisu hirgalay adiga oo bilow ah. Nebigu scw waxa uu yidhi: qofka wax uusan haysan isku qurxiyaa waa sidii qof dhar been ah xidhan. Toobalcaaro ayaa uu ku xarragoonayaa.

المُتَشَبِّعُ بِمَا لَمْ يُعْطَ كَلَابِسِ ثَوْبَيْ زُورٍ

Dedaal karaankaaga, in aad dhaaftid oo ay laga-barayba

laga badi noqotaa wax fog ma aha e. Ibnu Xajar al-Caqlaani ayaa biyaha samsamka u cabbay in Alle siiyo xifdigii imaam Dahabi oo kale, qofkii labadooda yaqaanna ayaana qiimayn kara natiijada ducadaa.

Waxa aad mari doontaa marxalad qoraa ama qorayaal kale kaa dhex hadlayaan sidii jin! Ardayda Qur'aanka ayaa marba qaariga cusub codkiisa ku dayda. Maxaanu xabeebsannay! Dhalinyarta kubbadda ciyaaraana marba laacib bay ku dabo xiiqaan ama lafo ku jabaan sida ay isu leeyihiin sidiisa sameeya oo ku dayda. Beryahanna dhalinyaro badan oo maansada xiiseeya iskuna daya in ay curiyaan, waxa aad moodda in Hadraawi ka dhex hadlayo.

Waa wax caadi ah oo barashada ka mid ah. Waqti baa ay qaadanaysaa khibradna waa ay u baahan tahay, in aad hesho codkaaga, fartaada, ama ciyaartaada. Taas ayaa lagugu baran doonaa oo kuu noqon doonta summad lagaaga baadi sooco qorayaasha kale. Laakiin ha qasbin hana iskallifin e, isku day in aad si dabiici ah daaha iyo daboolka uga qaaddo waxa kuu gaarka ah. Kuwii maxay dhihi jireen: adigu adiga ahow!

Laakiin inta aad nooshahay sida aad qof ahaan isu beddelaysid ayaa fartaada iyo codkaaguna ay isu beddeli karaan, una kobci karaan, illeen dhagax ma tihid e.

"Haddaan guga kuu kordhaa,
gaboow mooyee ku tarin,

garaad iyo waaya-arag,
illeen wax ma dhaantid geed."
—Gaarriye: Gurmad.

Ma jiro hal buug ama dhawr buug oo koobaya aqoonta, xirfadda, iyo halabuurka uu qoraagu u baahan yahay. Weligeedna ma jiri doono! Waa xaqiiqo aan lahayn meel lagaga dhuunto. Waa in aad dhex qaaddaa wax badan oo aan dheef lahayn si aad u gaadho hal waxtar kuu leh. Khaliil ibnu Axmad oo aynu kor ku soo marnay, ahaana macallinkii Siibawayhi naxwaha baray, ayaa yidhi: "Qofna cilmiga naxwaha kama gaadho inta uu rabo ilaa uu barto wax uusan rabin."

Qoraalka qiimaha leh ee waxtarkiisu waaro waxa uu ka soo duxaa garaad iyo maan akhris ku koray. Waxa uu ka soo burqadaa maskax akhris biyo dhigay. Haddii aadan akhriska waqti u haynnin, qoraal ha isku daalin, akhristahana luggooyada ka daa.

Nin qaaddi ah oo kutubta aad u iibsan jiray, haddii uusan markaa lacag haysanna amaah ku sii qaadan jiray baa lagu canaantay... Heerkan aan joogaba (in uu qaadi yahay) kutub baa i gaadhsiiyay, ayaa uu ugu jawaabay. Markii ay yidhaahdeen waad ka badbadinaysaaye kitaabbo iibsiga yareena, waxa uu yidhi: xirfaddu kama soo hadho agabka (على قدر الصناعة تكون الآلة).

Inta aadan wax qorin, wax badan oo badan oo misana badan akhri. Weligaana ha joojinnin akhriska. "Ninba intuu cunuu ciidamiyaa," waxa aad ku beddelataa "ninba intuu akhriyuu qoraa." Akhriska badan waxa aad ka helaysaa aqoontii aad wax ku qori lahayd, afkii iyo ereyadii aad adeegsan lahayd, naxwihii, habdhicii ereyada iyo hannaankii qoraalka.

Istiifan King, qoraa Maraykan ah oo caan ah, waxa uu qoraaga kula talinayaa in uu maalin kasta wax akhris ku qaato 4–6 saacadood!

NUUN 66

Intaasi waxa ay ahayd qodobbo aan u arko in ay habboon tahay in qoraaga Soomaaliyeed ka ambaqaado kana shidaal qaato, oo ay qoraalkiisa gundhig iyo sees u noqdaan. Waxa ay ahayd qalfoof aan ugu talagalay in ay qaabayso fikirka iyo maanhagga qoraaga Soomaaliyeed.

Waxaa ku xigi doona qaybo ku saabsan diyaarinta, qorista, habaynta, ebyaynta, iyo sargoynta qoraalka.

NUUN 68

MAWDUUCYO QORAAL

NUUN 70

TAARIIKH

*"Taariikhdu waynoo musbaax maanka caawima'e
Adoo male gudaayaad yaqiin marar ku gaadhaaye
Makaankaaga waa inaad taqaan meelba waxa yaalle,"*

—Xaaji Aadan: Ceerigaabo.

Ibnu Khalduun waxa uu kitaabkiisa taariikhda[1] hordhac uga dhigay qayb gaarkeeda buug u noqotay—*Muqaddimatu Ibnu Khalduun* (مقدمة ابن خلدون). Waa buug ka mid ah liis kooban oo ay ku jiraan buugaag ibofur u noqday aqoon iyo garasho hor leh.

Bilowga Muqaddimada waxa uu kaga hadlayaa ahmiyadda taariikhda, waxa uuna tilmaamayaa in ay fududdahay oo culamo iyo caamaba ay fahmayaan marka korka laga eego. Laakiin marka loo sii fiirsado ee hoos loogu dhaadhaco, ay u baahan tahay fiiro, hufid iyo haadin, jirtooyin iyo sababayntood, garashada dhacdooyinka, iyo dhugashada sidii ay ku yimaaddeen.

Ibnu Khalduun taariikhda waxa uu u arkaa arrin gundheer oo falsafad ku aroorta mudanna in lagu tiriyo laamaha falsafadda.

---

[1] كتاب العبر وديوان المبتدأ والخبر في أيام العرب والعجم والبربر ومن عاصرهم من ذوي السلطان الأكبر

Waxa uu leeyahay taariikhdu waa aqoon (fanni) sharaf iyo faa'iido badan maadaama ay innoo suuragalinayso in aan ogaanno xaaladihiii tagtada iyo akhlaaqdii ama dhaqankii ummadihii hore, iyo siirooyinkii Anbiyada; boqorrada iyo dawladahoodii iyo siyaasaddoodii—si uu ugu daydo qofkii u raba diintiisa iyo adduunyadiisa.

Taariikhdu waa xididdada dhulka ku dhaaba qofka ee u ah dhaxal uu ku arooro kana biyaqaato. Waa muraayad uu ka daawado tagtadiisii kana dheehdo wixii casharro iyo cibro qaadasho ugu duugan. Waa ilays lagu iftiinsado taaganta laguna ifafaaleeyo timaaddada. Ahmiyadda ay taariikhdu leedahay waxa aynu ka dheehan karnaa sida ay dhacdooyinka taariikheed uga buuxaan Qur'aanka. Saxaabadiina waxa ay siiradii Nebiga scw ilmahooda u bari jireen sida ay suuradaha Qur'aanka u baraan.

Ibnu Khalduun waxa uu culamadii hore ku ammaanayaa dedaalkoodii ay ku qoreen taariikho heer sarreeya, laakiin waxa uu si kulul u eedaynayaa dad uu leeyahay arrintii baa ay dhabqiyeen oo ay ka dhigeen timir xabaal taalla wax aan jirinna ka buuxiyeen taariikhdii. Waxa uu ku dhaleecaynayaa in aysan xil iska saarin waxa sababay dhacdooyinka ay diiwaangaliyeen iyo xaaladaha ay ka warrameen. Maxaa yeelay, ayaa uu leeyahay, dhaqanka iyo xaddaaradda bulshadu waxa ay leeyihiin xaalado ay tahay in wararka iyo dhacdooyinka lagu halbeego oo lagu kala garan karo wixii suuragal ah iyo wixii kale.

فللعمران طبائع في أحواله ترجع إليها الأخبار، وتحمل عليها الرّوايات والآثار[2]

مقدمة ابن خلدون - تحقيق د. علي عبدالواحد وافي 283/1+ 2

Sidaas awgeed, waxa uu ku dhaleecaynayaa in aysan iska tuurin wararka aan sugnayn oo hubsiimada iyo xaqiijintu ay ku yar yihiin, aysanna kala hufin oo haadin waxa ay qorayaan oo qalad iyo deelqaaf badani ka buuxo, kaas oo ay sii kala xigteen.

Ibnu Khalduun uma arko arrin qumman in taariikhyahanku soo minguuriyo dhacdooyin hore, isaga oo aan tixgalinayn isbeddelka xaaladeed iyo sida ay u doorsoomeen caadooyinkii ummadaha iyo jiilashu. Waxa uu leeyahay waxa ay soo qaadayaan wararka dawlado iyo sheekooyinka dhacdooyin xilliyo hore ahaa, iyaga oo u soo gudbinaya qaab ka madhan macnihii ay lahaayeen oo ka dhigaya waxyaalo lala yaabayo, maadaama aan aqoon loo lahayn.

Waa dhacdooyin aan la garanayn meesha ay salka ku hayaan iyo arrimo aan la abla-ablayn oo aan la kala gurin, taariikhyahannaduna waxa ay ku celcelinayaan soo guurinta war cid hore kaydisay oo ay sidoodii u soo tebinayaan.

Waxa uu leeyahay marka ay taariikhda diiwaangalinayaan, wax tixgalin ah ma siinayaan jiilasha soo korayaa, taas oo keenaysa in ay u baahdaan cid u fasirta maadaama ay taariikhdii noqotay wax aan la fahmi karin isbeddel ballaadhan dabadii. Waa sidii markii Asxaabul Kahfi oo aan dareensanayn muddadii dheerayd ee ay hurdeen, ay magaaladii cunto u doonteen iyaga oo sita lacag beri hore laga baxay oo aan la aqoon, dabadeedna la la yaabay.

Soomaalidii hore beenta waa ay ka "caagganaayeen" halka dadkii dambe ay caado u noqotay. Waxaa la mid ah Carabtii hore oo beenta iyo ballanfurku ay ceeb weyn dhexdooda ka ahaayeen. Haddaba marka taariikh la qorayo, xaaladdii bulsho ee dhaqan in la ogaado wax weyn baa ay taraysaa. Kalsoonida warkooda lagu qabi karana wax weyn ayaa ay kaa caawinaysaa. Xogtii aad haysay in aad fasirtid oo aad waaqaceedii ku fahantidna waa ay kuu fududaanaysaa.

Taariikhyahanku waa in uu ogaadaa in dadka, afkooda, iyo dhaqankoodu isbeddelaan oo uusan dhaqanka maanta uun ku qiimayn kii dad waa hore tagay. Dhacdooyinka waa in lagu fasiro waaqacii ay ka dhex dhasheen. Haddii dad beri hore abaaday oo ku noolaa waaqac kaaga aad uga duwan, aad dusha ka saartid adduun-araggaaga iyo sida aad maanta u dhaqantid ama adduunka looga dhaqmo, wareer ayaa ka dhalanaya taariikhdiina waa ay marin habaabaysaa.

Eedaha kale ee uu u soo jeedinayo taariikhyahannada waxaa ka mid ah in marka ay qorayaan dawlad taariikhdeed ay isdabataxaan run iyo been wixii ay maqlaan, ee aysan si lafaguran u qaadaadhigin sidii ay ku bilaabatay, wixii calankeeda taagay ee awoodda u yeelay, iyo sababta gaadhsiisay heerka ay gaadhay. Taasina akhristaha kama haqabtirayso baahidii uu qabay, waxa uuna ku jirayaa baadigoobka xaaladaha dawlad dhaliya iyo marxaladaha ay marto, isaga oo baadhaya sababaha ay isu riixaan isuna dhaxlaan ama beddelaan, islamar-ahaantaana raadinaya wax ka qanciya waxyaalaha ay dawladuhu ku kala duwan yihiin iyo waxa ay ka siman yihiin. Haddaba, in uu booskan buuxiyo ayaa uu Ibnu Khalduun u qoray Muqaddimada iyo taariikhda ay hordhaca u tahay.

Tubta Taariikhyahanka

Qofka taariikhda isku hawlayaa waxa uu u baahan yahay ilo kala duwan oo uu ku arooro, aqoon kala jaad ah, fiiro wanaagsan, iyo hubsiino uu xaqiiqada ku haleelo, kagana dheeeraado qaladka iyo goobaha simbiririxashada.

Ibnu Khalduun waxa uu leeyahay warka marka la soo tebinayo haddii la isku koobo werinta, ee aan la saarin halbeegga caadada, qaacidooyinka siyaasadda, dabeecadda xaddaaradaha, iyo xaaladaha bulsheed ee insaanka; haddii wixii tagay aan lagu qiyaasin waxa taagan, waxa ay u badan tahay in aan xaqiiqadeeda laga gungaadhin. Waana sababta taariikhyahanku ay qalad ugu dhacaan maadaama ay tebinta xoogga saareen ee aysan sheekooyinka iyo dhacdooyinka u celin asalkoodii, dhiggiina aysan isaga qiyaas qaadan, warkiina aysan fiiro dheer u yeelan. Sidaas awgeed, xaqiiqadii ayaa ay ka lumeen.

Tusaale waxa uu u soo qaadanayaa tirooyinka hantida iyo ciidammada ee sheekooyinka taariikhda ku jira. Waxa uu leeyahay tirada ciidammadii Banuu Israa'iil ee Mascuudi iyo taariikhyahanno badani ay diiwaangaliyeen, ee sheegaysa in ay ka badnaayeen 600,000 in aysan suuragal ahayn, aysanna aqbaliddeeda ku filnayn in la soo tebiyay ee ay tahay in suuragalnimadeeda lagu qiimeeyo dhawr arrimoood:

Koow, degaankii ay joogeen ciidan intaas le'eg ma qaadi karin, oo marka la eego ciidanka iyo degaanka qaadi kara ee baahidiisa dabooli kara, tiradaasi aad ayaa ay u badan tahay.

Ciidan intaas le'eg in uu labo saf oo is-hortaagan noqdo si uu u dagaallamo (*eeg* al-Baqarah: 54), oo midi midka kale ka adkaado, waa ay adag tahay oo dhinacyadu ismaba arki karaan iskamana warhayn karaan—sida ay u kala fog yihiin. Waxaa kale oo uu ku doodayaa, Faarisiyiintii oo ka awood badnaa kana boqortooyo weynaa ma haysan ciidan intaa gaadha.

Haddii reer Banuu Israa'iil haysan lahaayeen ciidan sidaa u ballaadhan, dawladdoodu waa ay fidi lahayd oo awood badan ayaa ay yeelan lahayd, ee kuma aysan koobnaateen qaybo Shaam iyo Xijaas ka mid ah.

Midda kale, Nebi Yacquub (Israa'iil) cs waxa uu Masar la galay wiilashiisii (al-Asbaad) iyo dhashoodii markii ay Yuusuf cs u imanayeen, waxaana lagu qiyaasaa ilaa 70 qof. Markii ay Masar ka baxeen ee ay Nebi Muuse cs raaceenna afar jiil ayaa ka soo wareegtay imaanshahoodii. Sidaas awgeed, ayaa uu ku doodayaa Ibnu Khalduun, suuragal ma aha in muddadaa kooban ay 70 qof ka tafiirmaan dad ciidankoodu gaadhayo lix boqol oo kun. Xitaa xilligii Nebi Saleebaan cs ma gaadhi karin tiradan, ayaa uu leeyahay. Waxa uu soo xiganayaa in ciidankii Saleebaan cs ahaa 12 kun, taasina ay runta u dhowdahay, ee 600 oo kun ay khuraafaad tahay oo xilligii Saleebaan cs waa xilligii boqortooyada Banuu Israa'iil ugu awoodda badnayd uguna ballaadhnayd.

Doodda Ibnu Khalduun mid la mid ah ayaa laga gali karaa qabiillada Soomaaliyeed ee Carabta ku abtirsada iyaga oo sheega in odaygii ay ka farcameen uu ahaa sheekh dadka diinta barayay oo dadkii meesha joogay ka guursaday ka dibna ay iyagu tafiirtiisii yihiin si toos ahna ay ugu abtirsadaan. Haddii tiradooda iyo muddada ka soo wareegtay la isu eego, waa ay adag tahay in taariikhdaa ay sheegayaan la rumaysto.

Sidaa hore si la mid ah, Ibnu Khalduun waxa uu su'aal ka keenayaa tirooyinka ciidammada iyo dakhliga dawladaha ee ay taariikhyahannadii hore qori jireen, waxa uuna leeyahay aad ayaa ay uga badbadiyeen tirada si ay u sheegaan wax lala cajabo. Waxa uu leeyahay, haddii aad waraysato dadka diiwaanka ciidanka iyo dakhliga dawladda ka masuulka ah tirada ciidanka u qoran iyo dhaqaalaha soo gala, haddii aad u kuurgasho hantileyda ganacsigooda iyo faa'iidada ay helaan, haddii aad daalacato kuwa dadka ugu israafka badan iyo waxa ku baxa, heli maysid toban-meelood-meel waxa ay taariikhyahannadaasi tirinayaan!

Taasna waxaa sabab u ah, ayaa uu leeyahay, nafta oo ku falan jacaylka waxyaalaha qariibka ah ee lala yaabo, kan qorayaana cid dabagasha oo naqdisa kama baqayo. Sidaas awgeedna naftiisa kuma xisaabinayo kas iyo kama'wixii gef ah ee ay ku dhacdo, iskumana hawlayo in uu warka u dhigo si dhexdhexaad iyo caddaalad ah, ama uu u celiyo baadhitaan iyo hubin, markaas ayaa uu xakamaha debcisanayaa oo uu carrabkiisa ku sii daynayaa in uu beenta daaqo.

Halkan Ibnu Khalduun waxa uu innagu dareensiinayaa ahmiyadda ay leedahay in ilo badan xogta laga soo ururiyo oo warka suuragalnimadiisa iyo mudnaantiisa lagu qiimeeyo, ka hor inta aan la diiwaangalin.

※

Taariikhyahanku waxa uu u baahan yahay in uu aqoon u lahaado qawaacidda siyaasadda, dabeecadda jiraalka, kala duwanaanshaha ay ummadaha, dhulalka, iyo xilliyadu ku kala geddisan yihiin; iyo siirada, akhlaaqda, caadooyinka, diimaha, madaahibta, iyo xaaladaha kale ee dadka. Waxa uu u baahan yahay in uu ogaado sida ay hadda yihiin uuna isbarbardhigo tagtada iyo taaganta: waxa ay wadaagaan iyo waxa ay ku kala weecdeen, uuna sababeeyo labadaba. Waa in uu dul istaago gundhigga dawladaha iyo diimaha, soo ifbaxoodii, sababihii dhaliyay ee jirsiiyay, cidda ka masuulka ah iyo warkoodii—si uu wacyi fiican ugu yeesho sababaha dhacdo kasta, iyo warku meesha uu ku aroorayo. Markaas warkii la soo tebiyay waxa uu u bandhigayaa qaacidooyinka iyo usuusha (tiirarka) uu haysto—haddii warku waafaqo uuna jidkoodii ku socdo waa uu qaadanayaa, haddii kalana bug aan jirin ayaa uu ka soo qaadayaa waana uu ka kaaftoomayaa, ayaa uu yidhi Ibnu Khalduun.

Sababta uu Ibnu Khalduun arrimahan ugu adkaysanayaa waa in ay gundhig u yihiin qoridda taariikh tayo leh oo kaalintii looga baahnaa buuxisa. Waxa uu leeyahay taariikhdu waa tebinta warkii xilli ama jiil, ee arrimahan kale tilmaamiddoodu waxa ay saldhig u yihiin taariikhyahanka oo ku dhisanaya kuna kala miiraya wararka uu tebinayo.

In kasta oo uu manhaj fiican dejinayo, macnaheedu ma aha in aan Ibnu Khalduun qudhiisu mararka qaar ka leexan, waana eed loo soo jeediyo.

※

Qoridda taariikhdu waxa ay u baahan tahay baadhitaanka sidii wax u dhaceen, lafagurka xogtii la ururiyay, qiimaynteeda, iyo gorfaynteeda. Qoraaga ayaa laga rabaa in uu xogtii miidda ahayd isku shiilo ka dibna u dhigo qaab ay macne taariikheed ku samaynayso. Waxa ayna u baahan tahay faahfaahinta iyo fasiridda dhacdooyinka iyo xaqiiqooyinka qoraagu soo gudbinayo.

Baadhitaanku waxa uusan ka fursanayn su'aal iyo in qoraagu weydiin ka keeno sidii wax u dhaceen. Su'aashaas haddii uusan si qumman u qaabayn, waxa ay saamayn taban ku yeelanaysaa midhaha baadhitaanka iyo taariikhda uu qorayo. Su'aasha wanaagsanina waa aqoonta badhkeed.

حسن السؤال نصف العلم

Sidii imaam Zuhri sheegay, cilmigu waa khasnad ay furto su'aashu.

العلم خزانةٌ ومفاتيحُها السؤالُ

Qoraagu waxa uu u baahan yahay in uu su'aasha badiyo oo uu ku dabto xogta meelahaa ku kala firidhsan. Taariikhdeennu waxa ay ku kaydsan tahay maskaxda dadka oo kayd qoraal ah oo badani innooma yaallo. Sidaas awgeed, qoraaga Soomaaliyeed waxa uu u baahan yahay in uu ku daydo Cabdullaahi ibnu Cabbaas RC. Markii la weydiiyay cilmigan badan sidee ayaa aad ku gaadhay, waxa uu ku jawaabay: carrab su'aal badan iyo qalbi garasho badan.

بلسان سؤول، وقلب عقول.

Maxaa dhacay? Maxay u dhaceen? Halkay ka dhaceen? Goormay dhaceen? Yaa sameeyay? Sidee ayay u dhacday? Sidee ayay u sameeyeen? Yaa la sameeyay? Yaa soo tebiyay? Tebiyuhu ma yahay dhexdhexaad mise dhinac buu u xaglinayaa? Ma yahay cid lagu kalsoonaan karo oo daacad ah? Maxay tahay ujeeddada ka dambaysa tebinta warkan? Goorma ayaa la soo tebiyay ama la diiwaangaliyay?...

Ilo wareed

Ilaha taariikhda laga xigto labo ayaa loo qaybin karaa: kuwo heerka koowaad ah oo asaas ah, waxa ayna badanaa la waqti yihiin dhacdada, iyo kuwo heerka labaad ah oo ku dhisan kuwa hore. Warqado ay isdhaafsadeen Sayid Maxamed iyo Ingiriiskii waa heerka koowaad. Qoraal waraaqahaa ku saabsan oo buug ama meel kale aad ka heshaana waa heerka labaad. Labaduba waa muhiim, laakiin mar kasta waxaa qiime badan asalka. Tusaale kale, xusuusqorraddii Aadan Cabdulle Cusmaan iyo Cabdirisaaq Xaaji Xuseen waa heerka koowaad marka iyaga iyo wixii ay goobjoog u ahaayeen wax laga qorayo, laakiin buugga ama qoraalka soo xiganaya in la sii xigtaa waa heerka labaad, waxaana fiican in xigashada heerka labaad la barbardhigo asalka oo heerka koowaad loo noqdo.

Qof goobjoog ahaa in aad warka ka heshid iyo in uu kuu soo maro dhawr qof oo kala maqlay waa ay kala duwan tahay waana ay kala qiime badan tahay. In aad wixii dhacay ka akhriso buug laga yaabo in qoraagu intii uu rabay u doortay sabab uu isagu og yahay, iyo in aad xogtii asalka ahayd oo sideedii ah heshidna kala qiime badan. Sidaa awgeed, ku dedaal in aad asalka xogta ku dhowaatid mar kasta oo aad awooddid oo aad ka maarantid ciddii aadan ku qasbanayn in ay kuu soo tebiso. Haddii aad buug ka akhrisid xog aad u baahan tahay, eeg meesha qoraagu ka soo xigtay oo raadso haddii aad heli kartid. Tusaale ahaan, haddii uu soo xigto qoraal ku saabsan Ingiriiskii Berbera degganaa oo uu yidhaahdo kaydka meel heblaayo ayaa uu ku jiraa, raadi asalkaa—waxaa laga yaabaa in aad ka heshid xog dheeraad ah oo aan cid kale kaaga horrayn. Taariikhda aad qoraysid in aad khabiir ku noqotid isku day. In aad wax qortaa sheegasho ma aha e waa waxqabasho iyo hawl badan.

Qoraalka aad xiganaysid qiimee marka hore. Haddii beri hore la qoray, tusaale ahaan taariikhda Dabari, raadi dabcadda ugu tayada fiican ee si cilmiyaysan looga shaqeeyay. Maadaama gacanta lagu minguurin jiray, kutubtaa hore waxa ay leeyihiin nuskhado meelo ku kala duwan oo u baahan in la isu eego oo dabagal lagu sameeyo. Hawshaa waxaa la dhahaa *taxqiiq*, waana muhiim in aad raadsatid mid ay taxqiijiyeen dad aqoon leh oo lagu kalsoon yahay. Dabcad ganacsi oo qalad ka buuxo ka dheeroow intaad awooddid.

Waxaa muhiim ah in qoraagu aqoon u leeyahay tixraacyada uu adeegsanayo iyo manhajka ay ku salaysan yihiin. Waa in uu qiimeeyo mudnaantooda iyo qiimahooda aqooneed. Tixraacyada dad baa qoray, dadkuna ma aha kombuyuutar ee waxa ay leeyihiin adduun-arag, dano u gaar ah, iyo dhinac ay u janjeedhaan. Iska hubi wixii hirdan daneed[3] iyo xaglin ku salaysan: taariikhyahan ku saamoobay ama u janjeedha gumeystihii Talyaani ama Ingiriis oo u xaglinaya, ciddii lid ku ahna aan heshiis la ahayn; mid labadaa iyo ciddii raacday ka soo horjeeda; mid dano gaar ah leh oo hirdan daneed ku

---
3 Conflict of interest.

qasbayo in uu dhan u xagliyo ama waxa uu qorayo kaalintii uu ku lahaa u dhigaya qaab dantiisu ku jirto… iwm.

Xusuusta

Wax badan oo taariikhdeenna ahi ma qorna ee waxa ay ku kaydsan tahay xusuusta dadka. Xusuustuna ma aha sidii qoraal aan isbeddelin ee waxa ay la falgashaa waaqaca; wax baa ka dhinma waxna in ay ku darsamaan waa suuragal. Waa ay yar yihiin dad 100% dhacdada sideedii u xusuusta, mar kasta oo waqtigu dheeraadana dhimaalkeedu waa uu kordhaa.

Sidaas awgeed, waa lamahuraan in si fiican loo qiimeeyo xogta xusuusta ku dhisan, oo haddii la awoodo dhawr ilood laga raadiyo si la isu barbardhigo meelaha ay ka midaysan yihiin iyo meelaha ay ku kala duwan yihiin.

Baadhitaanka, lafagurka, gorfaynta, fasiridda, iyo faahfaahinta waxaa saamaynaya qoraaga iyo manhajka uu ka duulayo. Ma jirto taariikh diiwaangalisa wixii dhacayay saacad kasta iyo maalin kasta, ee waxyaalaha la soo gudbinayo xulashadooda waxaa ka dambeeya dooq iyo doorasho shakhsi—qoraaga. Qoraagu waa shakhsi leh adduun-arag iyo maanhag u janjeedhiya dhinac oo arrimaha qaar uga dhiga kuwo mudan diiwaangalin halka uu kuwo kale indhaha ka laalo. Sidaas awgeed, taariikhda la innoo soo gudbinayaa waa mid la soo naqeeyay oo qoraagii diiwaangaliyay ama ciddii soo tebisay ay qayb xulatay, arrimaha qaar muujisay, qaarna ka tagtay.

Rijadh Beertan markii uu Soomaalida wax ka qorayay ee uu ka faalloonayay, waxa uu wax ku qiimaynayay oo uu ka qiyaas qaadanayay wixii uu yaqaannay iyo aragtidii uu ka aaminsanaa dadkan uu dhex joogo—inay yihiin 'cawaan' isaga iyo tolkii ka hooseeya. Sidaa oo kale, wixii loo sheegay iyo sidii wax loogu fasiray ayaa iyaguna saamayn ku leh waxa uu soo tebiyay.

Sidaas si la mid ah, Ibnu Fadlaan markii uu Baqdaad ka tagay ee reer Yurub dhex socday, waxa uu ku tilmaamayay dad 'cawaan' ah oo aan xishoon isaga oo ku qiimaynayay nolashiisii iyo mabaadii'diisii.

Haddii aan eegno taariikhda Islaamka, waxa aad arkaysaa qof u janjeedhay dhankii Mucaawiyah RC oo Cali RC iyo kooxdiisii xumaan ka sheegaya, iyo lidkiisa mid Shiicannimo lagu sheegayo oo saxaabadii kale intoodii badnayd aflagaaddaynaya. Si taas looga digtoonaado, waa muhiim in qoraagu uusan habeen madow xaabo gurasho aadin e, uu si fiican u kala garanayo ilaha uu warka ka soo xiganayo, qiimahooda cilmiyeed, kalsoonida lagu qabi karo waxa ay sheegayaan, iwm.

Taariikhdeenna in badan oo ka mid ahi waxa ay ku kaydsan tahay maanso. Xitaa adeegsigii ugu horreeyay ee magaca "Soomaali" ee kaydsan waxa uu ku jiraa hees Xabashiyeed. Laakiin qorayaasha Soomaaliyeed ee taariikhda wax ka qoray ma aysan siinnin booskii iyo qaddarintii ay lahayd ishan xogta muhiimka ah kaydisay. Taariikhda afka la isaga tebiyo uun baa badanaa suugaanta loo soo daliishadaa. Wax badan oo suugaan ahaan u kaydsan oo taariikh ah ayaa aan weli daboolka laga qaadin ee loo meeriyaa suugaan ahaan uun. Sida suugaantii Carbeed loogu adeegsado taariikhda Carabtii hore, ayaa ay suugaanta Soomaaliyeedna kayd weyn ugu tahay sooyaalka Soomaalida.

Qoraaga Soomaaliyeed ee raba in uu taariikh Soomaaliyeed qoro, hawl badan ayaa sugaysa. Ilaa hadda qoralladeenna taariikheed waxa ay u badan yihiin qoraal qabiileed ee kuwa heer qaran u gudba ayaa iska yar. Soddon sano ayaa ka soo wareegtay dagaalkii sokeeye welina lama hayo buug taariikheed oo si lagu qanci karo oo dhexdhexaad ah looga qoray wixii dhacay iyo sababtaba. Buug si waafi ah uga taariikheeyay xukuumadihii rayidka ahaa lama hayo. Buugaag taariikhihii jabhadaha ku saabsan oo lagu wada kalsoonaan karo lama hayo. Gumeysigii iyo halgankii gobonnimaddoonku ma dhaafaan cutubyo boobsiis ah oo korkaxaadis ah oo buug kale ku jira inta badan.

Buugaagta taariikhdu ma aha in ay noqdaan gabayadii reeruhu isugu faani jireen ee ku kala libin sheegan jireen. Si xun wax u sheeg sixir ka daran. Dadkeennu dakanooyin ayaa ay kala sheeganayaan, nabarro aan caafimaadin in la qodqodaana waa qalad. Wixii dhibaato keenaya ee bulshada dhaawacaya, xitaa haddii ay run yihiin, waa laga wanaagsan yahay in la qoro ama loo qoro qaab dhib keenaya. Qofka dadka isku dira isaga oo run sheegay ayaa uu haddana dambaabay, kan cid xantay isaga oo run sheegay ayaa uu dambaabay.

Wixii laga fursan waayo sheegiddooda, qaab aan xanaf lahayn ayaa loo dhigi karaa. Taariikhda qaar aan waqtigii faafinteeda ku habboonaa la gaadhinna waa suuragal in ay jirto.

Nebiga scw ayaa mar uu ka hadlayay dhismaha Kacbada, waxa uu Caa'isha RC ku yidhi: haddii aysan tolkaa diinta ku cusbayn oo aysan dhowaan shirki ka soo bixin, Kacbada inta aan dumiyo oo dib u dhiso, ayaa aan albaabkeeda dhulka la simi lahaa, waxaanna u yeeli lahaa labo albaab: mid bari iyo mid galbeed; waxaanna ku dari lahaa Xijri Ismaaciilka oo Quraysh ay ka reebtay markii ay Kacbada oo duntay dib u dhisayeen.

Kacbada oo roob dumiyay ayaa ay mushrikiintii Quraysheed dib u dhiseen, laakiin dhaqaale ku filan ma aysan haysan e, qayb ayaa ay ka tageen, albaabkiina waa ay dheereeyeen si ay u maamulaan cidda gali karta. Nebigu scw waxa uu leeyahay Kacbadu ma aha sidii Nebi Ibraahim cs u dhisay oo Quraysh baa beddeshay, laakiin in aan asalkeedii ku celiyo ma awoodo oo waxa aan ka baqayaa in ay ku fidnoobaan dadkii hadda soo Islaamay oo Kacbadu agtooda aad ugu weynayd.

Warkan waxaa maqlay Cabdullaahi Ibnu Subayr oo markii uu Makah maamulayay Kacbadii u dhisay sidii uu Nebigu scw tilmaamay. Xajaaj ayaa markii uu dilay ka dib, Kacbadii dumiyay oo sidii hore ku celiyay. Amiir kale ayaa mar dambe weydiiyay imaam Maalik in uu u dhisi karo sidii Nebigu scw rabay, laakiin imaamku waa uu ka diiday isaga oo leh waxa aan ka baqayaa in ay Kacbadu noqoto wax marna amiir dhiso marna mid kale dumiyo e faraha ka qaad.

درء المفاسد مقدم على جلب المصالح

Dhibaatooyinka oo la iska mooso ayaa ka horraysa soo dhoweysiga wanaagga iyo dheefta.

Laf jabtay sideedii ma noqoto, waxyaalaha qaar haddii lagu adkaysto toosintoodana in ay kala daataan ayaa suuroowda.

"Adoo wax ka gows qabsaday,
Mar baa gefka loo liqaa
Inaan danta guud murkacan."

—Gaarriye: Gurmad.

Ibnu Khalduun Muqaddimadiisu waxa ay hordhac u tahay kitaabkiisa taariikhda, taas oo laga dheehanayo in taariikhdu aysan ka maarmayn in aqoon fiican iyo dhugasho loo lahaado waxyaalaha uu Muqaddimada kaga hadlay.

TAARIIKH 87

NUUN 88

TAARIIKH NOLOLEED

Aal Cimraan, Yuunus, Huud, Yuusuf, Ibraahiim, Maryam, Luqmaan, Muxammad, Nuux—waa suuradaha Qur'aanka ee dad loogu magacdaray. Intaa waxaa dheer in Qur'aanka in badan oo ka mid ahi ay ku saabsan tahay qisooyinkii iyo noloshii dad hore oo ay nebiyadii iyo wixii ay tolalkood kala kulmeen ay ugu badan tahay.

Suuradda Yuusuf iyadu waa taariikh nololeedkii Nebi Yuusuf cs bilow ilaa dhammaad, waana suuradda keli ah ee qaabkaa u dhigan. Nebi Muuse cs oo ay sheekadiisa iyo midda Banii Israa'iil ugu badan yihiin sheekooyinka Qur'aanka, dhalashadiisii, koritaankiisii, guurkiisii, wixii isaga iyo Fircoon dhex maray… waxa aynu ugu tagaynaa suuradda al-Qasas.

Dadka uu Qur'aanku innooga warramay waa qaar wanaaggooda la innoo tusaalaynayo iyo qaar xumahoodii la innooga digayo. Xaqa iyo baadilka loollanka ka dhexeeya ayaa uu Qur'aanku aad uga sheekeeyaa. Reer Banuu Israa'iil markii ay Sabtida ku xadgudbeen, qolo ayaa u istaagtay in ay wacdiyaan, qolo kalana iyagii baa ay qabsatay: maxaad ka wacdinaysaan dad Alle halaagayo ama cadaabayo?! Qur'aanku waxa uu ka hadlay in la badbaadiyay kuwii xumaha reebayay kuwii xadgudbayna la cadaabay, halka kuwii iska aamusa lahaa laga aamusay oo aan masiirkoodii la sheegin.

وَإِذْ قَالَتْ أُمَّةٌ مِنْهُمْ لِمَ تَعِظُونَ قَوْمًا اللَّهُ مُهْلِكُهُمْ أَوْ مُعَذِّبُهُمْ عَذَابًا شَدِيدًا قَالُوا مَعْذِرَةً إِلَى رَبِّكُمْ وَلَعَلَّهُمْ يَتَّقُونَ ۝ فَلَمَّا نَسُوا مَا ذُكِّرُوا بِهِ أَنْجَيْنَا الَّذِينَ يَنْهَوْنَ عَنِ السُّوءِ وَأَخَذْنَا الَّذِينَ ظَلَمُوا بِعَذَابٍ بَئِيسٍ بِمَا كَانُوا يَفْسُقُونَ ۝

Sheekooyinka Qur'aanku ma aha iska faakahaysi e, waxa ay leeyihiin ujeeddo ka qotadheer oo la rabo in aan wax ku qaadanno. Waana sababta marar badan weedho amraya in lagu cibro qaato ay ula socdaan. Markii Alle ka hadlay ninkii aqoonta la siiyay ee inta uu iska tuuray shaydaanka raacay, waa suuradda al-Acraaf e, Alle waxa uu ku gabagabeeyay: Kaasi waa tusaalaha kuwa beeniyay aayadahayaga e, uga sheekee qisooyinka bal in ay fekeraan.

ذَٰلِكَ مَثَلُ الْقَوْمِ الَّذِينَ كَذَّبُوا بِآيَاتِنَا فَاقْصُصِ الْقَصَصَ لَعَلَّهُمْ يَتَفَكَّرُونَ ۝

Suuradda Yuusufna Alle waxa uu ku dhammeeyay aayadda: Sheekhooyinkooda wax-ku-qaadasho ayaa ugu sugan kuwa caqliga leh...

$$\text{لَقَدْ كَانَ فِي قَصَصِهِمْ عِبْرَةٌ لِأُولِي الْأَلْبَابِ}$$

Markii Nebigu scw Madiinah u hijrooday, Banuu Nadiir ayaa ka mid ahaa dadkii uu heshiiska la galay in nabad lagu wada noolaado. Laakiin ballantii inta ay kaga baxeen ayaa ay mushrikiintii la soo safteen oo dagaalkii Axzaab ka qaybgaleen. Suuradda al-Xashr Alle waxa uu ku leeyahay: Waxa ay moodayeen in qalcadahoodu wax ka celinayaan, idinkuna isma aydaan lahayn waa ay bixi doonaan... Ka dib Alle waxa uu aayadda ku dhammeeyay: Ku cibro qaata kuwa indheergaradka ahow.

$$\text{فَاعْتَبِرُوا يَا أُولِي الْأَبْصَارِ}$$

Taariikh nololeedyada dadkii adduunkan soo maray marka aynu eegno, wax badan ayaa aynu ka kororsan karnaa. Fircoonkii Ilaaha sheegtay waa aynu og nahay meeshii uu ku dambeeyay, Qaddaafi baa aynu arkaynay meeshuu isgaadhsiiyay iyo wixii ku dhacay. Waa halka Ismaaciil Mire ku soo koobay murtida mugga weyn ee, *"Ragow kibirka waa lagu kufaa, kaa ha la ogaado."*

Nebiga scw markii xaaladdu ku adkaatay Sannadkii Murugada, Alle waxa uu ku soo dejiyay suuradda Yuusuf oo qaadaadhigaysa dhibaatadii Nebi Yuusuf cs maray iyo sidii uu markii dambe uga gudbay. Nebiga scw ayaa qalbiga loogu adkaynayay, nijadda loogu dejinayay, laguna barayay in dhibtan ay anbiyadii horaba soo mareen, dulqaadna ay kaga gudbeen.

$$\text{وَكُلًّا نَقُصُّ عَلَيْكَ مِنْ أَنْبَاءِ الرُّسُلِ مَا نُثَبِّتُ بِهِ فُؤَادَكَ وَجَاءَكَ فِي هَذِهِ الْحَقُّ وَمَوْعِظَةٌ وَذِكْرَىٰ لِلْمُؤْمِنِينَ ﴿١٢٠﴾}$$

Taariikh nololeedka qoritaankiisu xilli hore ayaa uu ka dhex bilaabmay Muslimiinta. Markii hore waxa ay qayb ka ahayd kutubta taariikhda, laakiin markii loo baahday dabagalka dadka xadiiska weriya ayaa ay noqotay fanni gaar ah oo dedaal weyn la galiyay. Taariikh nololeedka kutubtka laga qoray waxa ay adeegsanayeen ereyada ay ka mid yihiin: *Taraajum, Dabaqaat, Macaajim, Siyar, Fadaa'il,* iyo *Manaaqib.*

Markii diintii faaftay ee dad badan oo kala dhaqan ahi ay soo galeen, Carabtii badwiga ahaydna quruumihii kale ku dhex qasmeen; xalaal miirashadii iyo dhowrsoonidiina ay hoos uga dhaceen heerkii hore, waxaa bilaabatay in Nebiga scw been laga sheego oo xadiisyo aan jirin ama aan lagu kalsoonaan karin jiritaankooda la isla dhex maro. Markaas ayaa ay culamadii qorshe keeneen: qofkii xadiis wariya waxaa la yidhi sheeg ciddii aad ka maqashay.

*Isnaad*ku waa taxa magacyada cidda kala warisay, ahmiyaddiisuna waa in la ogaado xaaladda nololeed ee dadkaas. Halkaas ayaa waxaa ka dhashay in dabagal lagu sameeyo dadkii xadiiska warinayay oo noloshoodii la diiwaangaliyo.

Xadiiska ayaa keenay in dadka si guud loo diiwaangaliyo si xaaladdooda loo ogaado iyada oo la rabo in la qiimeeyo heerka aaminaad ee lagu qabi karo, dhaliil (*jarx*) iyo ammaanba (*tacdiil*). Waana diiwaanno aan wax u dhigma adduunka lagu hayn.

Labo boqol oo sano ka hor ayaa ay waddammada Yurub qaarkood bilaabeen in ay sameeyaan qaamuus qaran oo lagu diiwaangaliyo taariikh nololeedka dad saamayn ku dhex lahaa bulshadooda, waxaana ka qayb qaatay ururintooda iyo qoriddoodaba dad badan, halka culamadii hore midkood keligii qori jiray taariikh nololeedka kumannaan qof.

Waa culamada xadiiska cidda dejisay habka ay tahay in taariikh nololeedka qofka loo qoro, iyada oo dhanka togan (*tacdiil*) iyo dhanka tabanba (*jarx*) looga eegayo si caddaalad ah anshaxna leh.

Imaam Sakhaawii waxa uu tilmaamayaa in ujeedka taariikh nololeedku yahay in lagu diiwaangaliyo dhalashada, dhimashada, dhacdooyinka, iyo wixii la mid ah ee dheef leh[1]. Waxa uu intaa raacinayaa in laga fiican yahay in lagu daro wax aan faa'iido lahayn ee ujeedkiisu yahay uun daalacashada nolosha qofka (للتفرج).

Taariikh nololeed marka la qorayo, dhaqanka hadda socda, oo Yurub iyo Maraykanka ka hanaqaaday xilliyadii dambe, waa in aan qofka loo xilqarin oo 'ceebtiisa' bannaanka la soo dhigo, wax kastana la soo qufo. Soo qufiddan qofka noloshiisii la fadhayo waxa ay dad badan ku kalliftay in ay gubaan tixraacyo badan oo waraaqo iyo waxyaalo kalaba leh. Waxaa ka mid ahaa Heneri Jaymis (Henry James), Jaarlas

---

[1] فتح المغيث 4/362.

Dikinis (Charles Dickens), Toomas Haardhi (Thomas Hardy), iyo kuwo kale. Kaafka waxa uu dardaarmay in la gubo waraaqihiisii.[2]

Qofka, gaar ahaan qof dhintay, in si ceeb raadin ah loo dabagalaa ma aha dhaqan Soomaaliyeed iyo mid Islaam toona.

يَا أَيُّهَا الَّذِينَ آمَنُوا اجْتَنِبُوا كَثِيراً مِنَ الظَّنِّ إِنَّ بَعْضَ الظَّنِّ إِثْمٌ وَلَا تَجَسَّسُوا وَلَا يَغْتَب بَعْضُكُم بَعْضاً أَيُحِبُّ أَحَدُكُمْ أَنْ يَأْكُلَ لَحْمَ أَخِيهِ مَيْتاً فَكَرِهْتُمُوهُ وَاتَّقُوا اللَّهَ إِنَّ اللَّهَ تَوَّابٌ رَحِيمٌ ﴿١٢﴾

Nebigu scw aad ayaa uu uga digay in dadka ceebtooda iyo cawradooda la raacraaco oo la dabagalo.

يَا مَعْشَرَ مَنْ آمَنَ بِلِسَانِهِ، وَلَمْ يَدْخُلِ الْإِيمَانُ قَلْبَهُ: لَا تَغْتَابُوا الْمُسْلِمِينَ، وَلَا تَتَّبِعُوا عَوْرَاتِهِمْ، فَإِنَّهُ مَنِ اتَّبَعَ عَوْرَاتِهِمْ يَتَّبِعِ اللَّهُ عَوْرَتَهُ، وَمَنْ يَتَّبِعِ اللَّهُ عَوْرَتَهُ يَفْضَحْهُ فِي بَيْتِهِ.

Waa xaaraan in dadka la xanto ama ceebtooda la dabagalo. Xanta waxaa fasiray Nebiga scw oo waa in qofka lagu sheego wax uu dhibsanayo runba ha ahaato e.

إن كان فيه ما تقول فقد اغتبته، وإن لم يكن فيه ما تقول فقد بهتّه

Qaybta dambe ee xadiiska hore waxa ay ka digaysaa in dadka ceebtooda la raacraaco oo lagu mashquulo. Qofkii taas shaqo ka dhigtana in Alle fadeexadayn doono, xitaa

---

2 James Atlas, The Shadow in the Garden, bb.41-42.

isaga oo gurigiisa dhex jooga. Sharafta qofka Muslimka ahi waxa ay ka mid tahay shanta daruuro ee ay ilaalintooda diinta Islaamku ka shaqayso.

Ceebta qofka in la raacraaco iska daa e, xadiis kale waxa uu Nebigu scw ku sheegay in qofkii astura qof Muslim ah, uu Alle adduunka iyo aakhiraba ku asturo.

$$\text{ومن ستر مسلماً ستره الله في الدنيا والآخرة}$$

Haddaba, dadka in fadeexadayn darteed wax looga qoraa ma aha wax sahlan. Fanka iyo suugaantu qayb wanaagsan iyo qayb xunba waa ay leeyihiin. Fadeexadaynta iyo ceebaynta dadku fan iyo suugaan sharfan boos kuma laha. 'Waxani waa fan iyo suugaan oo anshax shaqo kuma laha' waa dood rakhiis ah oo jaban kuna salaysan mabda' iyo caqiido aan Islaamka boos ku lahayn. Mudane ama Marwo sharfan in loo diiwaangaliyo luuqyo ay yaraantii soo mareen ma aha fan iyo suugaan e, waa xan iyo shuqulka dukhsiga nabarka buka iyo qudhunka raadsada. Shinnida ubaxyada kala duwan malabka ka samaysa ayaa uu fanku ka ag dhow yahay.

Asalkeedaba, qofka Muslimka ah wax kasta oo uu sameeyo waa loo qorayaa. Taariikh nololeedka uu qof ka qorayaa kama baxsana taas. Marka aad qof wax ka qoraysid, niyadda ku hay in lagu weydiin doono waxa aad ka qoraysid.

$$\text{وَلَا يَجْرِمَنَّكُمْ شَنَآنُ قَوْمٍ عَلَىٰ أَلَّا تَعْدِلُوا}$$

Al-Muzanii ayaa laga soo wariyay in uu yidhi: waxaa i maqlay Shaafici aniga oo dhahaya: hebel waa beenawaas/

kaddaab, markaas ayaa uu igu yidhi: qurxi ereyadaada oo ha dhihin beenaale ee dheh warkiisa waxba lagama soo qaado (ليس بشئ). Bukhaari ayaa caan ku ah in, mar-mar dhif ah mooyaan e, uusan ereyo qallafsan dadka ku tilmaamin, sida beenawaas, iwm., ee waxa uu dhahaa: [culamadu] waa ay ka aamuseen, wax baa laga sheegay, hebel baa been ku tilmaamay, iwm. Ayuub as-Sikhtiyaanii oo ka leexanaya in uu beenaale qof ku dhaho, ayaa waxa uu ku afgobaadsaday: tiraduu kordhiyaa ama wax ku daraa.[3]

Wixii ceeb ah ee qofka wax u dhimaya, aanna la ogayn ma aha in qoraal lagu kaydiyo, haddii aysan jirin wax qasbaya.

Waa ay jiraysaa marar in xaaladda qofka laga dheehan karo dhacdo "ceeb" ku jirto. Taasina waxa ay u baahan tahay in qoraagu qiimeeyo dheefta ku jirta sheegidda arrintaa, ka dibna intii sheegiddeeda laga fursan waayo uu isku koobo.

Sakhaawi oo ka jawaabaya eed dadka qaar ay muxaddisiinta u jeedinayaan oo ah in ay dhaliilaan dad aan wax xadiis ah warin taasina ay xan tahay, waxa uu leeyahay: arrintani waa nasiixo kumana koobna warinta xadiiska, oo meelo kale oo qofka lagu sheegi karo wax uusan raalli ka ahayn ayaa jira waana nasiixo waajib ah. Tusaale ahaan: in qofku masuuliyad uu hayo uusan sidii laga rabay u gudanayn oo uu ku takrifalayo ama uusanba garanayn waxa uu samaynayo, sidaas awgeedna ay tahay in la kashifo si loo beddelo, ama uu yahay faasiq ama bidcoole ayna tahay in xaaladdiisa la caddeeyo si aan loogu kadsoomin. Waxaa iyaguna soo galaya kuwa fatwada sahashada, waxa ay doonaan iska qora, markhaatiga ku xun, warka ay soo gudbinayaan aan ka fiirsan, laaluush qaata ama iyaga oo

---

3 الإعلان بالتوبيخ, b.117.

awooda in ay joojiyaan laaluushka indhaha ka laabta, kuwa xoolaha dadka ku dhaca xeesha iyo been-abuurka, kuwa kutubta culamada dhaca, kuwa masaajidda hantida ka dhigta, iyo wixii la mid ah ee xaaraan ah—intaasba waa ay bannaan tahay amaba waa waajib in la sheego si dhibtooda la isaga dhowro. Laakiin haddii ujeedka lagu gaadhi karo in hal wax laga sheego, ma aha in labo laga dhigo.[4]

$$وَقُلِ الْحَقُّ مِن رَّبِّكُمْ$$

Markii ay dantu kallifto waa ay ka duwan tahay, sida xadiiskan Nebiga scw ku cad. Faatimah binti Qays ayaa Nebiga scw u timid iyada oo kala tashanaysa labo nin oo soo doonay. Nebigu scw waxa uu yidhi: Abuu Jahm usha ma dhigo, Mucaawiyana waa faqiir aan wax haysan e, guurso Usaama ibnu Zayd.

$$أَمَّا أَبُو جَهْمٍ ، فَلَا يَضَعُ عَصَاهُ عَنْ عَاتِقِهِ ، وَأَمَّا مُعَاوِيَةُ فَصُعْلُوكٌ لَا مَالَ لَهُ، انْكِحِي أُسَامَةَ بْنَ زَيْدٍ.$$

Sidee wax looga qori karaa raggii dagaalka sokeeye horseeday iyo wixii ay geysteen? Midba tolkiisa ayaa uu halyey u yahay. Haddii la dhaho dharka ha laga dhigo oo ha lagu xisaabiyo wixii ay geysteen, xilligan taasi dhib baa ay keenaysaa iyo cuqdad. Qolaba 'xaqiiqooyin' iyo 'taariikh' u gaar ah baa ay falkisteen oo ay allifteen.

Wax kasta oo dhacay ama run ah, qasab ma aha in la

---

4 b.88, الإعلان بالتوبيخ

sheego ama la qoro. Laga yaabee in ka hadalkaasi dhaliyo fitno aan hore u jirin ama abuuro cuqdad hor leh. Taariikh nololeedka raggaasi waxa uu u baahan yahay in si taxaddar iyo ka fiirsi leh loo abbaaro.

Taariikh nololeedyada aynu qornaa waa iska ammaan inta badan, iyo in yar oo aad mooddo in loo qoray wax ka sheegidda cidda laga qoray. Taariikh nololeedku waa in uu labada dhinac ee nolosha qofka abbaaraa. Xumo iyo samo waa in uu sidooda u falanqeeyo ee uusan dhinac ka rarnaan. Taasi qoraalka ayaa ay qiime dilaysaa inta aysan cidda laga qorayba wax gaadhsiin. Si kasta oo uu xun yahay, qofna wanaag kama madhna. Caddaaladduna waa waajib mar kasta iyo meel kasta.

Taariikh nololeedka sidii noofal iyo sheeko faneed looma naashnaashi karo. Mana aha in qoraagu iska dhigo dhakhtar cilmi nafsi oo qofka naftiisa iyo dareenkiisa nafeed aad isugu hawla in uu lafaguro—waa haddii ujeedka buugga loo qoray uusan ahayn mawduucaa. Xaqiiqooyinka la taaban karo in la abbaaro ee aan dhiraandhirin mala-awaal ah lagu talaxtagin ayaa qumman.

Sidaas awgeed, qoraalku waa in uu run ahaado, oo qoraagu uu runsheegga iyo caddaaladda ku suntanaado. Been lagama sheegi karo qofka. Imaam Taqiyuddiin as-Subkii waxa uu leeyahay[5]: marka uu war soo xiganayo, waa in uu weedhiisii sideedii u soo xigto ee uusan sida uu isagu u fahmay u macnaysan uun. Sheekh Cabdifataax Abuu

---

5 قاعدة في المؤرخين, b.68.

Quddah oo qodobkan ka faallooday waxa uu leeyahay al-Xaafid ibnu Xibbaan ayaa marka uu qorayo taariikh nololeedka ragga xadiiska wariya, wararka uu soo xiganayo qaarkood aan sidooda u soo gudbin jirin e weedh uu isagu leeyahay macnahooda ku soo gudbin jiray, taas oo meelo daran ka tuurtay, aadna loogu cambaareeyay. Waxaa arrintaa ku qabsaday al-Xaafid ibnu Salaax, imaam Dahabii, iyo Ibnu Xajar.

Maadaama uusan taariikh nololeedku ahayn sheeko la allifay, waa lagama-maarmaan in tixraac loo sameeyo wixii qof nolashiisa laga qorayo. Wixii aan la hubin karin ama lagu kalsoonaan karin ee loo baahdo in lagu daro, waxaa lagu warin karaa qaab laga dheehan karo kalsoonidarrada hadhaynaysa warkaas: waxaa la sheegaa, dadka qaar ayaa dhaha, war aan la hubin ayaa sheegay... iwm. Waa qaabka ay culamada xadiisku u yaqaannaan *siiqatu tamriid*. Warkaasi in uu bukaan la dhutinayo waa in akhristaha la dareensiiyaa. Laakiin maadaama waxani diiwaan galayaan, waa in aad looga fiirsado waxa la qorayo ee aan la dhayalsan. Cabdifataax Abuu Quddah waxa uu leeyahay[6] qoraagu waa in uu ka fiirsado hadallada ceebaynta loola jeedo ee wax loogu dhimayo dad sharfan, waana in uu hubsado ee uusan qayb ka noqon faafinta hadaltiro wax lagu yeelayo qof sharaf leh, sida saxaabadii, taabiciintii, iyo imaamyadii. Runtiina saddexdaa uu sheekhu sheegay waa tusaale e, qof kastaa qaddarintaas ayaa uu mudan yahay.

Imaam Taajuddiin as-Subkii[7] waxa uu leeyahay qoraagu waa in uu aqoon fiican u leeyahay cidda uu

---

6 قاعدة في المؤرخين, b.69, hoosqorrada eeg.
7 قاعدة في المؤرخين, b.71+.

taariikh nololeedkeeda qorayo—haddii ay noqoto qofka aqoontiisa, diintiisa, iyo tilmaamihiisa kalaba. Waana in uu awood u leeyahay in uu sawiri karo xaaladda qofkaas guud ahaanteed, isaga oo aan waxna ka dhimayn waxna ku kordhinayn. Haddii qoraagu qofka aqoon fiican u lahaa waa meel, haddii kale waa in uu baadhitaan dheer u galaa xog ururin iyo barasho inta uusan qofka wax ka qorin ama uusan qiimayn. Imaam Axmad ayaa lagu yidhi imaam Yaxyaa ibnu Maciin ayaa imaam Shaafici wax ka sheegay. Markaas ayaa uu yidhi: Shaafici iyo waxa uu ku hadlayo toona ma garanayo Yaxye.[8]

Waana in aan hawadiisu ka tan badin e, uu caddaalad sameeyo qoraagu, oo uusan ammaan kala dul dhicin cidda uu jecel yahay, ciddii kalana uusan xaqooda ka gaabin.

Arrinta kale ee muhiimka ah ee uu Subkii sheegay in qoraaga laga rabo waa in uu aqoon fiican u leeyahay macnayaasha weedhuhu xambaarsan yihiin. In badan baa aad arkaysaa qoraa qof eedaynaya, laakiin dhibtu ay tahay in uusan fahansanayn eryada uu eedda ka dhigayo. Qoraagu waa in uu weedha macnaheeda ka gungaadhaa: immisa macne ayaa ay qaadi kartaa? Maxaa looga jeedaa? Sidee ayaa ay ku timid? Haddii ay xilli hore ahayd, macnaheedii hore iyo kan immika laga fahmayaa ma isleeyihiin mise isbeddel baa ku dhacay? …*"Af qalaad aqoontu miyaa?"* qofka maqlay ee Cali Sugulle ku eedeeyay in uu ka soo horjeeday barashada afafka qalaad iyo horumarka, waxa uu caddeeyay in uusan fahmin ujeedka iyo macnaha weedhaas. Waxaa u sawirmay suugaanyahan Soomaaliyeed oo aan aqoon afafka qalaad ka dibna dadka yaqaanna raba in uu yaso maadaama

---

8 قاعدة في المؤرخين, b.71.

ay booskii ku cidhiidhyeen aqoonna u sheegteen. Laakiin waxaa ka hoos baxday in Cali Sugulle waxbarashadiisii dugsiga ku qaatay af Ingiriisi oo ay macallimiin u ahaayeen rag Ingiriis ahi. Odhaahda macnaheedu waa in aqoontu aysan af ku koobnayn e, adiga oo aqoontii baranaya aadan afkaaga yasin kana khashaafin e, aad afkaaga adeegsatid.

Qof nool ama dhowaan geeriyooday taariikh nololeedkiisa marka la qorayo waxa aan laga fursanayn in la waraysto dadkii yaqaannay ee la dhaqmay ama xidhiidh kale dhex maray. Dadka la waraysanayo iyo kuwa tixraac qoraal ah reebayba dan ayaa ay ka lahaan karaan, colaad baa ka dhexayn karta, kalgacayl iyo weynayn dheeraad ah ayaa uu agtooda ku lahaan karaa. Sidaas awgeed, waa in qoraagu ka fiirsadaa oo hubiyaa wararka uu helayo inta uusan diiwaangalin. Waa in uusan jacayl uu qofkaa u qabo dartii u qarin wax loo baahnaa in uu sheego, sidaa oo kalana, nacayb dartii waa in uusan u soo bandhigin wax ay ahayd in uu asturo. Xadiiskii Nebigu scw waxa uu ahaa: qofka waxaa been ugu filan in uu ku warramo wax kasta oo uu maqlay.

كفى بالمرء كذبا أن يحدث بكل ما سمع

Sideedana, dadka isku xilliga ah, culimo, aqoonyahan, suugaanyahan, siyaasi, ama wax kalaba ha noqdaan e, wax badan oo xurguf iyo isximin iyo isxasdid ah baa dhex yaalla, waxa midkood mid ka sheegana in la iska hubiyo ayaa loo baahan yahay. Culamada Islaamku mar hore ayaa ay arrintan ku baraarugeen kutubtoodana aad ayaa ay ugaga hadleen, waxa ayna dejiyeen qaacido ah in aan la isu dhegaysan dadka isku lodka ah (*aqraan*) ama isku xilliga ah (*mucaasariin*).

Imaam Ibnu Cabdilbarr[9] kitaabkiisa *Jaamicu Bayaanil Cilmi wa Fadlihii* waxa uu ku soo qaadanayaa hadal laga soo wariyay Cabdullaahi Ibnu Cabbaas RC, oo sida ay isu xasdaan aqoonyahanku uu ku tusaalaynayo orgiyo xero la isugu geeyay sida aysan waxba isugu oggolayn. Aqoontooda qaata laakiin marka ay iyagu wax iska sheegaan, dheg ha u jalaqsiin ayaa uu leeyahay. Ibnu Cabdilbarr waxa uu hadal ku soo gabagabeeyay: qofkii wanaag lagu yaqaanno, dhaleecayntiisa laguma salayn karo hadalka hal qof ilaa uu qofkaasi keeno caddayn faahfaahsan oo lagu qanci karo.

Kutubta taariikhda marka aan ku aragno labo caalim oo isdhaliilaya, ma aha in aan la boodno ee waa in aan ka fiirsannaa. Waxa aan helaynaa imaamyo maqaawiir ah oo isjafaya, laakiin culamadu waxba kama soo qaadaan hadalkaa ay isdhaheen oo midna looma qaado hadalka ka kale. Dad baa iyaga oo imaam Shacbii la jooga soo hadalqaaday imaam Ibraahiim an-Nakhacii, markaas ayaa uu yidhi: Kaa cawarani habeenkiina fatwuu doontaa maalintiina dadkuu u fatwoodaa. Hadalkii baa Ibraahiim gaadhay, markaas ayaa uu isna yidhi: beenawaaskaasi Masruuq waxba kama maqlin![10]. Waxaa jira hadallo qaar saxaabada ka mid ahi ay qaar kale ku dhaliilayaan, laakiin wax-ka-soo-qaad ma laha. Ummul Mu'miniin Caa'ishah RC ayaa hadallo kulul ku dhaleecaysa saxaabada qaar sida Anas ibnu Maalik

---

9 Bogga 1087.
10 جامع بيان العلم وفضله, b.1100.

iyo Abuu Saciid al-Khudrii[11]; Cimraan ibnu Xusayn (ص) oo Samurah xadiis ku diiday oo been ku tilmaamay laakiin Ubay ibnu Kacab u markhaati kacay; Cabdullaahi ibnu Cumar ayaa loo keenay xadiis Abuu Hurayrah yidhi markaas ayaa uu yidhi waa beentii. Sidaas oo kale ayaa ay Caa'ishah RC xadiis ugu diidday Cabdullaahi ibnu Cumar.

Taajuddiin Subkii ayaa waxa uu leeyahay: waa in aad baadhaa dadkii ay wada noolaayeen qofka aad taariikh nololeedkiisa qoraysid, ciddii uu wax ka bartay, koritaankiisii, wixii dadkii degaankiisa iyo ehelkiisu ka dhaheen, kuwii la xilliga ahaa ee garanayay, oo aad baadhaa kii saaxiib la ahaa iyo kii cadow u ahaa, iyo kii dhexdhexaad ahaa—waana ay yar tahay in dhexdhexaad laga helo dadka isku xilliga ah ee hal degaan ku wada nool.[12]

Marar badan dhaliishu waa mid ka dhalatay cadho iyo iskudhac shakhsi ah, mar waa kala duwanaan fikir—mid mad-hab iyo mid caqiido kii uu ahaadaba—ama waa mid danaysi shakhsiyadeed iyo tartan jago ku lug leh, gaar ahaan xilliyadii dambe ee xalaalmiirashadii yaraatay adduunna lagu tartamay.

Subkii marka uu ka faalloonayo dhaliishii imaam Yaxyaa ibnu Maciin u jeediyay imaam Shaafici, ayaa uu ku dhacayaa waxa uu marar badan qoraalladiisa kaga digayo! Yaxye waxaa xadiiska ka wariyay imaam Axmed, Bukhaari, Muslim, iyo culamo kale oo badan. Axmed ibnu Xanbal isaga oo ka hadalka imaam Shaafici ku dhaliilay Yaxye, haddana waxa uu odhan jiray: xadiiska uusan Yaxye aqoon xadiis ma aha.

---

11 جامع بيان العلم وفضله, b.1100.
12 Taaj Subkii. Dhammaadka Qaacidah fil Mu'arrikhiin ayaa uu Abuu Quddah ku soo xigtay [79-80]. Asalku waa Dabaqaadka Shaaficiyada, 4/161-162, Xaakim Abii Cabdallaah an-Naysaabuurii.

Dahabii waxa uu *Siyar Aclaam an-Nubalaa'* ku sheegay in uu Yaxye ahaa Xanafi oo uu sidaa uga boodsanaa Shaafici. Axmed iyo Yaxye waxa ay ka mid ahaayeen culamadii lagu ciqaabay, qaarna loo dilay, masalada "Abuurka Qur'aanka" ee uu khaliifkii al-Ma'muun soo rogay isaga oo ay dabada ka riixayaan kooxdii Muctasiladu. Axmed si kasta oo loo ciqaabay waa la loodin waayay. Laakiin Yaxye markii ciqaabtii ka badatay baa uu yidhi sidii ay rabeen Muctalisadu. Dahabi marka uu arrintan ka hadlayo waxa uu u samaynayaa cudurdaar.

Laakiin Subkii waxa uu ka dhigtay iin uu ku dhaliilo Yaxye maadaama sheekhii mad-habkiisa la duray: halka uu kaga mashquulayo wax ka sheegidda imaam Shaafici, imaamkii imaamyada, Nebiga scw inaadeerkii, waxa ay ahayd in Ibnu Maciin ku mashquulo ka ooyidda iyo ka murugoodka xadgudubkii uu ku dhacay ee uu al-Ma'muun ka yeelay in Qur'aanku yahay makhluuq![13]

Halkan waxaa ka muuqanaysa ahmiyadda ay leedahay in qofka arrimahan wax ka qorayaa uu aqoon fiican u yeesho madaahibta dadka iyo aragtiyaha ay wax ku salaynayaan. Taasi waxa ay u fududaynaysaa in uu fahmo dhaliilaha kooxaha kala duwani isdhaafsanayaan meesha ay ka imanayaan, waxa ayna ka ilaalinaysaa in gef ceeb ah oo jaahilnimo u geysay uu ku dhaco. Kooxaha maanta jooga, aragtiyaha is-hardinaya, ... wa in uu kala garanayo oo uu fahmo. Soomaali haddii aynu nahay, waxaa wax kasta innagaga weyn qabiilka. In badan oo innaga mid ah *jarxi* iyo *tacdiil* waxaa ugu filan in ay qabiilka qofka ogaadaan. Taariikh nololeedka xitaa iskuma aaminno oo reer walbaa

---

13 قاعدة في الجرح, b.24.

isaga ayaa "halyeygiisa" buug ka qorta, iyagaa bandhigga buugga soo buuxiya oo cid kale in lagu arkaa sida badan waa dhif iyo naadir, iyagaana wadwada hadalhayntiisa inta badan... Waa musiibo ay tahay in aan uga gudubno sida ugu dhakhsaha badan.

Imaam Ibnu Abii Di'bi ayaa isna hadal ka gaadhay imaam Maalik. Qaar baa inta ay u tageen ku yidhi imaam Maalik ma aaminsana in labada qof ee wax kala iibsataa ay khiyaar leeyihiin inta aysan kala dhaqaaqin. Yacnii, xadiiska Nebiga scw ee sheegaya in ay khiyaar leeyihiin ma aaminsana oo waa uu diidayaa. Markaas ayaa uu Ibnu Abii Di'bi yidhi: Maalik in uu tawbad keenaa la weydiinayaa haddii kale qoortaa laga jarayaa! Yacnii waa uu gaaloobay maadaama uu dafiray oo diiday xadiiskii Nebiga scw. Culamada Islaamku aad baa ay ugu dhaliileen odhaahdaas, laakiin baabkii waxyaalaha culamada dhex gala ayaa la mariyay oo waxba uma aysan dhimin midkoodna. Dahabi waxa uu ku tilmaamayaa hadal foolxun, Maalikna dedaalkiisa ayaa uu ajar ku leeyahay xitaa haddii uu qaldamay, haddii uu saxan yahayna labo ajar baa uu yeelanayaa, ayaa uu yidhi Dahabi. Waxa uu raacinayaa: qofkii ijtihaadkiisa ku qaldama in seef loo qaato waxaa qabta Xaruuriyada (Khawaarijta)! [14]

Imaam kale oo Axmed ibnu Saalix la odhan jiray, oo ay Bukhaari, Abuu Daawuud, Tirmidi iyo maqaawiir badani xadiiska ka wariyaan, ayaa waxaa isna meel kala dhacay imaam Nasaa'i: qof lagu kalsoonaan karo oo xadiis lagu aamini karo ma aha ayaa uu yidhi, waxa uuna soo daliishaday in Yaxye ibnu Maciin yidhi: waa beenawaas falsafadda faraha kula jira. Dahabi waxa uu leeyahay hadalka Nasaa'i wax-ka-

---

14 قاعدة في الجرح, b.32, hoosqorrada.

soo-qaad ma laha waxaana ku kallifay iskudhac dhex maray labadooda. Axmed ibnu Saalix waxaa lagu tilmaamaa kibir iyo dabeecad kakan. Nasaa'i oo Masar tagay ayaa u doontay in uu xadiis ka soo dhegaysto. Axmed waxa uu ogaaday in Nasaa'i soo maray rag uusan Axmed jeclayn, ka dibna xadiiskii in uu u sheego ayaa uu u diiday. Halkaas ayaa uu Nasaa'i colaad uga qaaday. Culamada qaarna waxa ay sheegaan odhaahda Ibnu Maciin ee Nasaa'i cuskaday in ay ku saabsanayd qof kale oo aan Axmedkan ahayn. Laakiin waa ay isugu toostay!

Dadka ka hadalkooda iyo wax ka qoriddooda dhibaatooyin badan ayaa ku hareeraysan. Ibnu Daqiiq al-Ciid oo aafooyinkaa qaar ka tilmaamayaa waxa uu leeyahay: midda ugu darani waa hawo iyo danaysi, mana aha dhaqan ahlu diin oo guud ahaan dadkii hore waa ay ka fayoobaayeen, laakiin mar dambe ayaa ay soo bateen dad taariikho qoray, iyada oo laga yaabo in cadho ka keentay weedhaas la diiwaangaliyay. Midda labaad waa kala duwanaanta caqiidada oo keentay in ay isgaalaysiiyaan ama isbidceeyaan, taas oo ka dhalatay kooxaysi ay diin ka dhigteen oo ay Ilaahay ugu dhowaanayaan, midhaheediina waxa ay noqdeen in gaalnimo iyo bidcannimo la isku duro. Intaa waxa uu raacinayaa: waa in aad baadhaa oo isu eegtaa madaahibta dadka cid duraya iyo kuwa cid ammaanaya iyo kuwa ay ka hadlayaan. Haddii aad aragto in ay kala duwan yihiin, ka joogso in aad duritaankooda qaadatid inta aad si cad uga xaqiiqsanaysid waxa eeddaasi ku salaysan tahay.

Dhanka saddexaad ee aafadu ka timid waa khilaafka u dhexeeya suufiyada iyo fuqahada iyo muxaddisiinta. Maadaama ay kala ereybixin iyo halbeeg yihiin, isfahanwaaga halkaa ka dhashay baa keenay in ay isduraan. Suufiga xaqa ku taagan qofkii duraa waxa uu collaystay awliyada Alle, qofkii sidaa yeelaana Alle ayaa uu dagaal la galay; qofkii baadilka uu qaarkood ka maqlayo ka aamusaana waxa uu ka tagayaa faridda wanaagga iyo reebiddii xumaha, taas oo uu Alle ku caasinayo.

Midda afraad waa jahli dhinaca aqoonta iyo qaybaheeda ah. Maxaa aqoon sax ah noqonaya iyo maxaa baadil ah? Xilliyadii hore looma baahnayn, laakiin immika waxaa faafay cilmiyo kala duwan oo u baahan in aqoon loo lahaado, lana kala sooco xaqa iyo baadilka. Culuumta saxda ah ee xisaabta, handasada, caafimaadka, iyo wixii la mid ah waa in ay uga soocan yihiin kuwa baadilka ah ee falsafadda iyo xiddiginta, iwm. Sababtuna waxa weeyaan, in dad ay dembi u arkeen wax aan dembi ahayn oo ay gaalaysiiyeen dad ay u arkeen in ay ku dhaceen dembigaas.

Midda shanaad waa xalaalmiirasho la'aan iyo in male lagu gudo oo wax aan jirin la dhoobdhoobo. Nebiguna scw waa kii yidhi: malaha iska dhowra, waa warka kiisa ugu beenta badan e.

إِيَّاكُمْ وَالظَّنَّ فَإِنَّ الظَّنَّ أَكذب الحَدِيثِ

Sheekhu waxa uu ku soo gabagabaynayaa in sharafta iyo cirdiga Muslimiintu yihiin bohol ka mid ah boholaha naarta, ayna qarkeeda istaageen labo kooxood: muxaddisiinta iyo qaadiyada (gaarsoorayaasha).[15]

Walow aynu meelo badan ku aragnay hadallo qiime badan oo uu leeyahay Taajuddiin Subkii, haddana marka mad-habtiisa fiqhiga ee Shaaficiyada ama tiisa caqiido ee Ashcariyada la taabto, weerar culus ayaa uu qaadayaa. Sheekhiisii Dahabi oo ay isku Shaaficiya yihiin, laakiin caqiido ahaan ay kala duwan yihiin, ayaa uu weerar ba'an ku qaadayaa. Subkii waa Ashcari, Dahabina—haddaan ereybixinta xilligan adeegsanno—waa Salafi. Subkii waxa uu istaagay in aysan bannaanayn in la daliishado Dahabi (فلا يجوز آن يُعتمد عليه), marka uu Ashcari dhaliilo iyo marka uu Xanbali ammaano. Dooddiisu waxa weeyaan: marka Dahabi qorayo taariikh nololeedka 'salafiyiinta' aad baa uu ugu dheeraadaa isaga oo wanaagga qofkaas taxaya, qaladkiisana iska indhatiraya, intii suuragal ahna u raadinaya fasiraad fiican. Haddiise uu Ashaacirada waxa ka qorayo, aad ugu ma dheeraanayo tilmaantooda waxa uuna soo xiganayaa hadallo badan oo dhaliil ah—taas oo uu diin u arko isaga oo aan dareensanayn—wanaaggooda tirada badanna indhuhuu ka lalinayaa, gef yar oo ay leeyihiin haddii uu helana waa uu sheegayaa, haddii uu wax cad ku waayana waxa uu leeyahay: Alle ha wanaajiyo (والله يُصلحُه), waxaas oo dhanna waxaa ku kallifaya in ay kala caqiido yihiin, ayaa uu yidhi Subkii. Waxa uu tusaale u soo qaadanayaa Ibnu Qudaamah al-Xanbali iyo Fakhruddiin ibnu Casaakir, oo uu yidhi ka hore taariikhdiisa waa uu dheereeyay kan

---

15 الإقتراح في الإصطلاح, bb.57-61.

dambana waa uu gaabiyay, sababta oo aan shaki ku jirinna waa in midna Ashcari yahay midna Xanbali, waxa ayna hor istaagi doonaan Rabbil Caalamiin!

Sheekh Cabdifataax Abuu Quddah oo ka faalloonaya hadalkaa Subki waxa uu leeyahay: eeddan uu Subki u soo jeediyay Dahabi qudheeda ayaa ah xad-dhaaf iyo weerar ay keentay kala duwanaanta caqiideed.

Subkii oo dooddiisii sii wataa waxa uu yidhi: waxa aan aaminsanahay in marka uu qalinka u qaato in uu 'Ashaacirada/Maaturiidiyada' [culamada saddexda madhab] wax ka qoro uu u xanaaqo si xad-dhaaf ah ka dibna uu hadalka jarjaro, oo uu tacasub aan qofkii garanaya ka qarsoonayn ku kaco. Intaa waxaa dheer, baa uu Subki yidhi, in uusan aqoon fiican u lahayn macnayaasha ereyadu xambaarsan yihiin, oo laga yaabo in uu sheego weedh dhaleecayn ah oo haddii uu fahmi lahaa macnaheeda uusan ku dhawaaqeen!

Waxyaalaha cajiibka ah ee Subki eeddiisa ku dhisayo waxaa ka mid ah in imaam Fakhruddiin ar-Raazii marka taariikhdiisa la qorayo la dhaho *Imaamkii* ama *Ibnal Khadiib*, kutubtana taariikhdiisa lagu diiwaangaliyo qaybta Maxammedyada. Haddaba sidee baa uu Dahabi uga qaaday xarafka M oo u geeyay xarafka F, uguna yeedhay al-Fakhr? Waxa uu raaciyay: isaga oo waxaa sameeyay baa uu ku dhaartay in uusan hawadiisa raacin! Ma hawo raacid intaa ka weyn baa jirta. Haddii uu halkaa kaga hadhi lahaa wax baa ay ahaan lahayd e, Subki waxa uu qaybtan ku soo afjaray: maadaama uu heerkaa gaadhay, Ilaahay baa aan ka magangalnaye, waa mid qalbigiisa la daboolay! [B.46].

Subki xanaaqiisi waxa uu dhalay in uu kitaab weyn isna ka qoray culamadii Shaaficiyada, *Dabaqaat ash-Shaaficiyah*, oo uu aad ugu ammaanay. Subki inta uu Dahabi ku dhaliilay dhexdhexaadnimo la'aan, ayaa uu jawaabtii ka dhigay kitaab taariikh nololeedka Shaaficiyada ku kooban, halka Dahabi cid kasta u taariikheeyay. Sakhaawi oo hadalkaa kore ee Subki ka faalloonaya ayaa waxa uu leeyahay: Subki xadkii ayaa uu ka baxay, [waxa uuna sidaa u hadlay] iyada oo Dahabi yahay tixraaciisa uu taariikh nololeedyada ka qoray, waxa uuna si aad ah ugu weeraray Xanaabilada in ka badan inta uu Dahabi ku haysto. Sakhaawi waxa uu leeyahay Dahabi qiil u samayn maayo, laakiin gadaashii ilaa hadda kutubtiisii baa tixraac u ah oo aan laga maarmin, waxa uuna gaadhay heer Ibnu Xajar biyaha samsamka u cabbo in uu gaadho heerkiisii, waxaana liibaanay qofka qaladkiisa la tirin karo. Subkii marka uu Xanaabilada ka hadlayo isaga oo yasaya waxa uu leeyahay: goormay Xanaabiladu weligood wax noqdeen! [وهل ارتفع للحنابلة قط رأس].[16]

Sakhaawi[17] waxa uu leeyahay: dad badan oo Dahabi wax ka sheegay waxa ay ka xanaaqeen wixii uu ka qoray oo qaarkood u arkeen in uusan gaadhsiin martabaddii ay iyagu isu joogeen, iwm. Waxaa ka mid ahaa qaari' la odhan jiray Maxamed ibnu Axmed oo markii uu arkay taariikh nololeedka Dahabi ka qoray ee ku jira diiwaanka qurraa'da, inta uu xanaaqay hadal foolxun ku dulqoray qoraalkii Dahabi, taas oo markii uu Dahabi arkay uu diiwaankiiba magiciisii ka tirtiray.

Weerarkan Subki ku qaaday Dahabi culamo kala duwan

---

16 الإعلان بالتوبيخ, bb.94-95.
17 Halkuun, b.127

ayaa ka jawaabay oo qaarkood ay iyaguna Subki u miiseen. Cizziddiin al-Kinaanii, ayaa waxa uu leeyahay waa nin edebdaran, oo bilaa caddaalad ah![18] Diktoor Bashaar Cawaad Macruuf, oo ku takhasusay Dahabi iyo dhaxalkiisi, ayaa waxa uu kitaabkiisa *ad-Dahabii wa Manhajuhu fii Kitaabihii Taariikhul Islaam*[19] kaga hadlayaa manhajka naqdineed ee Dahabi, waxa uuna xusayaa in uu Dahabi aad ugu dedaalo soo guurinta ammaan iyo dhaliilba wixii qofka laga sheegay si uu suurad dhammaystiran uga bixiyo. Diktoorku waxa uu Subki ku eedaynaya in uu kitaabkiisu yahay ammaan ee uusan isu dheellitirnayn sida kuwa Dahabi.

Intani waxa ay si fiican u muujinaysaa iyada oo qofku wixii ka digayo in uu lugta la gali karo, iyo sida tacasubka mad-hab iyo aragtiyeed uu saamayn weyn ugu yeelan karo aragtida iyo mawqifka uu qofku ka qaadan karo ama ka istaagi karo qof kale. Sidaas awgeedna, ay lamahuraan u tahay in qoraaga taariikh nololeedka ee tixraacyadan adeegsanayaa uu ka fiirsado, miisaamo, kala hufo, kala shaandheeyo, garasho fiicanna u leeyahay arrimahan.

Warkii oo kooban, qoraaga taariikh nololeedku waa in uu la saaxiibo caddaaladda iyo dhexdhexaadnimada, uuna hubsiimo hal siisto.

---

18 الإعلان بالتوبيخ, bb.94-95.
19 الذهبي ومنهجه في كتابه تاريخ الإسلام, bb.458+.

"أَنْزِلُوا النَّاسَ مَنَازِلَهُمْ"

أمرنا رسول الله صَلَّى اللهُ عَلَيْهِ وسَلَّم أَنْ نُنْزِل النَّاسَ مَنَازِلَهُمْ،

Qofka dadka wax ka qorayaa waa in uu ogsoon yahay heerka iyo qaddarka ay leedahay cidda uu wax ka qorayaa. Ma aha in uu qof sharfan ku durduriyo, sida dadkan lagu falay wax ka sheegidda saxaabadii Nebiga scw. Dad Alle leeyahay: *radiyallaahu canhum*, in la aflagaaddeeyaa waa anshax xumo iyo ku dhiirrashada Alle. Dad Alle sharfay in aad wax ka sheegtaa waxa ay muujinaysaa ixtiraamka aad Alle u haystid. Mar-mar ayaadba arkaysaa kuwaa isku dayaya in ay dulleeyaan dad Alle sharfay, oo haddana iska dhigaya qareenno u doodaya shaydaankii Alle lacnaday naxariistiisana ka fogeeyay!

Dadku isku wada mid ma aha. Mid jaanjaaman oo wixii uu doono si xishood la'aan ah u sameeya xumana aan ka leexan, iyo qof sharaf iyo dhowrsoonaan lagu yaqaanno ma ah in isku miisaan la saaro. Qofka wanaag ku suntan waxaa loo dhaafayaa gefka yar ee ka dhaca, sidii uu Nebigu scw yidhi: kuwa sharafta leh u dhaafa turunturradooda.

أَقِيلُوا ذَوِي الْهَيْئَاتِ عَثَرَاتِهِم

Nebigu scw waxa uu sheegayay ahlu Beder iyo in Alle u dhaafay wixii dembi ka dhaca, waana markii saxaabigii Xaadib ibnu Abii Baltacah RC diray warqad uu mushrikiintii Makah uga digayo in duullaan lagu soo yahay.

Cumar ibnul Khaddaab RC ayaa isna laga soo tebiyay hadal macnihiisu yahay in wixii ka dhaca qofka lagu xambaaro wanaag, ee aan hal erey oo ka dhacay xumo loo qaadan iyada oo macne wanaagsan loo fasiran karo.[20]

Sakhaawi ayaa isna qodob muhiim ah tilmaamay oo waxa uu leeyahay, wixii si dadban loo tilmaami karo ma aha in lagu tiiqtiiqsado faahfaahintooda. Gef qofka ka dhacay haddii la diiwaangaliyo weligii waa uu dabo soconayaa. Waxa uu si gaar ah u tilmaamayaa wixii qofkaasi ku kacay yaraantiisii ee qaddarkiisa hoos u dhigi kara in aan la dabo wadin, qof dhalinyarannimadii aan meel ka dhicinna waa dhif iyo naadir e, waa in qofka lagu qiimeeyo xaaladda uu markaa dambe ku sugan yahay ee aan duulduulkii dhalinyarannimada la dabo wadin.[21]

Waxa qofka lagu maagayaa ma mudan yahay ceebayn? Meel internetka ah ayaa qof maalin ku soo qoray: sheekh hebel yaa yaqaanna oo wax iiga sheegi kara taariikh nololeedkiisa? Dad badan baa hadal ammaan ah ka yidhi. Midka iga yaabiyay waxa uu ahaa mid ammaanay laakiin raaciyay dhaliil yar oo uu jeclaa in uu sheekhu iska daayo: sheekhu aad ayaa uu u fiican yahay laakiin surwaal ayaa uu xidhaa! Surwaal xidhashadu dhaliil ma noqonaysaa? Haa iyo Maya. Sheekhu waddanka uu ka soo jeedo surwaalku waa caadi, qofkan saluugsanina waxa uu joogaa waddan ay ceeb ka tahay in qof muxtaram ahi surwaal xidho. Sidaas awgeed, qofka wax laga qorayo caadadiisa iyo dhaqankiisa in aqoon loo lahaado ayaa loo baahan yahay. Dad kale

---

20 فتح المغيث, b.4/457.
21 الإعلان بالتوبيخ, b.118.

iska daa e, Soomaalida ayaa kala dhaqan iyo kala caado ah. Diinta ayaa tixgalisa caadada oo shanta qaacido ee fiqhigu ku dhisan yahay ayaa ay ka mid tahay: *al-caadatu muxakkamah* (العادة محكمة). Adiga oo cuntada martisoorka u yaqaanna hilib haddii aad cambuulo iyo bun aragtid, ha u qaadan xumaan e, fahan in ay dad caadadood tahay oo lagu sharfay.

Imaam Shaafici ayaa laga soo tebiyay in uu yidhi: Masar baa aan ku arkay nin dhaleecaynaya nin kale. Markii sababta la weydiiyay ee lagu celceliyayna waxa uu yidhi: waxa aan arkay isaga oo istaagga ku kaajaya. Waxaa la yidhi: oo maxaa ka dhib ah taas? Waxa uu yidhi: dabayshaa ku duulduulinaysa dharkiisa iyo gacantiisa, hadhowna waa uu ku tukanayaa. Waxaa la yidhi: miyaad aragtay iyada oo ku duulduushay ka dibna uu ku tukaday isaga oo aan iska dhaqin? Maya e waxa aan u arkay in uu samayn doono, ayaa uu ku jawaabay!

Waxa aad arkaysaa dad ku dheggan oo wax ka qoraya saxaabadii Nebiga scw, sida Abuu Hurayrah rc, ama culamadii Islaamka, sida Bukhaari, dooddooduna ku salaysan tahay kutirikuteen aan raad lahayn iyo been la dhoobdhoobay, amaba wax aan dhaliil ahayn. Qoraalladaas ujeedkoodu waa shakhsiyad dilid ee ma aha in ay taariikh soo gudbiyaan ama ay rabaan in ay suurad sax ah ka gudbiyaan qofka ay ka hadlayaan.

"Dawaafka isdhaafayaa
Duullaanka cirkee socdaa
Dedaal iyo maaha guul

Daryeel kuma baadhayaan
Wanaag kuma doonayaan
Inay cilmi daalacshaan
Aqoonta ku sii durkaan
Wixii dedan qaawiyaan
Dantoodu ka sii gun dheer,
Rugaa dirir saaran yahay
Waxay u docaynayaan
Dayaxa u hadhaynayaan
Dagaar u cagaynayaan
Inay Run ku duudsiyaan
Xaqiiqada daah sudhaan
Adduunyada dooriyaan
Iyagu u daliil noqdaan."

—Hadraawi: Dabahuwan.

Rijard Hoomis (Richard Holmes) oo ah qoraa caan ku ah taariikh nololeedyada, waxa uu ku talinayaa in qoraagu marka uu baadhitaanka wado, labada bog ee buuggiisa qoralka uu midka midig ku qoro xogta uu ururinayo, midka bidixna uu ku qoro wixii dareen, dood, tuhun, su'aalo, iyo aragtiyo ah ee xogtaasi ku dhaliso[22]. Waa qaab kuu fududaynaya in aan xogtii dhab ahayd kaaga qasmin dareenkaagii iyo dhiraandhirintaadii xogtaa ku salaysnaa.

---

22 This Long Pursuit, Reflections of a Romantic Biographer, b.6.

Qaybtii labaad ee taariikh nololeedkii aan ka qoray Cumar ibnul Khaddaab RC, oo aan hawsheeda ku jiro, waxa aan adeegsanayaa qorshe sidan oo kale ah (*eeg* bogga soo socda) si aan sannad kasta iyo dhacdooyinka muhiimka ii ah meel ugu wada qorto. Dahabi ayaa aan ka bilaabay tixraaca, kuwa kalana waa aan ku kabayaa, laakiin halkan isaga uun ayaa aan ku muujiyay. Qaybtii hore ee buugga waxa ay ku socotay isdabajoogga waqtiga iyo sidii ay dhacdooyinku isugu xigeen. Laakiin qaybtan waa ay adag tahay in sidaa lagu wado, sababtuna waa in arrimo muhiim wada ahi ay isbarbar socdaan, taas oo kala dhantaali karta in mawduuc ahaan loo abbaaro oo si fiican looga hadlo. Nidaamkii caddaaladeed iyo sidii uu shaqaalaha dawladda ula xisaabtami jiray lagaga ma hadli karo qaab taxanka waqtiga ku dhisan. Dhacdooyinka qaar tixraacyadu waa ay ku kala duwan yihiin (*eeg* Qaadisiyah), markaa waa in aan sidaa u muujiyaa oo haddii loo baahdo aan xalliyaa, haddii kalana aanan waqti iskaga lumin.

Buuggu maadaama uu yahay taariikh nololeedkii Cumar, dagaalladanna uusan isagu hoggaaminayn, iima muuqato sabab aan u faahfaahiyo dhacdooyinkii dagaallada intooda badan. Qaadisiyah waxaa faahfaahinteeda leh buug laga qoray taariikh nololeedkii Sacad ibnu Abii Waqaas RC oo hoggaamiyaheeda ahaa, dagaalladii Shaamna waa sidaas oo kale oo Khaalid iyo Abuu Cubaydah RC iyo rag kale ayaa leh inta badan. Sidaa oo kale, furiddii Masar waa taariikh nololeedka Camr ibnul Caas RC.

Arrinta aan isleeyahay xoogga saar waa dhisiddii dawladdii Muslimiinta iyo hannaankii maamul ee uu dejiyay. Taas ayaa waxa ay xaddidaysaa wixii aan qaadanayo iyo wixii aan i anfacayn. Sidaas awgeed, wax kasta oo uu Dahabi ka hadlay ma aanan soo qaadan, ee xulashada arrintaa sare ayaa aan ku salaynayaa oo qaabaynaysa qoraalka. Laakiin waa suuragal in aan qorshahaba beddelo haddii uu shaqayn waayo.

Sannadka	Dhacdooyin	Tixraac
13H	Qabashadii khilaafada	Taariikhul Islaam-Dahabi, 3/87
	Casiliddii Khaalid	Taariikhul Islaam-Dahabi, 3/87, 123-124,152)
	Ciidankii Ciraaq loo diray	Taariikhul Islaam-Dahabi, 3/87
	Geeridii taliyihii ciidanka	Taariikhul Islaam-Dahabi, 3/137
14H	Furiddii Dimishiq, Xims, Baclabak, Basrah, ...	Taariikhul Islaam-Dahabi, 3/123
15H	Shuraxbiil ibnu Xasanah oo Urdun furay. Yarmuuk	Taariikhul Islaam-Dahabi, 3/139
	Qaadisiyah	Taariikhul Islaam-Dahabi, 3/142
	Cabdullaahi ibnu Ummi Maktuum iyo Qaadisiyah,	Taariikhul Islaam-Dahabi, 3/153
	Magaalayntii Kuufah. Yagleeliddii Diiwaanka. Biilkii Cumar.	Taariikhul Islaam-Dahabi, 3/144

Sannadka	Dhacdooyin	Tixraac
16H	Qaadisiyah*	Taariikhul Islaam-Dahabi, 3/157
	Cumar oo aaday Shaam si uu Baytul Maqdis u furo.	Taariikhul Islaam-Dahabi, 3/162
	Qoriddii Taariikhda Hijriga ah	Taariikhul Islaam-Dahabi, 3/163

Maadaama Cumar iyo Khaalid isfahanwaa ka dhex jiray, qaybtii hore ee buuggana aan kaga hadlay, casiliddiisuna ka mid ahayd amarraddii ugu horreeyay ee Cumar bixiyay markii uu khaliifka noqday, gaar ayaa aan u suntaday (Casiliddii Khaalid, bb.87, 123, 124, 152). Sidaas oo kale, markii aan arkay ciidan xidhan dhar qaali ah oo Cumar in ay la kulmaan u safray, boggaasna gaar ayaa aan u suntaday, oo in war sugayo ayaa aan ogahay!

NUUN 120

WAR

Iska warran. Maxaa la sheegay? Wax war ah?... iyo weedho la mid ah ayaa aynu isku salaannaa. Waxa aynu nahay war-ku-nool oo waa tii Soomaalidu hore u tidhi: "war iyo wax la cuno baa lagu nool yahay". Haddii la waayana, "war baa u gaajo kulul". "War la'aani waa dhego la'aan." "War la'aan col hodday." Maxaa yeelay: "war la helaa talo la helaa." "Warmooge[na] wehel ma leh."

Saxafigu waxa uu bulshada ugu jiraa kaalin lamahuraan ah, waxaana saaran masuuliyad culus. Bulshada warmaqabtada ah indhaheedii iyo dhegaheedii in uu noqdo, sahan iyo ilaalo joogto ah ugu jiro danaheeda, oo uu u soo gudbiyo wixii war iyo wacaal ah ee ay u baahan tahay, ayaa laga rabaa. Bulshadu in ay tashato oo ay wax qabsato waxa ay ku xidhan tahay in ay u war hayso sida wax u socdaan oo "war la helaa talo la helaa." Wariyaha masuuliyaddiisa weeyaan in warkii loo baahnaa la helo. Waa in uu indhaha ku hayo oo xisaabiyo inta masuuliyadda bulshada u haysa oo ciddii xilkeeda gabta ama ku takrifasha uu bannaanka soo dhigo, isaga oo ay ka tahay nasiixo.

عن تميم بن أوس رضي الله عنه ، أن النبي صلى الله عليه وسلم قال : الدين النصيحة ، قلنا : لمن يا رسول الله ؟ قال : لله ، ولكتابه ، ولرسوله ، ولأئمة المسلمين وعامتهم.

وَافْعَلُوا الْخَيْرَ لَعَلَّكُمْ تُفْلِحُونَ ۝

Wixii wanaag ah ee bulshada ka dhex socda in uu xoojiyo, dadka kale tuso, oo ciddii ku hawlan uu dhiirrigaliyo ayaa loo baahan yahay. Wixii xumaato jirana in uu hor istaago, la diriro, sidii loo dabargoyn lahaana uu ka shaqeeyo ayaa laga rabaa. Ciddii dulmi wadda in uu dabagalo oo warkooda bannaanka soo dhigo, ciddii la dulmiyayna uu garabkooda istaago oo inta aan hadloon karin uu minbar u noqdo oo uu cabashadooda iyo codsigooda baahiyo weeyaan.

مَنْ يَشْفَعْ شَفَاعَةً حَسَنَةً يَكُنْ لَهُ نَصِيبٌ مِنْهَا وَمَنْ يَشْفَعْ شَفَاعَةً سَيِّئَةً يَكُنْ لَهُ كِفْلٌ مِنْهَا وَكَانَ اللَّهُ عَلَى كُلِّ شَيْءٍ مُقِيتًا ۝

Tan macnaheedu ma aha in uu sidii wadaad minbarka saaran maalin Jimce ah dadka wacdiyo uun e, waa in uu bulshada siiyo warkii ay wax ku qaadan lahaayeen. Warbixin wariye ayaa laga yaabaa in waxqabadkeedu ka bato boqollaal wacdi. Warku waa in dadka la siiyo xogtii ay go'aan ku qaadan lahaayeen, wacdiguna waa in go'aankii lagu dhiirrigaliyo. Markaa kala saar warka iyo wacdiga.

Xadiis ayaa uu Nebigu scw ku leeyahay: Alle dadka waxa uu ugu jecel yahay kuwa ugu waxtarka badan ee dadka kale anfaca.

أحب الناس إلى الله أنفعهم للناس
وخيرُ الناس أنفعهم للناس

Marar badan ayaa aad arkaysaa qof dhibaataysan oo dulmi loo geystay, oo warkiisa oo la baahiyay darteed dulmigii kaga samatabaxay. Wariyahaasi sow ma soo galayo warkii Nebiga scw ee ahaa: Qofkii Mu'min ka fayda kurbo adduun, Alle ayaa ka fayda kurbo aakhiro, kii dhibbane u fududeeyana, Alle ayaa if iyo aakhiraba u fududeeya, qofkii Muslim asturana, Alle ayaa if iyo aakhiraba ku astura— Alle waa uu kaalmaynayaa qofka inta uu qofku walaalkii kaalmaynayo.

مَن نفَّس عن مؤمنٍ كربةً من كرب الدنيا، نفس الله عنه كربةً من كرب يوم القيامة، ومن يسَّر على معسر، يسر الله عليه في الدنيا والآخرة، ومن ستر مسلمًا، ستره الله في الدنيا والآخرة، والله في عون العبد ما كان العبد في عون أخيه.

"Bulshooy adigay bokhraday
Beerkayga adaa gogladey
Boggeyga adaa huwadey

Wadnaha adigaa barkaday
Bishmaha adigaa furfura.

Baxaalliga hawlahaaga
Bidhaansiga waayahaagaa
Bisaylkaba iigu wacan.

Markii lagu bililiqaysto
Markii baaqaagu yeedho
Ayaan boholyow gabyaa
Dareenku baraarugaa.

Bulshooy adigay bokhraday
Adaa bili igu shakalay
Buruudka adaygu xidhay
Haddaan ahay wiil bir kulul
Burjiga adigaa iska leh.

Badheedhka adaa i faray
Dagaalka adaa i baday."

—Hadraawi: Bulsho.

"*Madmadowga ay yeelatiyo siday u maaryaaddey*
Goortaan indhaha soo marshee milicsi daymoodo
Sidaan ahay masuulkii arlada waw mudducayaaye
Dalka yaa u maqan baan hawada kaga murmaayaaye."

—Jaamac Kadiye: Masaawaad.

"Nimaan hubsiimo lahayni wargal maaha."
"War la qabaa xiiso ma leh."
"Warmooge wehel ma leh."

Sidii aan qaybta taariikh qoridda ku soo marnay, su'aasha habboon weydiinteedu lamahuraan ayaa ay u tahay qofka war soo tebinaya. Waa in uu ogaadaa waxa dhacay, cidda ay ku dhaceen, cidda samaysay, goobta ay ka dhacday, goortii ay dhacday, sidii wax u dhaceen, iyo sababtaba. Warkii intani ka maqan yihiin waa uu kala dhantaalmayaa. Qoraalkii war ku saabsan ee intan si wanaagsan uga jawaaba ciddii akhrisataa in ay ku qanacdo ayaa ay u badan tahay.

Warka labo dhan ka qiimee: cidda aad ka heshay iyo waxa uu xambaarsan yahay.

Waxaa jira war aad ka hesho ilo badan oo kala duwan aysanna suuragal ahayn in ay ku heshiiyeen tebinta been. Warka noocaas ahi waa uu ka kalsooni badan yahay war hal il ama labo laga helay. Mar kasta oo ilaha warku bataan, warka waxa ay siinayaan kalsooni dheeraad ah.

Warka cidda aad ka qaadanaysid ha ahaato wargal aan beensheeg ahayn, aan warkii kala illaawayn e sidiisii u soo gudbin karta ama qoraal ahaan u haysa warkii ama wixii uu ku saabsanaa, haddii uusan goobjoog u ahaynna cidda uu ka tebinayo waa in ay iyaduna shuruuddaa buuxisaa. Warku waa in uu ka fayow yahay cillad lagu bushin karo oo iska hor imaad, danaysi, iwm, ah. Intaa waxaa dheer, in uusan noqon keli-socod ka hor imaanaya warar ka tayo iyo tiro badan. Mar kasta oo aad isha warka ku dhowaan kartid, waxaa yaraanaya gefka iyo hilmaanka.

Sababaha warka qaadashadiisa lagu diidi karo waxaa ka mid ah in cidda soo tebinaysaa ay ku tilmaaman tahay been sheegid ama lagu tuhmo, in gefku ku badan yahay waxa uu qofku sheegayo, in uu yahay dhoohane aan warka u dhiifoonayn oo ismoodsiintu ku badan tahay warkiisa—arrimahani waxa ay shaki galinayaan sugnaanta warka iyo kalsoonida lagu qabi karo.

War aan taabbagal ahayn oo shaki ku jiro haddii laga helo ilo badan oo kala duwan, waa ay isxoojinayaan oo tayada warka iyo kalsoonida lagu qabayaa kor ayaa ay u kacayaan. Taasina waxa ay ka imanaysaa in warkii dabagal iyo raadraac lagu sameeyo oo laga raadiyo ilo kala duwan. Cid kale oo markhaati u noqota warkii ama war kale oo xoojinaya haysa ayaa lagu kabi karaa. "Hadal markhaati leh iyo hilib mindi leh midna laguma mergado."

Wariyuhu in uu dabagal iyo raadraac sameeyaa waa lamahuraan. Laakiin waa in uu ka digtoonaado in uu ku dhaco jaajuusiddii iyo dabagalkii la innoo diiday:

وَلَا تَجَسَّسُوا وَلَا يَغْتَب بَّعْضُكُم بَعْضًا ۚ أَيُحِبُّ أَحَدُكُمْ أَن يَأْكُلَ لَحْمَ أَخِيهِ مَيْتًا فَكَرِهْتُمُوهُ ۚ وَاتَّقُوا اللَّهَ ۚ إِنَّ اللَّهَ تَوَّابٌ رَّحِيمٌ ۝

Cidda warka kuu sheegaysaa danta ay ka leedahay maxay

tahay? Waa in aan dan gaar ah laguu adeegsan, ee aad kala garan kartid marka baroortu ay orgiga ka weyn tahay ee wax kale lagu dedayo. War kale oo lagaa jeedinayo miyaa jira? Cid ay is-hayaan miyaa wax ka sheegiddeeda laguu adeegsanayaa? Wararka aad helaysid waa in aad shaandho ku kala miirto inta aadan bulshada la wadaagin.

Wariye aan wargal ahayn cidina warkiisa kuma kalsoonaanayso. Wargalnimadana waxaa udubdhexaad u ah runsheegnimada. Runta ku dedaal. Bulshadii warka kaa sugaysay in aad marinhabaabisaa waa wax aad u foolxun. Daacad u ahow xilka ku saaran dhinacna ha u xaglin. Haddii adiga oo isleh cid qanci aad runta iyo daacadnimada ka leexatid, kuwii aad dartood u samaysay baa kaa aamin baxaya. Laakiin haddii aad ku adkaysatid mabaadii'daada, kuwo ku neceb baa adigaa war kuu soo doonanaya oo weliba warkaaga kalsooni ku qabaya.

Ha noqon qof laga dhex hadlo ama makarafoon codka lagu baahiyo. Saxafinnimada iyo iidhehdu waa labo aan isqaadan. Yaan danaysato kugu fushan dantooda. Xaqiiji warka oo raadraac samee, tixraacna u yeel waxa aad dadka u soo gudbinaysid. Dedaalka aad galisid xaqiijinta warku waxa uu kuu soo jiidayaa sumcad wanaagsan. Sumcadda xun dhaawac weyn ayaa ay u geysataa wariyaha iyo warka uu soo tebinayaba.

※

Mar ayaa waxaa dhacda in wararkii iska horyimaaddaan oo ay iskhilaafaan, waxa ayna u baahan tahay in la kala saaro. Haddii ay suuroowdo, waa in la isu keeno oo la isqabadsiiyo.

Haddii ay taasi suuroobi waydo, labada war koodii awood badan ayaa la hormarinayaa. Ilaha warku ka soo baxay tee ayaa wargalsan? Tee baa xogogaalsan? Ma jiraa isbeddel dhacay oo fasiri kara kala duwanaanta? Taariikhda wararka in dib loo raaco ayaa lagu xallin karaa. Haddii ay suuroobi waydo in aad kala saarto, in aad labadaba iska dayso iyo in aad labadaba soo tebiso midkood ayaa ay noqonaysaa.

Israaca taariikheed ee wararku waa muhiim. Dhacdooyinku sida ay u kala horreeyaan warka ugu tebi. Ogaanshaha kala horraytu waxa uu kaa caawinayaa in aad qiimaysid warka iyo cidda kuu warramaysa oo qofkii been sheegayaa ku fashilmi karo.

※

Qaabkii aad warka ku heshay haddii uu muhiim yahay sheeg si akhristuhu u qiimayn karo tayada warka. Qofka warku khuseeyo ayaa ii sheegay iyo meel baa aan ka akhriyay waa ay kala duwan yihiin. Anigaa la ii sheegay iyo dad sheekaysanayaan warkooda maqlay waa ay kala duwan yihiin. Telefoon baa aan kula xidhiidhay iyo iimayl baa uu iigu soo jawaabay, ama bartiisa Facebook/ Twitter baa uu ku qoray waa ay kala duwan yihiin. Warbixin xafiiska ka soo baxday iyo warbixin meel kale ka soo baxday waa ay kala duwan yihiin. Waxa uu yidhi iyo waxaa laga sheegay waa ay kala duwan yihiin.

Kalsoonida aad warka ku qabto waxa aad ku muujin kartaa qaabka aad u dhigaysid: warar lagu kalsoon yahay ayaa sheegaya; warar aan la xaqiijin ayaa sheegaya; ... nooma suuragalin in aan xaqiijinno; iwm., ayaa aad u adeegsan kartaa wixii aadan hubin. Wixii aad xaqiijisayna sidii xaqiiq u soo tebi.

Xilligan beentii caadada noqotay, warar badan oo bug ah ayaa la isla dhex marayaa waana in aad iska hubisid. Dad baa war been ah u allifaya in ay ku taageeraan koox, qof, qabiil, xisbi, iwm. Qaar baa yoolkoodu yahay in ay sheegaan wax ay caan ku noqdaan, danna kama laha run iyo been waxa ay tahay. Weligaa hubsiimo hal siiso. Marar badan arrimuhu sida ay kowda hore u muuqdaan in aysan ahayn baa la arkaa. Soomaaliduna waxay tidhi: "nimaan hubsiimo lahayni wargal maaha." Sida Qur'aanku inna faray, warka hubso:

يَا أَيُّهَا الَّذِينَ آمَنُوا إِنْ جَاءَكُمْ فَاسِقٌ بِنَبَإٍ فَتَبَيَّنُوا أَنْ تُصِيبُوا قَوْمًا بِجَهَالَةٍ فَتُصْبِحُوا عَلَىٰ مَا فَعَلْتُمْ نَادِمِينَ ۝

Nebiguna scw waxa uu yidhi: qofka waxaa been ugu filan in uu sii sheego wax kasta oo uu maqlo.

كفى بالمرء كذبا أن يحدث بكل ما سمع.

Xadiis kale oo la mid ah ayaa isna odhanaya: qofka waxaa dembi ugu filan in uu sii sheego wax kasta oo uu maqlo.

كفى بالمرء إثما أن يحدث بكل ما سمع.

Ogoowna, wixii aad faafiso ee qof inta uu run u qaato ay dhibi ka soo gaadho, masuuliyad baa aad ku leedahay. Ha noqon war-xumo-tashiil, si-xun-wax-u-sheegna sixir ka daran. Wariyaha sharafta leh waa uu iska dhowraa warka diradiraalaha ah, waana dembi aad u weyn, oo sida Nebigu scw sheegay, qofka dadka isku diraa jannada gali maayo, waxa ayna ka mid tahay waxyaalaha cadaabul qabriga lagu mutaysto:

لا يدخل الجنة نمام.

مر النبي صلى الله عليه وسلم بقبرين فقال: إنهما يعذبان وما يعذبان في كبير، أما أحدهما فكان يمشي بالنميمة، وأما الآخر فكان لا يستتر من البول.

In aadan adigu diradiraale ka shaqayn waxaa la socota in aadan aaminin kuwa dhaqankaa xun caadaystay.

وَلَا تُطِعْ كُلَّ حَلَّافٍ مَّهِينٍ ۝ هَمَّازٍ مَّشَّاءٍ بِنَمِيمٍ ۝

"Afku wuxu la xoog yahay magliga xawda ka jara'e"

—Salaan Carrabey: Abaal-Laawe.

Ujeedkaaga koowaad yuusan ahaan in aad noqoto cidda ugu horraysa ee warka soo tebisa. Wararka qaar soo tebintoodu waxa ay u baahan tahay murtidii ahayd: sidee xeego loo xagtaa ilkana ku nabad galaan. Qaab qayaxan kuma qurxoona, oo adigii warka tebinayay ayaaba eedi kaaga iman kartaa, gaar ahaan marka warku ku saabsan yahay cid qaddarin mudan.

Ixtiraam dadka sharaftooda. Qof dhibaataysan, ama dayacan, ama bukaan ah, ama mayd ah... sawirkiisa in dadka lagu dhex faafiyaa waa ixtiraamdarro qofkaa loo geystay.

Gabadh xumaan loo geystay ama la kufsaday sawirkeeda in aad faafiso oo hadhow dadkii wada gartaan wejigeeda, ... sow dhibta qayb kama tihid? Illeen waa aynu og nahay sida dadkeennu u dhaqmaan e!

Qof xanuusan baa loo tagayaa oo la soo sawirayaa markaasaa dadka lagu faafinayaa. Waa edebdarro haddii aan idan laga haysan ama dani qasbin in la faafiyo.

Fadlan dadka ha la xaqdhowro oo sawirradooda iyo xogtooda la iska faafinayo ha la daayo. Baasaboor qof ka lumay inta aad wada sawirto ha faafin e, xogta qofka qari, illeen ciddii garanaysaa magac iyo sawir baa ay ku garanayaan e. Maxaad u faafinaysaa dhalashadiisa, lambarka baasaboorka, iyo waxa kale oo dhan?

Qof sir kula wadaagay ha kashifin haddii dhib uga iman karto ama uu kaa codsado in aadan sheegin. Wariye aan war lagu aamini karin wariye ma aha. Magaca beddel haddii loo baahdo (raaci: Hebel/ Heblaayo* magaca dhabta ah ma aha e waa la beddelay; magacyada sheekada ku jira waa la beddelay, iwm.); wajiga u qari; tilmaamaha lagu garan karo qari ama beddel. Muhimaddu waa warka.

Haddii adiga lagugu kalsoon yahay, qofkaa aad qarisay waa lagaa rumaysanayaa. Waana waxyaalaha keenaya in aad runta ku dedaasho, si aan beentaada hore runtaada dambe u baabi'in.

Sir ilaalinta halka ay diinteennu ka gaadhay, Nebigu scw waxa uu yidhi: haddii qof warramayaa uu hareeraha iska eego, warkaasi waa ammaano. Qasab ma aha in uu ha sheegin ku yidhi. Haddii aad dareento in warkaasi qof aan mudnayn dhib u keenayo, ku dedaal in aad dhibtaa ka dhowrto.

إذا حدَّث الرجل بالحديث ثم التفت فهي أمانة.

Wariyaha xogogaalka ah xirfaddiisa waqti iyo dedaal baa uu galiyaa. Dadka iyo degaanka waa uu kala yaqaannaa, wixii uusan garanaynna cid uu ka helayo ayaa uu bartaa. Waa muhiim in uu fiiro u lahaado magacyada dadka iyo degaanka si raadraacu ugu fududaado. Dhawr qof oo isku magac ahi waxyaalaha ay ku kala duwan yihiin ee uu ku kala soocan karo in uu dhugasho u lahaado weeye ee uusan magaca ku koobnaan, sida naanaysta. Haddii aad siyaasad ka soo warranto, waa in aad kala taqaannaa siyaasiyiinta oo aad aqoon fiican u yeelataa. Haddii aad dhanka ganacsiga ka hawlgasho, waa in aad barataa ganacsatada iyo ganacsiyadooda.

Wariyaha xogogaalka ahi waxa uu garanayaa warka macne u samaynaya bulshada akhrisanaysa, warka ay xiisaynayaan, meeshii faahfaahin dheeraad ah ay uga baahan karaan, iyo wixii la mid ah. "Fayras cusub ayaa ka dillaacay magaalada Wuuhaan." macne badan uma samaynayso qofka aan aqoon fayras iyo Wuuhaan meesha ay ku taallo toona. Ahmiyadda warku u leeyahay akhristaha in la dareensiiyaa waa muhiim.

Wariyaha xirfadlaha ahi waa afyaqaan murtimaal ah oo garanaya in hoosba hadal leeyahay, warkuna uusan murti ka maarmin— "War aan murti lahayn waa laga aammusaa".

Nin Cabdulmalik ibnu Saalix la odhan jiray ayaa maalin u soo galay Khaliifkii Cabbaasiga ahaa ee Haaruun ar-Rashiid oo habeenkaa wiil ka dhintay wiilna u dhashay dadkiina ay tacsi iyo tahniyad ugu yimaaddeen. Amiirkii Mu'miniintoow, Alle farxad ha kaaga dhigo wixii ku xumeeyay, wixii ku farxad galiyayna Alle kaama xumeeyo, tanna taas ha kuugu beego— u guditaanka shukrinaqe iyo abaalmarinta ka sabra.[1]

Warka hadda la tebinayaa waxa uu badanaa salka ku hayaa dhacdooyin hore (taariikh) oo u baahan in akhristaha la fahansiiyo, berrina isla warkan ayaa dhacdo taariikheed noqonaya—taariikhda iyo qoraalkeeda waa aan ka soo hadalnay. Warku waxa uu ku saabsan yahay dad, sida dadka wax looga qorana waxa aan kaga hadalnay qaybta taariikh noloßeedka. Halkaa ka eeg arrimo dheeraad ah oo la xidhiidha ilaha warka iyo sida loo kala qiimaynayo, anshaxa ka hadalka dadka iyo wixii la mid ah.

---

1 تاريخ بغداد, b.27.

NUUN 134

MAQAAL IYO CURIS

Mawduucyadii wax laga qorayay haddii aan intaas ku dhaafno, aynu dulmarno maqaalka iyo curiska oo badanaa loo adeegsado wax ka qoridda gaaban ee mawduucyadan aynu soo marnay iyo qaar kalaba.

Maqaalka iyo curisku waa qoraal habaysan oo ku saabsan hal mawduuc, macne ahaanna aad baa ay isugu dhow yihiin maqaalka iyo curisku, mararka qaarna isku si ayaa loo adeegsadaa. Mawduucooda waxa xaddidayaa waa in ay jiraal ka hadlayaan ee aysan ahayn sheeko mala-awaal ah. Waxa ay ku saabsanaan karaan taariikh, taariikh nololeed, war, aragti, hannaan iyo hab wax loo sameeyo, iwm. Waxaa lagu faaqidi karaa arrimo badan, waxaana lagu faallayn karaa waxyaalo kala duwan.

Maqaalku waxa uu u badan yahay war, faallo, aragti, iyo wixii la mid ah. Maqaalku hal bogna waa uu noqon karaa bogag badanna waa uu gaadhi karaa, badanaana maqaalladu waxa ay ku soo baxaan wargeysyada, iwm.

Sida badan, curiska ardayda loo diro waa qoraal akadiimi ah oo ay tahay in uu lahaado saddex qaybood: bilowga oo hordhac ah, dhexda oo ubucdii qoraalka ah, iyo dhammaad oo gabagabadii ah.

Waxaa kale oo jira curis suugaaneed oo mawduuca qoraagu doorto ku saabsanaan kara waxa uuna gaadhi karaa heer buugyare uu noqon karo. Curis suugaaneedku waa hab qoraal u dhigma sheeko faneedda, iyo maansada oo halabuurku uu farriintiisa ku gudbin karo. Ma arkin curis noocan ah oo af Soomaali ah, laakiin maansooyinka dhaadheer (sida *Dabahuwan*, *Dhugasho*) haddii tiraab ahaan loo qori lahaa, waa ay noqon lahaayeen curis suugaaneed. Sidaas awgeed, curisku waa tiraab ee ma aha tix. Aragti aan buug buuxinayn ayaa curis ahaan loo qori karaa, ama dhawr curis oo la isku daray ayaa buug laga dhigi karaa.

Badanaana, curisku waa uu ka dheer yahay maqaalka, ujeeddadiisuna waa ay ka gundheer tahay tan maqaalka. Sidaas awgeed, curisku waa uu ka cilmiyaysan (*akadiimisan*) yahay maqaalka.

Ujeeddooyin kala duwan ayaa curiska iyo maqaalka loo qoraa: waxaa lagu falanqeeyaa arrimo cilmi ah, oo ka baaraandegis iyo xaqiijin u baahan; waxaa la isku barbardhigaa labo arrimoood iyada oo sida ay u kala duwan yihiin ama isugu mid yihiin la sharxayo; waxaa lagu qeexaa fikrad; waxaa lagu soo gudbiyaa dood, taas oo la isku qalqaalinayo qaadashada ama xoorista aragti, samaynta ama joojinta fal, iwm; waxaa lagaga sheekeeyaa waayaha, wacdaraha, iyo sooyaalka qof, dal, iwm; waxaana lagu qaadaadhigaa tilmaamaha walax (shay), noole, iwm.

Sida qeexdiisa ku cad, curisku waa uu noocyo badan yahay, mawduucyada uu ku saabsanaan karana waa ay tiro badan yihiin. Haddii aanu wadan xogo si gaar ah loo soo xiganayo, kuma qasbana in uu curisku yeesho tixraac. Haddii aanu si qotadheer u gorfaynin mawduuc baaxad leh, kuma qasbana in uu curisku dheeraado. Si kastaba ha ahaato e, curisku waxa uu curis yahay marka ujeeddadii laga lahaa sida ugu habboon loo gaadho.

Qoraal kasta waxaa ka horraysa diyaarin xogtii qoraalka lagu ururinayo. Marka la qorana waxaa xigta hufid iyo haadin lagu hagaajinayo qoraalka, iyo ebyid.

Hordhac (arar, gogolxaadh)

Bilowga qoraalku waa in uu lahaadaa hordhac akhristaha u gogoldhiga oo soo jiita, xiise galiya, dulucda iyo ujeeddada qoraalkana dhadhansiiya oo dareensiiya meesha loo socdo. Qoritaanka hordhacu dadka uma wada fududa, waxaana jira qorayaal badan oo marka ay qoraalka intiisa kale dhammeeyaan hordhaca raaciya. Laakiin marka maqaalku ku saabsan yahay war, hordhacu waa qaybta ugu muhiimsan ee la rabo in warka intii ugu mudnayd lagu soo gudbinayo.

Dhex (ubuc, gundhig)

Intaa marka aad ku guulaysatid, ee akhristuhu maanka iyo

maskaxda kuu furo, dhegtana kuu raariciyo, waa in aad miiddii qoraalka u miistaa. Waa in aad dooddaada mucdeedii oo miisaaman si isdabajoog ah miiska ugu saartaa ilaa uu ka dhergo. Adiguba cusbo iyo sonkor cuniddooda iskuma aadan xejiseen e, iska ilaali in aad akhristaha marna Bari la aaddo, marna aad Bogox ka tuurto.

Maqaalka warka ahi qaybta dhexe waa in ay bilowga wwkii ku qornaa faahfaahiso oo xog dheeraad ah, dad goobjoogayaal ahaa hadalkoodii, iwm., lagu soo bandhigo.

Gunaanad (afmeer, gabagabo)

Hadal badani haan ma buuxshee, inta aan lagaa daalin soo afmeer, kuna dedaal in aad akhristaha afkiisa dhadhan macaan oo lagugu xusuusto ku reebto.

Intaasi waa qoraalkii koowaad!

Qoraalka iyo tifaftirkaba qaybo kale oo buuggan ah ayaa aad kaga bogan kartaa.

Qoraalku kama maarmo dib ugu noqosho iyo naashnaashid badan. Wax badan oo aad ka ilduuftay markii hore ayaa aad ku saxaysaa dib-u-qorista labaad. Aragti ama erey markii hore kula qummanaa ayaa laga yaabaa in aad tuurto marka saddexaad. Waa halka quruxda iyo bilicda qoraalku ka dhismaan. Haddii uusan waqtigu kugu yarayn, qoraalkii meel iska dhig oo dhawr maalmood ka dib ku noqo. Laga yaabee in aad isweydiiso meelaha qaar ciddii qortay!

Qorayaasha adduunka ugu caansan baa arrinkaas kula wadaaga e, ha yaabin. Haddii aad u aragto lamahuraan, dib u qor meelaha qaarkood. Laakiin fal aadane weligii ma dhammaystirmo, mana tobanoowdo e, iska ilaali in ay dibuqoristu ku curyaamiso oo aad weligaaba waxba soo saari waydo.

Waxa aan ka soo hadalnay in qoraalka warka ahi uu ka jawaabo su'aalaha ay ka mid yihiin: maxaa dhacay, yaa sameeyay, siday u dhaceen, halkay ka dhaceen, goormay dhaceen, ...iwm. Sidaas awgeed, maqaalka warka ahi waa in uu su'aalahaa ka jawaabaa, qaab wanaagsanna isugu sidkaa.

Haddii ujeedka maqaalka ama curisku yahay in aad dood soo gudbiso, waa in ay caddahay dooddaadu, waana in aad ka jawaabtaa sababta doodda keentay iyo aragtiyaha kale ee lidka ku ah dooddaada. Maxaa caddayn u ah ee xoojinaya doodda aad soo gudbinaysid? Sidee ayaa ay caddaynta dooddaadu u wiiqaysaa doodaha kale? iwm.

Fiirooyin Gaar ah
1. Tixgali heerka aqooneed ee akhristaha qoraalkaaga.
2. Ku dedaal adeegsiga af dadku wada garan karaan, oo ka fogoow afguriga.
3. Ku dedaal higgaadinta saxda ah, gaar ahaan xarfaha labalaabma.

4. Astaamaha qoraalka (joogsi, hakad, iwm) si qumman u adeegso.
5. Qoraagu kama maarmo aqoonta naxwaha ee si fiican u baro.

SHEEKO

Maxay tartaa sheeko faneeddu?

In kasta oo dhaqammada adduunku ay wadaagaan curinta sheekada mala-awaalka ah, haddana sheeko faneedda buugga buuxisa, ama noofal, gadaal baa ay ka timid, mana aha qayb ka mid ah suugaanteenna soojireenka ah. Noofalku waxa uu ku hanaqaaday Ingiriiska, halkaas oo uu bulshada ugu jiro halka gabaygu innoogu jiro, gaar ahaan nooca lagu tilmaamo *"literary novel"*.

Sida maansada Dhoodaan iyo Hadraawi innoogu leeyihiin maqaam sare iyo saamayn badan, ayaa noofalka Jaarlas Dikinis (Charles Dickens) iyo Jayn Ostin (Jane Austin) maqaam sare iyo saamayn badan ugu leeyihiin qofka Ingiriiska ah ama suugaantaa daneeya (*Anglophone*).

Halabuurka Soomaaliyeed iskama gabyo ee wax baa ku kallifa, maansadiisuna farriin ayaa ay xambaarsan tahay ee wax la iska yidhi ma aha. Sida ay u kala farriin culus yihiin ayaana ay u kala qaayo badan yihiin. Sidaa si la mid ah, noofalka Ingiriisiga ah ee aan tilmaamay waa mid farriin xambaarsan ee aan loo qorin madaddaalo iyo waqti in la isku dhaafiyo oo keli ah. Noofalka madaddaalada ahi waa midka la akhriyo ee la iska illaawo amaba la tuuro marka la dhammeeyo akhrintiisa—haddiiba la dhammeeyo. Laakiin midka farriinta xambaarsan guryahaa la dhigtaa oo sida aynu gabayga ugu celceshanno ayaa markii loo baahdaba la akhristaa, ilmaha la baraa, dugsiyada lagu dhigaa, bulshada dhexdeedana uu magac iyo maamuus ku yeeshaa.

Suugaantii tixda ahayd fahankeedii iyo dhuuxiddeediiba in ay innaga sii dhammaanayaan ayaa aad mooddaa. "Maasha Allaah, Abwaan heer sare ah…" ayaa uu ku faalloonayaa mid aan dulucdaba gaadhin e garashadiisu ay dhaafi wayday habdhaca ereyada, amaba maqlay dad sidaa leh oo isna ku darsaday! Tixda furfuriddeedu ma sahlana, gaar ahaan xilligan aynu joogno, taas oo dheefteedii yaraynaysa kuna koobaysa koox yar oo fahankeeda leh. Nasiibdarro sheekooyinkii tiraabta ahaa ee baahida buuxin kari lahaa badanaaba waa ay maqan yihiin. Halabuurka Soomaaliyeed sheekooyinka ay immika curiyaan waa ay ku yar yihiin wax la dhihi karo farriin macno leh ayaa ay xambaarsan yihiin.

Sheekadu waa lamahuraan, aadanuhuna kama maarmo, oo Qur'aanka qayb weyn oo ka mid ahi waa sheekooyin la rabo in aynu ku cibro qaadanno. Sida ilmaha dawada qadhaadh wax macaaneeya loogu daro, ayaa ay sheekadu wacdiga iyo waanada u macaanaysaa si ay naftu u qaadato. Halkii amar qayaxan la gudbin lahaa, sheekadu waxa ay bixisaa tusaale lagu dayan karo oo uu qofku iska dhex arki karo.

فَاقْصُصِ الْقَصَصَ لَعَلَّهُمْ يَتَفَكَّرُونَ ﴿١٧٦﴾

لَقَدْ كَانَ فِي قَصَصِهِمْ عِبْرَةٌ لِّأُولِي الْأَلْبَابِ

Qur'aanku mar haddii uusan ahayn buug sheeko, waxa uu sheekada ka abbaaraa inta farriinta ku habboon. Mararka qaar waxaa faahfaahin dheeraad ah sheekada looga helaa axaadiista Nebiga scw, sida Asxaabul Ukhduud, marna intaas Qur'aanku sheegay oo keli ah baa aynu ka haynaa.

Qur'aanku waa kayd sheeko iyo sheeko tebin oo halabuurka sheeko curinayaa uu wax badan ka baran karo. Noocyada sheekada badankooda Qur'aanka waa ay ku jiraan. Sheeko gaaban oo uu Liyoo Tolistooy[1] leeyahay waxa ay ku kooban tahay labada aayadood ee suuradda Alhaakum ugu horreeya:

أَلْهَاكُمُ التَّكَاثُرُ ﴿١﴾ حَتَّىٰ زُرْتُمُ الْمَقَابِرَ ﴿٢﴾

۞

Sheeko xariirada iyo murtideeda.

Sida maansayahanku u adeegsado sheeko xariirada, ayaa halabuurka sheeko curinayaana u adeegsan karaa oo sheeko

---

[1] How Much Land Does A Man Need?—Leo Tolstoy.

ugu duldhisan karaa sheeko xariiro jirta: Arraweelo iyo Oday Biiqay, Qayb Libaax, Maroodi iyo Atoor, ... iyo kuwa kalaba. Sheeko xariirada waxa macne u yeelay ee waariyay waa murtida ku duugan ee mahadhada ah ee aan duugoobin.

Sheekada aad curinaysaa waa in ay macne xambaarsan tahay ee aysan iska ahayn madaddaalo keli ah. Taas weeye sheekada waaraysa ee suugaan macne leh noqonaysa. Macnaha sheekada ku duugani waa waxa keena in sheekadii ay kaalin bulshada u buuxiso ee aysan noqon wax saacado lagu nasto ka dibna la iska illaawo.

Sheekadu waa in ay aragti iyo murti xambaarsan tahay. Sheeko aan sii duluc ridnayn oo mar shaah lagu cabbo iyo sheeko dhaxalgal noqota oo jiilashu isu gudbiyaan, sida gabayga, kii aad qori lahayd waa doorasho kuu furan.

Cali Sugulle iyo Kaddare

Suugaanyahanku waxa uu bulshadeenna ugu jiray kaalin culus oo ay adag tahay in la koobo. Waxa uu ahaa warfidiyeen. Waxa uu ahaa gadhwadeen fikir, hagaha, iyo hanuuniyaha bulshadiisa. Waxa uu ahaa qareenka iyo afhayeenka bulshadiisa. Waxa uu ahaa faaqidaha, faalleeyaha, iyo fasiraha waaqaca dhaqan-dhaqaale ee bulshadiisa.

Isbeddelkii gumaystaha la socday, dawladowgii, iyo magaalagalkii waxaa ka dhashay isbeddel dhaqan oo ku yimid bulshadii Soomaaliyeed. Maansayahannadii Soomaaliyeed siyaabo kala duwan ayaa ay arrimahan uga hadleen iyaga oo gudanayay kaalintoodii, laakiin aan isku koobayn hannaankii soojireenka ahaa, ee adeegsanaya kii hore iyo kuwo cusub labadaba. Waxaa fuftay riwaayaddii oo ahayd wax innagu cusub, taas oo ay halabuurkii u adeegsadeen aalad ay farriintooda ku gudbiyaan. Waxa ay kaga hadleen isbeddelkii dhaqan ee bulshada ku yimid, isbeddelkii siyaasadeed, isbeddelkii dhaqaale,... Waxa ay faaqideen magaalagalkii, dhaqannadii dibadda innaga soo galayay, iyo dhibtii ka dhalatay. Riwaayad iyo habab suugaaneed oo kalaba si buuxda ayaa ay ugu lafagureen xaaladdii jirtay.

Maadaama af Soomaaligu uusan lahayn far lagu qoro, qoraalka iyo akhriskuna ay ahaayeen wax aad u kooban, qoraalkii iyo sheeko faneeddu ma aysan u hanaqaadin sida riwaayadda la jilayo.

Toddobaataneeyadii waxaa adduunka martay dabayl isbeddel oo dhaqan iyo dhaqaalaba saamaysay bulshooyinkii adduunka, Soomaaliduna qaybteeda ayaa ay ku lahayd. Dhalinyartii waxa ay ku daateen labbiskii markaa adduunka ka socday oo waxaa wiilashii xidheen surwaallo lugo balaqsan, shaadhadh yaryar oo ku dheggan, iyo kabo dhaadheer. Waa dhalinyartii la odhan jiray *biidka*. Waxaa markii uu dhaqankan arkay wax ka yidhi Cali Sugulle:

"Biid hidde habaab
Nagu ma bannaanide
Sidii belada lagu nac
Naga baydh naga bax!
Biid hidde habaab
Bulbul weyne
Sidii biciid

Biqil dhalay
Jilba balaq
Suun balaadhane
Markuu bilaabo
Socodkana bataq bataq!"

Isla dhaqannadan dhalinyartii sadheeyay waxaa qaab kale u abbaaray Xuseen Kaddare isaga oo adeegsanaya sheeko faneed uu halabuuray. Sheekadu dhaqanka dhalinyarta kuma koobna ee waxa ay lafaguraysaa isbeddelkii dhacayay ee carruur iyo cirroolaba saameeyay. Waxa ay muujinaysaa sida dhaqannadii bulshadu isu beddeleen. Laakiin dhexdhexaad kama aha ee waxa ay xoojinaysaa ahmiyadda dhaqanka wanaagsan iyo taabbagalintiisa, waxa ayna weerar ku tahay dhaqannadii silloonaa ee la qaayibay; soogalooti iyo xero-u-dhaladba. Sheekada *Waasuge iyo Warsame* iyo kuwa la midka ahi waxa ay ahaayeen ibofur laakiin intii aysan weli hanaqaadin ayaa ay saqiireen oo ay noqotay in dib raadkii loo qaado, ilaa iyo haddana bakhti afuuf baa socda e, curasho dambe oo halabuur sare leh waa ay yar tahay. Waa kaalin dayacan oo u baahan taabbagalin.

Si fiican ayaa aynu u naqaannaa in aynu waaqaca ku faaqidno maanso heerkeedu sarreeyo laakiin ma aynaan gaadhin heer aynu si maansada iyo riwaayadda u dhiganta u adeegsanno sheekada.

"Intaan uu Warsame gabayga tirinayey, dadkuna sida xiisaha leh uga jiibinayay, waxaa caro bistiis la ahaa oo faruurta ruugayay wiilkii Dhaanraac[2] ahaa. Wuxuu diiddan yahay sheekada aan asaga macnaha u lahayn oo ay odayaasha aan waqtiga la socon la neefneefsanayaan. Si uu isaga aamusiyo ayuu Dhaanraac u shitey makiinadda suxuunta wareejisa.

Wuxuu saaray saxan ay ku duuban yihiin Heesihii Jeemis Brawn. Odayaashii sheekadu u socotay ayaa mar keliya wada aamusay, oo yaab isla wada dhugtay. [b.6]
...

Dadkii oo gabaygaa ka faalloonaya, murtidiisana wadajir u dhuuxaya, ayaa dagaal lama filaan ihi dhex maray wiilkii Dhaanraac ahaa iyo haweeney duq ah oo baabuurka meel dhexe ka soo raacday, fadhidayna kursiga kiisa xiga. Dagaalku wuxuu ka dhashay Dhaanraac oo xabbad sigaar ah shitay, duqdiina ku tiri, "Ha igu afuufin qurunka afkaaga ka socda!" Dhaanraac asagoo intii tabartiis ah dadaalaya, ayuu af talyaani ku yiri, "Scusi! - raalli ahow." Duqdii waxay u qaadatay inuu wiilku caynayo, markaasay inta la baxday dambiishay alaabta ku sidatay madaxa kala dhacday oo u celcelisay ilaa gacmaha la qabto. Haddaba, muxuu falay Dhaanraac? Inta istaagay oo gacmaha shaarka laabtay, feerse la baxay, ayuu yiri, "Duqda iskeen!" Dadkii baabuurka saarraa oo yaab la wada qoslaya ayaa wiilkii ka badbaadshay duqdii ayeydiis la faca ahayd, ... [bb.9-10]"

---

2 U fiirso magaca uu u bixiyay wiilkii dhaqankiisi ka tagay e dad kale iska raacay. Magacyada dadka sheekada ku jiraa waa in ay macne samaynayaan sheekadana la jaanqaadi karaan. Magac bilaash uma baxo e, magacyada dadka sheekada ku jira ka baaraandeg.

*"Dadweynahaan hanuuninnaa,
Haasaawinaa,
Danta u hagnaa."*

—Xasan Sheekh Muumin: Shebeelnaagood.[3]

Maanso-ku-sheekayn[4]

Maanso in lagu sheekeeyaa waa qayb ka mid ah suugaanta Soomaalida, halabuur ku caanbaxayna leh. Laakiin wax heer buug gaadhi kara waxaa ka jirta sheekada *Shirweynihii Xoolaha Jamhuuriyadda Soomaaliyeed* ee Axmed Sheekh Jaamac, oo lagu daabacay: *Cadlidoonaha Daal Allaa Baday* (Rashiid Gadhweyne). Waa sheeko qaybaha tebinta mooyaan e, inta kale maanso ku dhisan. Waa sheeko leh dhammaan wixii sheeko caadi ah lagu yaqaannay, oo u dhiganta sheekada *Beertii Xayawaanka* ee Jooj Orwel, laakiin shakhsiyaadka ku jiraa ay isugu jawaabayaan maanso.

Ereyga noofal (*novel*) asalkiisu waa Laatiin Ingiriisoobay. Carabtu waxa ay adeegsadaan "*Riwaayad*", laakiin innagu adeegsi kale ayaa aynu u samaynay riwaayaddii, "sheeko faneed, sheeko male-awaal ah..." iwm., waa tilmaan ee magac ma aha. Markaa miyaa ay jiraan wax innoo diidaya

---

3 Afrax Phd thesis.
4 eeg Afka Hooyo Waa Hodan, Maxamed Baashe X. Xasan, b.138+.

in aynu ereygan "*noofal*" u adeegsanno buug sheekho faneed la male awaalay ah?

Akhrinta sheekadu waxa ay leedahay dareen iyo laxaw wadaag uu akhristuhu la yeelanayo dadka sheekada ku jira iyo sida ay xaaladdoodu tahay, waana ay ka awood iyo saamayn badan tahay qaababka kale ee wax la isugu sheego.

Sannadkii Murugada

Nebigu scw isaga oo aan dhalan ayaa uu aabbihii Cabdillaahi dhintay. Muddo yar ka dibna waxaa geeriyootay hooyadii. Ka dibna waa tii awoowgii Cabdulmuddalib kafaalaqaaday ilaa uu isna Allaystay. Masuuliyaddii korintiisuna waxa ay ku wareegtay adeerkii Abuu Daalib.

Nebigu scw noloshaa marba qofkii ugu dhowaa uu waayayay ayaa uu ku koray. Waa nolol aan saldhig iyo negaasho dheer lahayn, waxa aadna mooddaa in xaqiiqada nolosha iyo sida ay dhalanteed u tahay in uu fahmo Alle ku barayay.

Nebiga scw noloshiisii hore iyo barbaariddiisii sidaas ayaa ay ugu tiirsanaayeen adeerkii. Markii uu guursadayna, waxaa garab labaad u noqotay Khadiija rc. Waa tii isaga oo ka argaggaxsan kulankii Jibriil ee *Qaarul Xiraa* oo leh naftaydaan u baqayaa, dejinaysay, qalbiga u adkaynaysay ee lahayd: Wallee Alle ku hoojin maayo weligaa oo qaraabadaad xidhiidhisaa, dhibbanahaad gargaartaa, saboolkaad wax tartaa, martidaad soortaa, wanaaggaad garab istaagtaa... ka dibna u geysay qofkii keli ahaa ee Makah joogay ee waxa dhacay in uu fahansiin karo ay ku tuhmaysay—inaadeerkeed Waraqah ibnu Nawfal.

Intii Nebigu scw dacwada waday waxaa garab iyo gaashaan iyo ilaalaba dibadda uga ahaa Abuu Daalib oo aan Qurayshi u gacan dhaafi karin, marar badanna waa kuwii isku dayay in ay Abuu Daalib ku qanciyaan in uu u gacangaliyo. Guriga marka uu joogana Khadiija ayaa garab u ahayd oo uu taageeradeeda cuskanayay.

Markii xaaladdu ku adkaatay Nebiga scw iyo saxaabadii, ee reer Banuu Haashim lagu go'doomiyay Goshii Abuu Daalib, si aan gaadmo loogu dilin Nebiga scw, Abuu Daalib waxa uu ka beddelan jiray meesha uu seexanayo. Khadiijana waa ay la joogtay oo noloshaa adag ayaa ay la qaybsanaysay.

Laakiin looma dayn e, sannadkii tobnaad ayaa ay dhawr maalmood gudahood adduunka ka faaruqeen Khadiija iyo Abuu Daalib, Nebiguna scw uu ku waayay labadii garab oo uu ku tiirsanaa. Waa sannadka la magac baxay *Caamul Xuzni*—Sannadkii Murugada.

Murugadii geeridooda waxaa u raacday mushrikiintii oo ku sii dhiirraday dhibtii ay ku hayeenna aad u sii kordhiyay, ilaa uu ku qasbanaaday in uu baadigoobo meel uu magangalo.

Markii ay mugdigii iyo murugadii bateen, ee ay u muuqatay in albaabbadii soo xidhmeen, fursadihii samatabaxuna soo yaraadeen—xilligaa adag, ayaa Alle u dhigay cashar muhiim ah oo uu ku tilmaamay '*axsanal qasas*'. Nebiga scw waxaa ku soo degtay suuradda Yuusuf oo ay ku dhan tahay qisada

SHEEKO 151

Nebi Yuusuf cs: dhibtii uu maray, sidii uu uga fal celiyay, iyo samatabixii uu silicii soo maray kaga maydhay.

Waxaa la tusay wiil yar oo walaalihii xaasideen ka dibna god ku rideen, oo inta dad heleen ay addoon ahaan u iibiyeen, ka dibna haweenaydii uu gurigeeda joogay ay damaaciday xabsi dheerna u horseedday. Isaga oo dhibbane ah oo xabsigii lagu illaaway, ayaa uu dacwadii iyo fidintii diinta wadaa, oo uu maxaabiistii la xidhnayd Alle barayaa. Walaalladii oo u soo baahday (la tuuraaba la tuugee), sidii uu ula dhaqmay, iyo sidii uu qoyskoodii kala daatay mar kale isugu soo dumay ee uu dib ugu habeeyay.

Al-Kariim ibnul Kariim ibnul Kariim ibnul Kariim Yuusuf ibnu Yacquub ibnu Isxaaq ibnu Ibraahim cs

Nebi Yuusuf cs waxa uu inna barayaa in samatabaxu u baahan yahay cafis iyo in aan la wada qasan, la kala aargoosan; in afka iyo addinka laga dhowro wixii isu soo dhowaanta dhaawacaya... Waxa uu yaqiinsanaa in qoyskiisaa sharafta leh ee nebiyada ah haddii xin, xasad, iyo nacayb sidaa u kala geeyay, dhibtaana dhaxalsiiyay, sida keli ah ee lagaga gudbi karaa ay tahay cafis.

"Nin walaalkii geed ugu jiraa, geesi noqon waaye,"

—Cabdillaahi Suldaan Timacadde.

$$\text{وَكُلًّا نَقُصُّ عَلَيْكَ مِنْ أَنْبَاءِ الرُّسُلِ مَا نُثَبِّتُ بِهِ فُؤَادَكَ وَجَاءَكَ فِي هَذِهِ الْحَقُّ وَمَوْعِظَةٌ وَذِكْرَىٰ لِلْمُؤْمِنِينَ ﴿١٢٠﴾}$$

Nebiga scw ayaa niyadda loogu dhisayay, lagu samirsiinayay, looguna booga-dhayayay sheekadan. Waxa aynu halkan ka arkaynaa ahmiyadda ay sheekadu leedahay iyo kaalinta ay qofka u buuxin karto.

In kasta oo aan arkay dad dood ka qaba, waxaa la sheegaa in noofalkii Soomaaliyeed ee ugu horreeyay uu ahaa *Aqoondarro Waa U Nacab Jacayl*, ee uu qoray Faarax Maxamed Jaamac Cawl. Faarax waxa uu ararta buuggiisa ku daray:

> "Haddaba, in kastoo sheekadani salkeedu yahay jacaylkaas dhex maray Cawrala iyo Calimaax, ula jeedooyinka ku jiraa loogana dan leeyahay, oo ay wax ka tusaalaynaysaa waa waxyaalaha hoos ku qoran.
>
> b) Tan u horraysa, waxay wax ka tusaalaynaysaa dhibaatooyinka, danqaaraha iyo waxyeellada ay dadka u leeyihiin wax akhris la'aanta iyo wax qoris la'aantu.
>
> t) Tan labaad sheekadanu, waxay tusaalaynaysaa heerkay haweenka Soomaaliyeed kaga jireen dhaqanka iyo murtida Soomaaliyeed, isla markaasna waxay muujinaysaa qaybtey jacaylka ka qaateen beryihii hore.
>
> j) Tan saddexaad oo ah tan ugu qaaya weyn, waxay daaha ka qaadaysaa ruuxa waddaniga ah oo dalkiisa kalgacal u qabaa inaanu ahayn kan dib uga laabma ama ka cataaba

hadduu dhibaatooyin iyo silic kala kulmo daryeelidda, ilaalinta xornimada, iyo gobannimada dalkiisa.

x) Tan afraad waxay wax ka tusaalaynaysaa samaha sinnaantu leedahay, iyo saymihii sinnaan la'aantii ka dhexaysey raggiyo haweenkii hore. Waxay kaloo isla mar ahaantii wax ka tusaalaynaysaa taariikhda, dhaqanka qotada dheer iyo caadooyinkii ummadda Soomaaliyeed.

Kh) Tan shanaad waxay wax ka muujinaysaa joqoraafiga iyo taariikhda gobolkaas Sanaag oo ah gobolkay ku dhasheen Cawrala iyo Calimaax, isla markaasna waxay tusaalaynaysaa faa'iidooyinka kalluunka cuniddiisu u leedahay dadka.

d) Tan lixaad waxay tusaalaynaysaa in haasaawaha iyo muranka lagu murmo af Soomaaliga ay lagama maarmaan tahay in murti, gabay, saar, geeraar, hees, guurow, jiifto, shirib iyo maahmaaho ay saldhig u ahaadaan, haddiise aanay murtidaasi ku jirin taageeraynna, wax kastoo lagu hadlo, fara kastana hadalku ha lahaadee, inuu qiimihiisu yar yahay. Sidaas darteed, waxay ka fursanwaa noqon weydey, inay sheekadanu gabay, maahmaaho iyo heeso ku dhisnaato, oo ay meelo badan ka soo galaan."

Halabuurka sheekooyinka curiya waxa aan kula talin lahaa: sheekadaadu ha noqoto mid farriin xambaarsan oo loo aayo. Ha la tartanto maansadii hormuudka suugaanta Soomaaliyeed, ee yaa aysan labo maalmood ka dib noqon wax laga baxo oo waqtigiisi dhammaaday iyo saambuuse laga addimay.

Nebiga SCW iyo Sheekada

Marar badan Nebigu scw waxa uu dadka wax ugu tusaalayn jiray sheeko. Markii uu inna barayay ahmiyadda ay leedahay in gacanta la qabto kuwa xumaha wada, waxa uu innoogu tusaaleeyay dad doon saaran. Qaar baa qaybta kore deggan qaarka kalana qaybta hoose. Kuwan hoos deggan ayaa marka ay biyo u baahdaanba waxa ay sii maraan kuwa kor jooga, markaas ayaa ay istuseen in aysan dadka kor jooga dhibin e, ay doonta meel ka dalooliyaan si ay halkaa uga helaan biyaha ay rabaan. U fiirso xumaan uma jeedaan e. Haddii in qorshahaasi uu fulo la oggolaado, kulligood waa ay halaagsamayaan, haddii ay ka qabtaanna, waa ay wada badbaadayaan.

Waa sheeko hogatusaalayn ah oo aan fasiraad iyo qancin dheeraad ah u baahnayn ee qofkii wax garanayaa uu wax ku fahmayo.

Mar kale Nebigu scw isaga oo tusaalaynaya kaalintiisa waxa uu yidhi: waxa aan ahay sidii nin dab shitay, oo markii uu dabkii holcay hareerahana ifiyay, balanbaalistii iyo cayayaankii kale ay ku soo xoomeen oo ay dabkii isku qaadeen—isna waa uu ka celcelinayaa iyaguna waa ay isku maqiiqayaan. Nebigu scw isaga oo dulucda innoo sheegaya waxa uu yidhi: guntigaan idin hayaa idinkuna naartaad isku maqiiqaysaan oo gacantaydaad ka farabaxsanaysaan.

SHEEKO

Sheekadu waa hannaan farriimo badan lagu gudbin karo. Qoraallada aynu tilmaannay ee taariikhda, taariikh nololeedka, warka, maqaalka—intuba waxa ay ugu macaan yihiin marka qaab sheeko loo qoro. Wixii akadhemig ama dood iyo lafagur ahi waa meeshooda, laakiin wixii tebin guud ah, sheekada ayaa ah qaabka ugu mudan ee la adeegsan karo.

Qorshayn iyo Shakhsiyad Allifid

Sheeko marka aan akhrinayno, su'aalo aynu isweydiinno ayaa jira: maxaa dhacaya? Yay ku dhacayaan? Sidee wax u dhacayaan? Maxay ku bilaabmaysaa sheekadu? Halkay ka bilaabmaysaa? Halkay mari doontaa? Halkay ku dhammaanaysaa? ... Su'aalahan iyo kuwo la mid ah ayaa aad qorshe (*outline*) ku dejisan kartaa. Qasab ma aha in aad qorshahaa isku koobtid e, haddii qaab kale iyo jid kale kula qurxoonaadaan waa in aad diyaar u tahay in aad qorshihii wax ka beddeshid. Maayk Taaysan baa laga hayaa: "Everybody has a plan until they get punched in the mouth."—qof kastaa qorshe ayaa uu ku socdaa ilaa afka laga feedho. Markaas ayaa qorshihii daaqadda ka baxaa oo uu xaaladda hortiisa taalla ka falcelinteeda ku mashquulayaa!

Injineerku dhisme iska ma bilaabo e qorshayn ayaa uga horraysa. Farshaxanka degaan qurxoon sawirayaa qorshe ayaa uu ku bilaabaa. Ninka koorta qoraya iyo marwada dhiisha tolaysaa waa ay og yihiin waxa ay samaynayaan sida uu u ekaanayo marka ay dhammeeyaan.

Gabyaagu waxa uu ka gabyayo fikrad fiican baa uu ka haystaa laakiin erey kasta oo uu dhihi doono in uusan ogayn baa ay u badan tahay e, sidii daad soo rogmaday baa uu meeshii godan dulundulceeyaa halabuurkiisu. Hadhow marka uu cabbaar socdo ayaa uu leeyahay: waxba yuu ila durkine waan dabrahayaaye/ waan soo qabbirayaaye, iwm.

Waxaa iyaguna jira halabuur fikrad ku dhalatay la dhaqaaqa oo iyaga oo aan waxba qorshayn, sheekadii u oggolaada in ay si dabiici ah isu qorto. Waxa ay u badan tahay in uusan ogayn meesha ay sheekadu la mari doonto iyo halka ay ku dhammaan doonto, ee muhimaddiisu waa in uu aragtidii ka dhaliyo sheeko nuxur iyo miisaan leh.

Halabuur kastaa isaga ayaa og sida uu ku godlado ee curintiisu ay ku bulaasho, lagana yaabee in bilowga uu tijaabo badan u baahan yahay si uu u ogaado hannaanka ku habboon halabuurkiisa.

Qoraalku marna waa sidii 'rukun' geed laga soo jaray oo alaab laga qoranayo, sida koor, marna waa sidii haan gunta laga tolayo, sida sheeko allifaysa adduun mala-awaal ah oo aan hore u jirin (sayniska mala-awaalka ah). Mar walba maanhagga qoraaga iyo sida uu u arko qoraalkiisa ayaa qaabaynaya sida uu qoraalka u wajahayo.

Waxaa jira hab kale oo sheekada lagu curin karo oo aan qorshayn badan u baahnayn. Qoraaga ayaa abuuraya xaalad ka dibna dad ku dhex tuuraya oo wixii ka dhasha iyo sidii ay xaaladdaa ula falgalaan ayaa ay sheekadii noqonaysaa. Istiifan King oo qaabkan sheekooyinkiisa u qoraa waxa uu leeyahay isweydii: ka warran haddii… ama maxaa dhacaya haddii … (*what if?*) oo sidaa ku abuur xaalad. Ka dibna sheekada halkaa kaaga soo baxda qor. Ha ku qasbin marin gaar ah ee u daa in ay si dabiici ah u baaxaadegto. Tusaale ahaan: maxaa dhacaya haddii qof reer miyi ah uu markii ugu horraysay tago magaalo weyn oo dal shisheeye ku taalla? Maxaa dhacaya haddii qof aan weligii miyi tagin oo ku dhashay Niyuu Yoork la geeyo miyiga Soomaaliya?

Niyadda waa aad ku hayn kartaa meesha godan ee biyaha sheekadu isugu tagi doonaan, laakiin dhibic kastaa meeshii ay sii mari lahayd in la sii qorsheeyaa qasab ma aha e, iyada ayaa marin dabiici ah soo qaadi doonta ee adigu diiwaangali qulqulka biyaha sheekada.

Qasab ma aha in uu qoraagu aqoon u leeyahay xaaladda nololeed ee qurbaha ama miyiga, laakiin waxaa qasab ku ah in uu baadhitaan sameeyo, si ay sheekadu u noqoto maangal la rumaysan karo oo suuragalnimo leh, macne iyo nuxurna u yeelato. Baadhitaanku kuma koobna qoraallada jiraalka ah ee sheekada la mala-awaalayaaba baadhitaan ayaa ay u baahan tahay.

Sheekadan xaaladda ka dhalatay waxa hagaya ee qaabaynaya habsocodkeedu waa shakhsiyadda dadka sheekada ku jira. Haddii aad shakhsiyadda dadka sheekada ku jira si fiican u daraasaysay, sida ay u dhaqmaan, waxa ay aaminsan yihiin, waxa ay daneeyaan, qaabka ay u hadlaan, marka ay la kulmaan xaaladda aad ku dhex tuurtay falcelintooda,... waa aad malayn kartaa oo mala-awaali kartaa.

Qoraaga sheekadu waxa uu u baahan yahay in uu waqti la qaato lana saaxiibo shakhsiyadaha sheekadiisa ku jira. Waa in uu noqdaa qof dadka iyo habdhaqankooda daneeya oo dadyaqaan ah. Markaa ayaa uu halabuuri karaa shakhsiyad la rumaysan karo.

Qof aan garanayn cilmi nafsiga dadka iyo sida dadku u dhaqmaan, waxa ka suurooba shakhsiyadaha kala duwan, iyo wixii kale, ... waa ay adag tahay in uu allifo sheeko macne leh oo la rumaysan karo. Habdhaqan qofka laga fisho ayaa jira. Waa uu ka duwanaan karaa, laakiin wa in ay jirto sabab sidii lagu yaqaannay ka leexisay, ama ay jirtaa ujeeddo uu qoraagu ka leeyahay. Oday Soomaaliyeed oo miyi jooga iyo qof dhalinyaro ah oo magaalo ku koray habdhaqankoodu aad ayaa uu u kala duwan yahay, dadka shaqooyinka kala duwan qabtaa habdhaqanno kala duwan ayaa ay badanaa leeyihiin.

Shakhsiga sheekada hagayaa waa in uu wax qabanayo, wax doonayo, wax diidayo, yool leeyahay... waa in uu hawlan yahay. Aadanuhu waa hawlane hamminaya (حارث/هـمام)

Axmed Sheekh Jaamac sheekadiisa *Shirweynaha Xoolaha Soomaaliyeed* waxa uu si cajiib ah innoogu soo gudbinayaa shakhsiyadda xoolaha kala duwan oo qofaysan. Waxa uu adeegsanayaa murtidii Soomaaliyeed ee soojireenka ahayd ee xoolaha iyo mayeedhaanka u yeeli jirtay shakhsiyad dhammaystiran. Xitaa dadka ku jira sida uu shakhsiyaddooda u sawiro waxa aad mooddaa in uu tilmaamayo dad aynu naqaan. Waxa uu sheekada ku macaanaynayaa kaftannada degaannada qaar laga sameeyay si loo sii rumaysto.

❦

Sababta aynu sheekada u xiisaynayaa waa dadka ku jira ee aynu noloshooda iyo dareenkooda la falgalayno. Waa la xidhiidhka aadane kale. Xitaa sheekooyinka noolaha kale ku saabsan waxa aynu u dhignaa qaab qofaysan oo aynu aadane ugu ekeysiinnay.

Waxa ugu weyn ee sheekada innaga soo jiitaa waa dareenka ay innagu beerayso iyo laxaw-wadaagga (*empathy*) aynu la samaynayno qof ama qofaf kale. Wiil yar oo qoys mudan ah ka dhashay oo aan waxba galabsan oo walaalihii ximinayaan ka dibna ceel ku ridayaan, oo inta la helo addoonnimo lagu iibinayo, ... waa qiso dareenkeenna taabanaysa oo aynu la qiiroonayno waxa ku dhacaya wiilkaas iyo aabbihii murugada uu marayo. Wiil yar oo hooyadii lagu yidhi webiga ku rid kii laga qarinayay ayaa inta uu helo korin doona e, waa sheeko yaabkeeda leh dareenka qofkana aad u taabanaysa.

Baadhitaan lagu sameeyay sheekooyin badan oo caan ah, oo kuwo qadiim ah iyo kuwo cusubba leh, jiraal iyo mala-awaalna isugu jira, waxaa ka soo baxday in sheekooyinka badankooda habsocodkoodu uu u dhacayo lix qaab middood[5]:

Barwaaqoobid—qof nolol dhibaato ah ka gudbaya, roob khayr lehna u da'ay;

Aafoobid—qof aafoobay oo dani dhulka dhigtay nolol fiicanna ka dhacay (Ninka labada beerood leh ee suuradda Kahf, iyo beeraleyda suuradda al-Qalam/ Nuun);

Samatabax—qof dhulka ku dhacay oo kabasho iyo samatabax sameeyay (Yuunus cs markii nimirigu liqay);

Samatabax Silloon—qof inta uu kacay haddana kufay oo afka ciidda darsaday (sheekooyinka calool xumada ku dhammaada ayaa tan u badan, sida *Taaytaanik*, *Aqoondarro*

---

[5] Towards a science of human stories: using sentiment analysis and emotional arcs to understand the building blocks of complex social systems. Andrew J. Reagan. https://arxiv.org/pdf/1712.06163.pdf

Waa u Nacab Jacayl. Kacaankii Soomaaliya haddii uu sheeko ahaan lahaa, tan ayaa uu noqon lahaa!;

Qof kacay, kufay, oo haddana kacay—waxaa sidan u badan sheekooyinka qof jacaylkiisii helay, ay ka kala daadatay, oo haddana helay cid tidhaahda wixii ku soo maray ka maydho!;

Qof kufay, kacay, oo haddana kufay—reer Banii Israa'iil oo addoonsi iyo shirki galay, Alle ka samatabixiyay, oo haddana ku noqoday.

Natiijada baadhitaanka ka soo baxday waxaa ku jirtay in sheekooyinka loogu akhriska badan yahay ay u badan yihiin saddexdan qaab: (4) samatabaxa silloon (kicid-kufid), (6) kufid>kicid>kufid, iyo labo (3) samatabax oo isku xiga (kufid>kicid>kufid>kicid).

Sheekadu waa ay yeelan kartaa labo habsocod oo ay kala yeelanayaan labo shakhsi oo sheekada ku jira. Muuse cs iyo Fircoon midba sheekada qaybtiisu waxa ay leedahay mid ka mid ah habsocodyadan lixda ah. Haddii ay sheekadaadu ka maaranto habsocodyadan, waa arrin kuu furan. Waa tilmaan e, ma aha xeerar aadan ka tallaabi karin. Waxaana jira siyaabo kale oo habsocodka sheekooyinka loo eego.

Waaxyaha Sheekada

Sheekadu waxa ay leedahay cid wax doonaysa, wixii ay doonaysay, iyo cid ama wax lid ku ah oo ka hor taagan doonistaa. Waxaa jirta dhacdo sheekada dhaqaajisa oo

SHEEKO 161

dabkeeda shidda, jidkii sheekadu mari lahayd iyo wixii dhici lahaa, marxalad ay sheekadu meel halis ah gaadho, marxaladda figta sheekada, iyo marxaladda ugu dambaysa ee ay xallismato. Waaxyahan waxaa badanaa loo qaybiyaa qaabdhismeed saddex marxaladood leh: bilow, dhex, iyo dhammaad.[6]

Haddii aan eegno Nebi Yuusuf cs iyo walaalihii, riyadii uu arkay ayaa sheekadu ay ka bilaabmaysaa. Walaalihii waxa ay rabaan jacaylka aabbahood waxa ayna iska dhaadhiciyeen in Yuusuf caqabad ku yahay. Sidaas awgeed ayaa ay go'aansadeen in ay Yuusuf meesha ka saaraan. Qorshihii lagu dili lahaa waa kii isu beddelay in ay ceel ku ridaan oo ay isdhaafiyaan, aabbahoodna ay been u sheegaan in yey cuntay intii ay ciyaarayeen. Laakiin sheekadu sidii ay istuseen uma dhicin e, marxalado kale ayaa ay martay.

Yuusuf cs waxa uu marayaa dhawr marxaladood oo halis ah oo shirqoolkii loo maleegay uu meel daran galinayo; marka uu ceelka ku jiro iyo marka uu xabsiga ku jiro. Waa labo marxaladood oo aysan muuqan sidii uu kaga badbaadi lahaa ayna u eg tahay in uu soo taabtay meeshii ugu dambaysay. Laakiin labadaba waa uu ka samatabaxayaa. Waxa aan odhan karnaa figta sheekadu waa marka uu walaalihii arkayo marka koowaad ee uu dejinayo qorshe uu walaalkiisii yaraa kaga la hadhayo. Sheekadu waxa ay ku xallismaysaa marka uu isu sheego in uu Yuusuf yahay ee dabadeedna aabbihii iyo hooyadii uu la kulmayo, riyadii sheekadu ku bilaabatayna fasiraaddeedii aynu helayno. Saddexda marxaladood ee sheekada loo qaybin karaana

---

6   3 Act story: crisis   >   struggle   >   resolution
    set-up   >   build-up   >   pay-off

waa bilowga oo ah yaraantii Yuusuf cs, imaatinkiisii Masar, gurigii Casiiska iyo wixii haweenayda uu kala kulmay, qabashadii xilka... oo qaybta dhexe ah, iyo qaybta dhammaadka oo ah la kulankii walaalihii iyo dibuhabaynta qoyskiisii kala daatay. Waa sheeko dhammaadkeedu farxad yahay— (5) *Qof kacay* [markii guriga Casiiska uu tagay], *kufay* [islaantii Casiiska ee damaaciday > xabsi], *oo haddana kacay* [qabashadii khasnadda boqorka iyo ururintii qoyska].

Waxaa iyaduna jirta in saddexdii marxaladood shan laga dhigo: hordhac sheekada lagu soo bandhigayo oo akhristaha lagu siinayo macluumaad iyo xog u iftiimiya sheekada soo socota. Waa jawaabihii: Yay sheekadu ku saabsan tahay? Halkee ayay ka dhacaysaa? Goorma...?

Marxaladda xigtaa waa buuq iyo in madaxa la isla galo oo wax dhacaan. Marxaladda koowaad iyo labaad waa la isdabo marin karaa oo buuqa iyo dhacdada ayaa lagu bilaabi karaa.

Dhacdooyinkii isdabajoogga ahaa waxa ay gaadhayaan figta iyo meesha ugu sarraysa ee ay gaadhi kareen. Ka dibna xaaladdii waa ay qaboobaysaa waxaana bilaabmaysa in arrimihii kala degaan oo isku dhacii isfahan beddelo. Marxaladda shanaad ee u dambaysaana waa tii ay sheekadu ku dhammaanaysay ee xalka lagu gaadhayay.[7]

---

[7] Action > Background > Development > Climax > Ending. *eeg* Bird by Bird, Anne Lamott (2020), b.96.

SHEEKO 163

Hadal isweydaarsi (dialogue)

Waa qasab in dadka sheekada ku jiraa wada hadlaan. Qof aan hadlayn waa qof aan noolayn. Sida ay muhiim u tahay in qaabka dadka loo soo bandhigayaa ay tahay mid macquul ah oo la rumaysan karo, ayaa loo baahan yahay in hadalkii ay isweydaarsanayeenna uu u noqdo wax la rumaysan karo oo aan ka dhicin hadalka dadka caadiga ah. Waa in aad dheg u leedahay habdhaca hadalka oo aad mala-awaali kartaa hadal la rumaysan karo. Haddii laga dhadhansado in uu kabkab iyo wax la dirqiyay yahay, sheekada ayaa dhaawacmaysa. Marka aad qortid hadalka, isku day in aad kor u dhahdid oo dhegayso sida waxa aad qortay soo baxayaan. Dadka sheekada ku jira haddii aan hadalkooda la kala sooci karin, waa wareer. Nolosha caadiga ah dadka hadalkooda ayaa lagu kala gartaa. Sheekadii la rabo in la rumaystana waa in ay qaabkaa ku socotaa.

Hadalku waxa uu qayb weyn ka qaataa aragtida aynu qofka ka qaadanno iyo miisaanka uu agteenna ku yeelanayo.

Riwaayadaha Soomaalida oo intooda badan ah hadal iyo muran, hadalka ku jiraa aad ayaa uu u xiiso badan yahay, qoraaga sheekaduna wax badan ayaa uu ka baran karaa. Laakiin meelaha qaar qaabka riwaayaddu waa uu ka duwan yahay sheekada noofalka ah, oo sheekada ayaa uga dhow hadalka caadiga ah.

> Waa waqti fiid ah. Guriga Maxamuud waxaa fadhiya labo nin oo ay qaraabo yihiin. Mid ka mid ah oo la yiraahdo Cabdi Ciddiyabirre ayaa kala hadlaya Maxamuud inuu ka caawiyo dacwad uu u haysto Ciidammadii Xoogga Dalka Soomaaliyeed, oo uu sheeganayo in si aan habboonayn

looga eryay ama looga rukhseeyay.

"Maxamuud, walaal maanta nin walba wuxuu ku tiirsan yahay tolkiis. Adigaa reerka wax u bartay. Adigaa hadda shaqo wanaagsan haysta, oo weliba waxaad dadka dhexdooda ku leedahay magac oo waa lagu maqlayaa."

"Waa koow." Maxamuud si deggan ayuu hadalka u gurayaa.

"Aniga nimanka shaqada iga cayriyay waa dad iyaga farriin ayaa la gaarsiiyay ee meesha niman kalaa ii tashaday."

"Waa koow."

"Saddex nin oo mid ka shaqeeyo Wasaaradda Gaashaandhigga, labana aniga xerada igala shaqeeyaan, oo haddaan kuu sheego aad garan karto abtirsiimahooda, oo aan ogahay meesha ay igala dirireen, ayaa walaal hawshaan ka dambeeya."

"Waa gartay."

"Waxaan rabaa inaad ii raacdid Maxakamadda Badbaadada ama tan Gobolka oo aad dacwadda ila gudbisid. Hadday wax ila qaban waayaanna, ilaa Madaxweynaha inaad ila socoto. Weliba waxaan rabaa inaad warqad u qortid qolyahaan BBC-da laga sheego, ee la leeyahay xuquuqul insaan ayay u doodaan."

"Cabdiyoow walaal anigu wax aan kaa hagranayaa ma jiraan. Laakiin go'aammada ciidanka laguma qaado maxkamad gobol, oo waxay leeyihiin hab garsoor oo iyaga u gaar ah. Marka haddaadan iyagii dib ugu noqon karin, oo aadan dacwaddaada rafcaan isla ciidanka ugaga qaadan karin, way ila adag tahay in annaga oo aan ciidan ahayn aan wax ka qaban karno." Ayaa Maxamuud ku jawaabay.

Hadalkii waa iska yaraaday. Shaahii la cabbayay markii la dhammaystay ayaa labadii nin iska tageen.

SHEEKO 165

Dibedda markay u baxeen ayuu Cabdi Ciddiyabirre, oo aan ku qancin jawaabtii Maxamuud, laakiin ka xishooday inuu hortiisa ka hadlo, bilaabay inuu muujiyo xanaaqiisa.

"Waxbarashadaan baas waxa laga helo anigu maba aqaan. Dhawrka reerka iskoolladaas u galay waxaad moodda in la wada dhufaanay oo wallaahi mid wadaan ceel kuugu ridi karaa kuma jiro."

Ninkii kale uma jawaabayn laakiin waa iska dhegeysanayay.

"Ninkaas Maxamuud ah waxa gurigiisa buugaag yaal oo derbiga ugu taxan waxaan fulaynimo ahayn kama dheefin. Bal nin dadkiisii maalin walba la iska camcaminayo oo aan mar keliya hadal iyo ficil laga helayn. Dadka kale kuwooda wax bartay ayaa hoggaamiya, laakiin kuweenna belaayaa labada lugood ku dheggan."[8]

CUTIYA:	Horta ma ogtahay lafahaa waxa ii yeelay in ay tahay saddexdiinaas qof kala celintooda.
CAATEEYE:	Husss: Aniga afkaaga dheer ha igu soo taagin.
CUTIYA:	Caateeye, hadda maxaad u dishay gabadha yarta ah. Waaniga maalin walba aniga iyo adigu uun… Wallee.
CAATEEYE:	Waxa la yidhi saddex aan saddex deynin baa jirta:

Indho aan ilmo deyn

---

8 Cabdulqaadir Diiriye, Soodoog (2020), bb.35-37.

Madax aan wareer deyn iyo
Hilib aan dhaqdhaqaaq deyn!

CUTIYA:	Waa yeelkood intaasiba ee horta maxaad u dhishey yarta yar?
CAATEEYE:	Naa iga aamus baan ku leeyahay ha ila bocoolo gurane.
CUTIYA:	Yaa Kaafi! Oday waynaadey oo maalin walba carruurta------
CAATEEYE:	Buus baannu ku leennahay. Toban baannu kuu sheegnay----- Wax xillay afkayaga ka raadinaysaa!
CUTIYA:	Haddee haddaan ku la sii gurto xaalkaa xumaanaya.
CAATEEYE:	Ila guran mayso, waana sii waddaa Muslinow! Hilib aan dhaqdhaqaaq deynini waa nin rag ahoo aan rag lahayn baa la yidhi. Waar saa ha la yeeluu leeyahayoo haddee yaa u soo nuuxsanaaya! Indho aan ilmo deynini waa nin curadkiisu xun yahay baa la yidhi!
CUTIYA:	Waar ha iga habaarin curadka!
CAATEEYE:	Madax aan wareer deynina waa nin naag xun qabaa la yidhi! Isaga oo caafimaad qabuu imanayaa, markaas bay hadal ku duraysaa. Dhag! Dhag! Madaxii baa kala dillaacaya.
CUTIYA:	Soo gaabi hadda iyo dan!

SHEEKO 167

CAATEEYE: Naa waxaan ku leeyahay, masayr baa ku galay, anna isguudguudiska iyo waxaaga waan arkaaye, cawdu billeyso, meelna uma aan socdee!⁹

Mararka qaar haddii labo qof wada hadlayaan, si fudud ayaa loola socon karaa qofba hadalkiisa, markaana uma baahna in hadal kasta la raaciyo cidda tidhi.

"Eeddo…"
"Haa Eeddo…?"
"Eeddo ma i caawin kartaa?"
"Maxaa jira? Maxaan kaa caawiyaa?"
"Eeddoow waxaan illaaway inaan soo qaato boorsooyinkaygii"
"Xaggee ka timi?"¹⁰

Hadalka sida loo yidhi mar baa ay macne dheeraad ah soo kordhinaysaa, marna waa laga maarmaa. Mar kasta ha raacin fasiraad: wuxuu yidhi ... isagoo qoslaya, ...iyada oo soconaysa..., iwm.

---

9 Cali Sugulle, riwaayadda Kala Haab Kala Haad, eeg Hal Tisqaaday (2020), bb.355-356.
10 Cabdulqaadir Diiriye, Soodoog (2020), b.2.

Lahjad

Lahjaddu ka fiirsi ayaa ay u baahan tahay, waana muhiim in la dhowro haddii sheekada uu ku jiro hadal lahjad ku socdaa. R iyo Dh ha isku qasin. Lahjaddu waa qayb shakhsiyadda ka tirsan, mana aha in la dhayalsado. Qofka hadlayaa haddii uu ku suntan yahay degaan, marba lahjad ha u qorin. Qof reer koonfur ahi caadi ahaan ma dhaho: *Waar Caliyoow*, mid reer waqooyi ahina ma dhaho: *Abbaayo waa imaanaa*.

Sida nolosha caadiga ah, ma aha in wax kasta carrabka lagu ballaadhiyo e, mar baa hadal dhafoor ku yaallaa. Mar ayaa ay tahay qofka wajigiisa iyo indhihiisa iyo habdhaqankiisa kale in laga akhristo wixii uu odhan lahaa. Mar ayaa aamusku hadal yahay. Tebinta ayaana lagu kabi karaa ama lagu tilmaami karaa aamuskaa iyo waxa uu xambaarsan yahay.

Xawaaraha (pace)

Sheekadu waxa ay u baahan tahay muuqaallo kala duwan oo qaarkood aad qunyar ku marisid akhristaha, qaarna adiga oo xiimaya aad dhaafisid, si aad xiisaha akhristaha u haysid. Farshaxannimada sheeko tebineed ee qorayaasha in badan oo ka mid ahi waa sida ay xiisaheenna u hayaan, waxaana kaalin weyn ka ah xawaaraha sheekada iyo sida ay u bedbeddelaan. Sheeko wada 100 ku socota waa lagu xiiqayaa waana lagu wareerayaa, mid wada 10 ku socotana waa laga caajisayaa. Weedhaha iyo tuducyada oo dhererkooda la isu dheellitiro, qaar la dheereeyo, qaar la gaabiyo, qaarna dhexdhexaad laga dhigo, ayaa qayb ka qaadan karta miisaamidda xawaaraha sheekadu ku socoto. Tuducaynta waxa aynu ugu tagi doonnaa qayb dambe.

Qoraaga halabuurka lihi waxa uu garanayaa meesha u baahan in uu xawaare ku maro oo uu sheellaraha dhulka dhigo, sheekadana isku cufo oo uu ururiyo, si uu dareenka akhristaha u kiciyo, iyo meesha u baahan in uu tartiibiyo si muuqaallada jidka hareerihiisa ah indhuhu ugu doogsadaan, kuna nastaan. Laakiin marna ma aha in ay sheekadu istaagto oo tilmaan dheer oo aan sheekada hore u sii wadayn lagu mashquulo. Haddii nasashada lagu dheeraado sheekadu waa ay debcaysaa, akhristuhu in uu ka xiise dhaco sheekada ayaa halis ah. Bogag badan oo aan waxba dhacaynin sheekada ayaa ay la degaan. Sheekadu haddii ay debcdo oo dhacdooyinka hadal badani u dhexeeyo, xiisihii iyo xamaasaddii baa ka dhinta.

Akhristaha waa in aadan sii dayn oo sacaagu uu qoobka ku hayaa. Mar hoggaanka u dabci ha yara daaqee, marna u gaabi oo ku hees, laakiin marna ha sii dayn.

Maskaxdeennu waxa ay raadisaa in ay hesho macluumaad dhammaystiran e, kuma qanacdo sheeko kala dhiman iyo war ku badh go'a. Raadintaa dhammaystirnaanta ayaa sheekada xiise u yeesha, waana qodob muhiim u ah qoridda sheekada. Maxaa xiga? Maxaa dhici doona? Yaa waxaa samayntiisa ka dambeeyay? *Ii wad sheekada way igu socotaaye.* Xaraarad baa qofka ku kacaysa aan ka degayn ilaa uu jawaabtii ka maqnayd helo oo sheekadii xallisanto.

Dareenkaas weeye hoggaanka aad akhristaha ku haysaa. Wax uu rabo in uu ogaado ku walacso oo ku muhi si uu ugu dulqaato meelaha yara jiitamaya ama sheekadu yara gaabinayso. Muhintaas iyo walacsigaas ayaa daraamada iyo xiisaha sheekada kaalin weyn ugu jira.

Walacsigaas qofka dareenkiisa lagu soo jeedinayo, iyo muhintaas lagu hoggaaminayaa waxa ay ka mid yihiin qaababkii Nebigu scw saxaabada wax ugu sheegi jiray. Maalin iyada oo Mucaad RC la socdo, ayaa uu Nebigu scw u yeedhay: Mucaadoow. Labbayka Rasuulkii Allow. Nebigu scw waa uu iska sii socday e waxba uma sheegin. Xoogaa ka dib ayaa uu haddana sidii oo kale ugu yeedhay Mucaadna isla sidii ugu jawaabay. Saddex goor ka dib ayaa uu farriintiisii u gudbiyay Mucaad oo si fiican u soo jeeda oo danaynaya waxa Nebigu scw u sheegi doono.

Mar kale saxaabada oo la jooga ayaa janaaso arkay markaas ayaa ay khayr ku ammaaneen. Nebigu scw waxa uu yidhi: Waa ay waajibtay. Haddana mid kale ayaa ay arkeen, markaa ayaa ay xumaan ku sheegeen, tiina waxa uu yidhi: Waa ay waajibtay. Nebigu scw ma raacin hadal kale, taas oo saxaabadii dareen ku dhalisay soona jeedisay dareenkoodii. Iyaga oo raba in ay ogaadaan waxa waajibay laakiin aan ku dhiirran in ay weydiiyaan, ayaa Cumar weydiiyay waxa 'waajibay'. Markaa ayaa uu Nebigu scw yidhi: kaa wanaag ayaa aad ku sheegteen sidaa ayaana ay Janno ugu waajibtay, kaana xumaan ayaa aad ku sheegteen sidaas ayaana ay Naar ugu waajibtay—waxa aad tihiin maragfurkii Alle ee dhulka joogay.

SHEEKO 171

Sheekadu waa tebinta (*narration*) dhacdooyin iyo tilmaamidda (*description*) dhacdooyinka, ciddii samaysay, meesha ay ku dhaceen, iyo qaabka ay u dhaceen. Waxaa weheliya hadallada la isweydaarsanayo (*dialogue*).[11]

---

11 Stephen King, On Writing, b.187.

NUUN 172

ANSHAXA IYO FANKA

Hoosba hadal leh

Wax kastaa waxa uu leeyahay qaab iyo goob ka hadalkiisa ku habboon. Wax sidiisa qummun ayaa anshaxa wanaagsan garab mari kara, maadaama xilli qaldan laga hadlay ama goob qaldan lagaga hadlay.

Buugaagta caafimaadka laga barto waxaa ku yaalla sawirro muujinaya cawro iyo waxyaalo caadi ahaan ceeb ay tahay in la muujiyo. Kutubta fiqhiga waxaa ku jira masalooyin ku saabsan galmada iyo isdhexgalka xubnaha taranka oo si qayaxan looga hadlayo. Culamada qaar marka ay sharxayaan xadiisyada Nebiga scw ee ku saabsan xidhiidhka sariirta ee lammaanaha, waxa ay faahfaahiyaan qaabka dhunkashada waxa ayna ka hadlaan carrab iyo calyo isdhaafsi! Buugaag lammaanaha loo qoray oo faahfaahiya galmada iyo wixii la mid ahna waa ay jiraan. Laakiin arrimahan cidina anshax xumo kuma tilmaanto, mana aha la jiifiyaana bannaan e, waa hadallo hooskoodii jooga, wax baridna loogu talagalay. Waa qayb nolosha ka mid ah oo qofku marka uu u baahdo uu ka baran karo buugaagtaas.

Laakiin arrimahan haddii lala yimaaddo oo lagu faahfaahiyo gole la wada fadhiyo yar iyo weyn, carruur iyo cirroole, waxa ay noqonaysaa anshax xumo, sida qofku in uu isnadiifiyaaba ay wanaag u tahay, laakiin ay anshax xumo u tahay in uu dadka hortooda sankiisa ku nadiifiyo.

Xadiis uu werinayo imaam Axmed ayaa saxaabigii weynaa ee Ubay ibnu Kacab waxa uu arkay nin qabiil u habarwacanaya oo abtir ku faanaya. Ubay waxa uu ku yidhi: g**ka aabbahaa qaniin! Markii uu arkay in dadkii la joogay ay la yaabeen waxa uu ku hadlay, qaarna dhaheen af xumadaa kugu ma aannan aqoon, ayaa waxa uu idhi: sidaasaa na la amray oo waxa aan maqlay Nebiga scw oo leh: qofkii habarwacashadii jaahiliyada ku yeedha, ku dhaha g**ka aabbaa qaniin, hana u sarbeebina!

من تعزى بعزاء الجاهلية، فأعضوه، ولا تكنوا. وفي رواية: إذا الرجل تعزى بعزاء الجاهلية، فأعضوه بهن أبيه، ولا تكنوا.

Abtir haddii uu ku faanayo oo uu qudhunkii jaahiliyada weli wado, meeshii uu ka soo baxay afka u galiya—weeye murtida ku jirtaa ayaa la yidhi.

Mar ayaa loo baahan yahay in hadalka la qaawiyo, laakiin waa in ay jirtaa ujeeddo qasbaysa oo aan si kale loo dhigi karin.

Afxumadu waa ay dhacdaa. Dadku waa ay caytamaan. Xubnaha taranku waa qayb jidhkeenna ka mid ah. Shahwada iyo galmadu waa wax jira. In laga hadlaana sideeda anshax xumo uma aha.

Dhibta waxa keenayaa waa in ujeeddo la'aan lagu tiiqtiiqsado ka hadalka waxyaalo diin ahaan iyo dhaqan ahaanba aan anshaxa wanaagsani oggolayn. Qoraaga sheeko curinaya ee tallaabo-tallaabo u dhigaya dad isu galmoonaya, marka la dhaho anshaxii wanaagsanaa waa aad ka weecatay, qiil ma u noqonaysaa in uu isku difaaco xaqiiqo jirta ayaa aan ka hadlay? Sow xaqiiqo jirta ma aha in qof kastaa saxaroodo oo kaajo? Ma odhan karnaa waa fan iyo suugaan in qoraa innoo faahfaahiyo sida uu u xaajoodo? Ma ku mudanayaa ammaan mise qof bilaa anshax ah baynu xisaabinaynaa?

Suugaanta xaarwalwaalnimada weeye taasi!

Suugaantii hore ee Soomaaliyeed waxa ay u badan tahay isku dir qabiil, dhac iyo boob, dagaal, iyo faan. Suugaantii Carabtii horana waa la mid, waxaase u dheeraa khamriga, dumarka, iyo waalli badan. Labadanba waa la bartaa, oo midda Carabiga masaajidda iyo xalaqadaha cilmiga ayaaba lagu bartaa, sababtuna waa kaydka afeed ee ku jira oo loogu baahan yahay barashada aftahammada Carabiga oo aan looga maarmayn barashada iyo fahanka diinta.

Laakiin ma jirto dan innagu seetaynaysa in aan immika curinno sheeko, gabay, taariikh, maqaal, iwm., oo bilaa anshax ah. Wixii qoran ee laga maarmi waayo waa meeshooda, laakiin wixii hadda la curinayo waa in ay anshax iyo dhowrsoonaan ku suntanaadaan. Gabay 150 sano ka hor la tiriyay afka ku jiray waa aynu ka baran karnaa, meesha uu dumarka ku liidayo ama qabiil ku caayayana waa aynu iska dayn karnaa, laakiin maanta mid la curinayo in uu qabiil caayo ama dumar liido ma aha wax ay tahay in la aqbalo. Sidaas si la mid ah, sheeko hirgashay oo anshax xumo ku jirto loogama tusaale qaadan karo in mid hadda la curinayo anshax xumo laga buuxiyo oo galmo tallaabo tallaabo loo sawiro, ama dad xaqdarro loogu takooro.

"Sidee xeego loo xagtaa ilkana ku nabad galaan"

Sida aynu anshaxa wanaagsan u ilaalinno marka aynu dadka la hadlayno, ee aynu isaga dhowrno in aynu carrabka ku dhufanno ereyo laga xishoodo, ayaa ay tahay in aynu u xishoonno marka aynu wax qorayno.

Marar badan qoraagu waxa uu u dan leeyahay in uu iftiimiyo dhaqan silloon oo bulshada uu ku arkay, taas ayaana ku kallifi karta in uu qoro wax dadka qaarkood ka didaan.

Runtii in boogta la taabto iyo in anshaxa la ilaaliyaa isma diidayaan. Qoraaga hawshiisu waa in uu iswaafajiyo labadan. Si dadban u qor, qof inkaar ah oo aad dhaleecaynayso dabeecad uga dhig oo ku maag... halabuurkaaga qoraanimo adeegso. Haddii aadan awoodin iswaafajintaas, waxba ha qorin e ummadda ka fadhiiso.

Dhanka kale, akhristayaashu waa ay kala aragti duwan yihiin oo wax kula xun baa mid kale caadi la ahaan kara.

Dadka ha ku qasbin in ay sidaada uun wax u arkaan. Wax yar markii aad qoonsataba inta kale qashinka ha ku darin. "Buugna faa'iido kama madhna"—sidii uu yidhi Ibnu Xasam.

Beryahan waxaa soo baxay dad haddii la dhaho anshaxa ha la dhowro, ku jawaabaya: waxani waa fan uusan fahankaagu heerkiisa gaadhin oo bilow ayaa aad tahay. Anshax xumo in aan gaadhno Ilaahay ayaa aan ka magangalnayba! Qoraagu goorma ayaa uu *marfuucul qalam* noqday? Maxay ahayd dooddan odhanaysa qoraagu kuma qasbana in uu anshaxa dhowro? Sideedaba, caadi ahaan wax aadan waalidkaa hortooda ka dhahdeen ha qorin. Fan iyo sheeko qiil ma aha. Ka warran haddii ereygaasi cunsuriyad ama takoor yahay? Fanka awgii ma la bannaysan karaa? Ereyga xumi miyaa uu qurux bataa marka sheeko la allifay uu ku jiro?

Hal erey ayaa janno ama naar lagu kasban karaa.

Wax la iska yidhi ayaa Alle agtiisa ku weyn ayna tahay in laga dhowrsado.

$$\text{إِذْ تَلَقَّوْنَهُ بِأَلْسِنَتِكُمْ وَتَقُولُونَ بِأَفْوَاهِكُم مَّا لَيْسَ لَكُم بِهِ عِلْمٌ وَتَحْسَبُونَهُ هَيِّنًا وَهُوَ عِندَ اللَّهِ عَظِيمٌ ۝}$$

Sheekooyin murti xambaarsan, anshax iyo asluubna leh qofkii aan qori karini meel ha iska fadhiisto. Qoraaga Soomaaliyeedna yuusan ismoodin in uu John iyo Karen wax u qorayo e, ha qaddariyo akhristayaasha Soomaaliyeed iyo qiyamkooda.

Haddii aan noofalku innagu cusbayn arrintan lagama hadleen. Gabyaaga Soomaaliyeed fasaxan qoraaga la siiyay ma uusan haysan. Qoraagana waxaa lagaga dayday dadkii noofalka laga keenay e ma aha wax lagu saleeyay aragti iyo qiyam Soomaaliyeed.

Wax baa la maldahaa. Waa la afgobaadsadaa (af+gob— lidkeedu waa af+gun= afguneed/afgumeed). Waa tii la yidhi marka xaaladdu jiq kugu noqoto: run ha sheegin, been ha sheegin, wax aad sheegtana ha waayin. Haddii aan qoraa Soomaaliyeed oo "fanka sare" qaddariya u tago oo aan dadka hortooda ku weydiiyo: war hebeloow horta weligaa ma sinaysatay? Khamriga ma cabtaa? ... Ma kula tahay in uu su'aashayda u arkayo "fan sare oo aan anshaxu qaban"? Mise...? Dadka su'aalahaa maqlaa miyaysan anshax xumo iyo edebdarro igu xukumayn? Mise anshax xumadu waa doofaar daahira marka la qoro ee lagu tilmaamo sheeko faneed?

Bal u fiirso Cambaro sidii ay ula hadashay Hurre Walanwal:

"Inanyahow gun baad tahay
Gole lagama odhan karo,
Hadal gobi ku haasowdoo
La gartana namaad odhan."

—Cambaro Nuux Maxamed.

Gun baad tahay may odhan wayna tidhi oo qofkii maqlaa waa uu fahmayaa in aysan ammaanin. *Lafaha gur xarragana ha ka tagin.*

Suugaanyahanka halabuurka lihi isaga oo aan carrabka ku ballaadhin baa uu ujeedkiisa ku soo gaadhsiin karaa.

Baydgaabni, danayn la'aan, ama ulakac ayaa keeni kara in qoraagu si carruuri-garatay ah wax u qoro, gaar ahaan arrimaha xasaasiga ah. Carrab lo'aad caws looma tilmaamo. Dadku iyagaa intii aad ka tagtay buuxsanaya.

Cabdi-Gahayr oo, sida la sheegay, Hargeysa ka baxsaday ama laga musaafuriyay oo Jigjiga jooga, oo sahaydii shilimaan yari uga hadhsan yihiin ayaa haweenay ~~aan dhowrsoonayn~~ jidhkeeda ka ganacsata oo shilimmadaa quuddarraynaysaa dhawr goor hadba dhan iskaga loohday. Waxa uu ku yidhi:

"Dhinacaad i saartiyo halkaad igu dhowaynayso,
Ifka waa dhib aakhirana waa dhuxulo naareede,
Adaa lacagta dheeldheel ku hela tani se kaa dheere
Dhan u joogso waxan doonayaa in aan ku dhaafaaye!"

—Cabdi-Gahayr Warsame Baanje.

Sheekada noofalka ah waxaa beryahan calanka u sida reer galbeed iyo mad-hab aaminsan in diiradda la saaro iinta qofka ama bulshada (*flawed character*) ee aan waxba la isku dhibin suuraynta qof ama bulsho heer sarreeya. Waxaa la yidhi waa in aan "xaqiiqada iyo waaqaca" abbaarnaa oo aynu gunta soo taabannaa. Ubaxa quruxdiisa iyo caraftiisa intii aynu buunbuunin lahayn, iniintii uu ka beermay ee carrada ku duugnayd aynu weyneeyaha hoos dhigno. Qofku xilliga uu dhulka yaallo, xilliga iintiisu muuqato, xilliga uu hooseeyo… xilliga uu yahay xayawaanka u qataaran wax uu cuno, cabbo, iyo meel uu ku shahwo guto, aynu xoogga saarno—waayo: "xaqiiqadeenna" ayaa sidaas ah oo wanaagga iyo sarrayntu waa xaalado kooban, ayaa ay dhaheen. Maxaa yeelay waxa ay aamineen in noloshu iska socoto oo kedis lagu yimid, la iska nool yahay, la iska dhiman doono, halkaana ay ku dhammaanayso. Daanyeerka ayaa aynu qaraabo nahay e maxaa sarrayn innoo soo arkay!

Muxammad Qudb ayaa adduun-araggan dheelliyay buug heer sare ah ka qoray[1]. Qaybtanna dooddiisa qaybo ka mid ah ayaa ay ku dhisan tahay ama soo guurinaysaa. Adduun-aragga qofka Muslinka ahi uma hoggaansamo "waaqaca" jira ee waa in uu u qaabeeyo si waafaqsan mabda'yadiisa. Waaqacu wax qumman iyo wax qalloocanba waa uu yeelan karaa, wax qurxoon iyo wax qaabdaranna waa laga helaa.

Ma dafirayno in ay waxyaalahani yihiin waaqac jira, laakiin sida loo dhigayo ee loo suuraynayo ayaa aan kaga duwan nahay. Dad sino ku dhacaa waa ay jiraan, dad wax xadaa waa ay jiraan, dad dil geystaa waa ay jiraan, dad wax khiyaamaa waa ay jiraan, dad khamri cabbaa waa ay jiraan... Laakiin marka aan ka hadlayno uma dhigayno qaab qurxinaya, ama ka dhigaya horumar, geesinnimo, halyeynimo, reer magaalnimo, xariifnimo, caqli badnaan; uma dhigayno qaab la dhacsan oo u sacabbinaya e, waxa aan u dhigaynaa qaab muujinaya in ay tahay habow, dhuldhac, xumaan, uskagow, faddaroobid, dhimaal... Sheekooyin badan oo hadda la tebiyaa waa hawo raacid habowgii u suuraynaysa halyeynimo, dhimaalkiina ka dhigaysa dheef iyo dheeraad, ... Maxay tahay ujeeddada qoraagu ugu tiiqtiiqsanayo faahfaahinta fal galmo oo aan ka ahayn

---

[1] منهج الفن الإسلامي

dareen kicin iyo ku raaxaysiga waxa uu tilmaamayo oo uu rabo in akhristuhuna la dareemo? Sow markaa noqon mayso in uu xumihii faafinayo?

إِنَّ الَّذِينَ يُحِبُّونَ أَن تَشِيعَ الْفَاحِشَةُ فِي الَّذِينَ آمَنُوا لَهُمْ عَذَابٌ أَلِيمٌ فِي الدُّنْيَا وَالْآخِرَةِ وَاللَّهُ يَعْلَمُ وَأَنتُمْ لَا تَعْلَمُونَ ۝

Qur'aanku markii uu ka sheekeeyay Aadam cs iyo sidii Ibliis u marin habaabiyay, waxa uu innoo muujiyay in Aadam iyo Xaawo ay gef iyo xumaan ku dhaceen, ee uma sacabbin in ay ku dhiirradeen amardiiddo oo ay "isxoreeyeen". Waxa uu intaa innoo raaciyay, in ay noqosho iyo tawbad la yimaaddeen oo laga aqbalay, laakiin Jannadii iyo maqaamkii sare laga soo dejiyay oo dhulka la keenay.

In badan ayaa uu Qur'aanku ka hadlaa iimaha aadanaha oo uu si dhab ah u qeexaa, laakiin marna uma dhigo qaab ammaan ama dhiirrigalin mudan. Lidkeeda, waxa uu mar kasta u dhigaa qaab ceebaysan oo ay tahay in laga dheeraado, halka wanaagga ammaantiisa iyo dhiirrigalintiisu ay aad ugu badan tahay. Nebi Aadam iyo Xaawo cs in ay Alle caasiyeen in ay marin habow ahayd oo ay tawbad keeneen ayaa la innoo sheegay. Nebi Yuusuf cs haweenaydii soo doontay in uu isna ku hammiyay laakiin uu qaladkiisii gartay baa la innoo sheegay, Nebi Muuse cs in uu nin dilay laakiin uu xumaantaa ka qoomamooday ayaa la innoo sheegay, Nebi Daawuud cs in ay gartii ka weecatay oo uu ka tawbad keenay ayaa la innoo sheegay— intan oo qiso midna halyeynimo kuma tilmaamin wixii dhacay ee waxa ay muujiyeen in aadanuhu gef gali karo falcelinta mudanna ay tahay in uu ka noqdo oo isa saxo.

Sheekada la curinayaa waa in ay waaqaca abbaarto, oo ay waxyaalaha jira ka hadasho, laakiin meesha ay ka xumaanayso ee ay kaga leexanayso anshaxii wanaagsanaa, waa marka ay qaab dhiirrigalin iyo ku raaxaysi ah u soo bandhigto tuugnimadii, sinadii, waalid caasigii, burburkii qoyska, xishood la'aantii, dulmigii, takoorkii, ... In dad badani ay waxan samaynayaan kama dhigayso wax ammaan mudan—xumaha iyo wanaagguba waa ay ka madax bannaan yihiin tirada ku hawlan. Si kasta oo ay waaqac jira uga hadasho, sheekadii xumaanta dhiirrigalinaysaa waa ay ka leexatay anshaxii wanaagsanaa. Halyeynimadu waa in uu qofku ka adkaado oo ka sarakaco iintiisa.

ليس الشديد بالصُّرَعَة، إنما الشديد الذي يملك نفسه عند الغضب

Yoolka halabuurku waa in uu wanaagga dhiirrigaliyaa. Waa in qofkii xumuhu god madow la galay ama ceel salkii ku riday uu gacanta soo qabtaa oo ka soo saaraa, ama uu u gacanhaadiyaa oo ugu yeedhaa in uu kor u soo kaco, oo uu ka dhex kaco dhiiqada iyo dhiriqda uu dhex dabbaalanayo.

"Uub baad ku jirtaa qarsoone
Ka soo baxa iilka qaadka
...

Ugaas bokhran baad ahayde
Irdaha noloshaad ahayde
Ilayska dhulkaad ahayde
Ragoow indha-beelistaada
Asaaye maxaa ka beermay!

Halkaad ku lahayd astaanta
Maxaa umal soo fadhiistay
Maxaa gudcur soo af-yeeshay!
Naftaada markaad illowdey
Bal soo tiri aafadaada
Wixii lumay aynabkaaga
Bal daawo inkaarahaaga!
Unuunka dhirtaad ka goysey
Aahdeeda bal soo dhegeyso!
Hashii iyo awrka geela
Abaaludda loo dareershey
Ureenkiyo tiinka daawo
Rasaasta alweysa daawo
Oomaarkiyo dhiigga daawo
Areerinka meydka daawo.
Islaan curadkeeda weydey
Asayda la saaray daawo."

—Hadraawi: Awaal-Tiris.

Qoraaga Soomaaliyeed ee anshaxa qoraalkiisu ku jaango'an yahay aragtida iyo adduun-aragga ummad kale, waa qof maskaxda laga haysto oo u baahan in uu isxoreeyo. Gabyaaga Soomaaliyeed waa halabuur dhalad ah oo aadan suugaantiisa ka arkayn shisheeye ka dhex hadlaya, xitaa isaga oo ereyo shisheeya qaafiyaddiisa ku toosinaya. Laakiin qoraaga Soomaaliyeed ee sheeko halabuuraya in badan waxa aad mooddaa in uu shisheeye wax u qorayo ama cid kale ka dhex hadlayso oo uusan isagu lahayn halabuur dhalad ah oo uu dadkiisa u soo gudbiyo, ee wixiisu yihiin dheegasho ka dibbirsan adduun-aragga dad kale. Muuq Soomaaliyeed iyo maan Yurubiyaan oo ismoog weeye.

Dhaqannadu waa ay ku kala duwan yihiin sheekada iyo qaabkeeda. Maraykanka iyo Ingiriiska oo isku af ku hadla sheekooyinkoodu waa ay kala duwan yihiin. Sheekadaadu waa in ay noqotaa sheeko Soomaaliyeed oo leh sawrac Soomaaliyeed, ee aadan sheeko Ingiriis ama Jarmal ama Ruush ku qorin af Soomaali, taas oo ay jilayaan dad wata magacyo Soomaaliyeed. Haddii kale tarjumaan iska noqo!

Sida wanaagga aad ka tagtaa uu xitaa geeridaada dabadeed miisaankaaga xasanaadka ugu biirayo, ayaa xumihii aad ka tagtaana kuugu qormayaa. Maanta bulshadeennu ma joogto xilli aanooyin hore la soo faadh-faadho. Xisaabtan uma baahnin, ee waxa aynu u baahan nahay cafis iyo laab xaadhnaan. Qoraalkaagu waa in uusan noqonnin mid dab huriya, nabarro sii bogsanayayna danqa oo iin kiciya.

Ismaaciil Mire oo Cali-Dhuux la hadlayaa waa kii lahaa:

"Kumana diirsan maansadu hadday dunida aafayne
Duunkaaga kuma suubbanayn diradiraaluhuye
Allaylehe denbaab lama hadlee kulama doonayne

Dalkoo nabad ah baad uumiyaha belo la doontaaye
Dal dhan buu gubaa qaraf yaroo duur la geliyaaye
Dooxooyin idil bay xushaa digo hulaaqdaaye."

—Ismaaciil Mire: Guba.

"Deelleyda maansada markay damacdo laabtaadu,
Dembi inuuyan kaa raacin baa lagu dedaalaaye,
Dibnahaaga lamo baro mid aan lagu daawoobayne,
Dabna laguma sii shido inaad demiso mooyaane."

—Abshir Bacadle: Dibuheshiisiin.

"Dadku siigga dida maaha
Sogob iyo ri' weyn maaha
Sumal iyo laxdiis maaha
Rati iyo sabeen maaha
Falka iyo sugnaantiisa
Socodkiyo abbaartiisa
Dhaqan sida xishoodkiisa
Dabar iyo silsilad haysa
Iyo suun ma dhaafaan ah
Wuxuu soofka xoolaaba
Kaga soocan yahay weeye
Waxan uga socdaa heedhe

Naftu seeto yey waayin
Hana falin sidaad doonto,
Hadalkana sar weedhiisa
Una saaf qofkii waaya
Ha ka tegin sarbeebtiisa
...
Hana odhan wax sawliila."

—Hadraawi: Sirta Nolosha.

"[Suugaantu haddii ay siddo] wax dhaqanka hoos u dhigaya, aadaabta xumaynaya, akhlaaqda liidaya, qaarka hoose ee banii aadamka uun ka warramaya, waa wax liita markaa, qiimo badanna ma samaynay[s]o.

Aadanuhu qiyam uu wada waafaqsan yahay ayaa jira oo caddaalad leh, oo xorriyad leh, oo iimaan leh, oo fadiilo leh, oo geesinnimo leh, oo deeqsinimo leh, oo dulqaad leh, oo sabir leh. Wax uu banii aadamku wada xumo u arkaa jira oo anaaninnimo ah, oo bakhaylnimo, dhabcaalnimo, islaweyni, kibir, istus, ismaqashiin. Wax uu fasirkiisa isku khilaafaa jira, tusaale ahaan, dagaalku ma wax fiican baa mise waa wax xun?

Dagaalku waa wasiilo oo waxa uu ku xidhan yahay haddii xaq iyo caddaalad lagu sugayo—wax fiican baa uu noqonayaa; waxa uu noqonayaa qalliinkii jidhka ee aan laga maarmaynin oo kale. Dhakhtarku mar baa uu ku qancaa in uu mindi ku mariyo sow ma aha? Laakiin mindidatan waxaa loo arkaa in ay mustaqbal fiican ku gaadhsiinayso. Waxaa laga maarmi waayey inta lagu qalo in hilibkaaga wax ka mid ah la tuuro si intaada kale aad u caafimaaddo. Dagaalku markaa mar baa uu yahay khayr. Marna waa hamajinnimo; waa xayawaannimo.

Nabaddu mar baa ay xun tahay. Nabaddu marka ay addoonsi keento, marka aad isdhiibto, nabaddu qiimo ma leh. Mar baa ay fiican tahay. Asalka aadanuhu in uu horumar samayn karaa waxa ay ku xidhan tahay in uu nabad helo oo degganaanshiiyo helo. [Suugaantu] waa waxa waxaa lagu qurxiyo. Waa waxa marna nabadda fiican ku tusin kara, marna nabadda xun ku dhadhansiin kara. [Suugaanta] labo shay baa [ay] ka warra[nt]aa baa ay yidhaahdaan: xaqa iyo jamaalka. Xaqu sidiisa ayaa uu u qurux badan yahay. Qiyamka xaqa ahi sidooda ayaa ay u qurux badan yihiin. Jamaalkuna waa dhadhan banii aadamka Ilaahay ku abuuray."

—Sheekh Mustafe X. Ismaaciil.[2]

Alle waa Jamiil quruxdana waa uu jecel yahay.

وَلَكُمْ فِيهَا جَمَالٌ حِينَ تُرِيحُونَ وَحِينَ تَسْرَحُونَ ۝

وَلَقَدْ جَعَلْنَا فِي السَّمَاءِ بُرُوجًا وَزَيَّنَّاهَا لِلنَّاظِرِينَ ۝

وَلَقَدْ زَيَّنَّا السَّمَاءَ الدُّنْيَا بِمَصَابِيحَ

---

2 FG: Qoraalkan asalkiisu waa muxaadaro uu Sheekh Mustafe ka akhriyay Istokholm habeenkii Jimcaha ee 2-dii Disambar, 2016 (3 Rabiicul Awal 1438). Sheekhu waxa uu adeegsaday ereyga *Adab* oo suugaan u dhigma. Markaa ereygii af Soomaaliga ahaa ayaa aan [galiyay] ereyadii isbeddelayna waa aan toosiyay.

*"Qurxi hadalka aad tiri,
Qarbaboosh ma fiicna e,"*

—Sayid Maxamed.

Gaalnimo la soo tebiyo laguma gaaloobo.

ناقل الكفر ليس بكافر

Hadalku waa sidii loo dhigo. Alle SWT in bakhiilnimo iyo saboolnimo lagu tilmaamaa waa anshax xumo meeshii u dambaysay. Laakiin Qur'aanka ayaa laga dhex helayaa aayado ereyadaasi ku jiraan. Qur'aanku waxa uu ka faalloonayaa Yahuuddii beeniyay Anbiyada iyo heerkii ay edebdarrada iyo anshax xumada ka gaadheen. Waa digniin iyo in xumaha la iska tallaalo. Qur'aanku dadka ma carruureeyo oo adduunka waxa ka jira kama daboolo, laakiin wixii xun waxa uu u dhigaa qaab qofku wax ku qaato oo qofkii waano raba ka tallaala xumahaa laga hadlay, siiyana fahankii saxnaa ee uu kaga hortagi lahaa midka qaldan. Markii ay dhaheen Alle gacantiisu waa ay xidhan tahay oo waxba ma bixiyo, Alle waa uu lacnaday hadalkooda awgii, ciqaabo kale oo la mariyayna waa la innoo sheegay. Taas macnaheedu waa in aan ka dheeraanno hadalkaas oo kale.

Ka dibna waxa ay aayaddu innoo sheegaysaa deeqsinnimada Alle.

وَقَالَتِ الْيَهُودُ يَدُ اللَّهِ مَغْلُولَةٌ ۚ غُلَّتْ أَيْدِيهِمْ وَلُعِنُوا بِمَا قَالُوا ۘ بَلْ يَدَاهُ مَبْسُوطَتَانِ يُنفِقُ كَيْفَ يَشَاءُ ۚ وَلَيَزِيدَنَّ كَثِيرًا مِّنْهُم مَّا أُنزِلَ إِلَيْكَ مِن رَّبِّكَ طُغْيَانًا وَكُفْرًا ۚ وَأَلْقَيْنَا بَيْنَهُمُ الْعَدَاوَةَ وَالْبَغْضَاءَ إِلَىٰ يَوْمِ الْقِيَامَةِ ۚ كُلَّمَا أَوْقَدُوا نَارًا لِّلْحَرْبِ أَطْفَأَهَا اللَّهُ ۚ وَيَسْعَوْنَ فِي الْأَرْضِ فَسَادًا ۚ وَاللَّهُ لَا يُحِبُّ الْمُفْسِدِينَ ﴿٦٤﴾

Mar kale Alle waxa uu innoo sheegayaa kuwo yidhi Alle waa sabool annaguna hodan baa aanu nahay. Waxa ay ku hadleen iyo nebiyadii ay dileenba waa loo qorayaa, hadhowna waxaa la odhanayaa dhadhamiya cadaabka gubitaanka.

لَّقَدْ سَمِعَ اللَّهُ قَوْلَ الَّذِينَ قَالُوا إِنَّ اللَّهَ فَقِيرٌ وَنَحْنُ أَغْنِيَاءُ ۘ سَنَكْتُبُ مَا قَالُوا وَقَتْلَهُمُ الْأَنبِيَاءَ بِغَيْرِ حَقٍّ وَنَقُولُ ذُوقُوا عَذَابَ الْحَرِيقِ ﴿١٨١﴾

تَكَادُ السَّمَاوَاتُ يَتَفَطَّرْنَ مِنْهُ وَتَنشَقُّ الْأَرْضُ وَتَخِرُّ الْجِبَالُ هَدًّا ﴿٩٠﴾ أَن دَعَوْا لِلرَّحْمَٰنِ وَلَدًا ﴿٩١﴾ وَمَا يَنبَغِي لِلرَّحْمَٰنِ أَن يَتَّخِذَ وَلَدًا ﴿٩٢﴾

Cirkii baa dildillaaci gaadhay, dhulkii baa ku dhowaaday in uu kala dhambalmo, buurihiina in ay dumaan ayaa ay ku sigteen. Maxaa musiibada intaas le'eg sababi gaadhay? Alle ayaa ay u sheegeen in Uu dhalay wiil. Raxmaankana kuma habboona in Uu wiil yeesho.

Mar kale ilaahnimadii ayaa lagu qabsaday. Waa tii Fircoon yidhi: Aniga ayaa ah Rabbigiinna sarreeya. Markaas ayaa Alle adduun iyo aakhiraba ku ciqaabay. Taasna cibro qaadasho ayaa ugu sugan qofkii cabsanaya.

فَقَالَ أَنَا رَبُّكُمُ الْأَعْلَىٰ ۝ فَأَخَذَهُ اللَّهُ نَكَالَ الْآخِرَةِ وَالْأُولَىٰ ۝
إِنَّ فِي ذَٰلِكَ لَعِبْرَةً لِّمَن يَخْشَىٰ ۝

Isbarbardhig:
'*Faylasuufkii weynaa ee cabqariga ahaa waa kii yidhi: Alle wuu dhintay.*' —sida hadalkani u dhigan yahay waxa ay ka tarjumaysaa ka raalli ahaansho iyo la dhacsanaanta edebdarrada hadalku xambaarsan yahay.

'*Aadane hadaltiro looga maaro waaye, Niije oo ahaa faylasuuf caan ku ahaa falsafad wareersan ayaa yidhi: Alle wuu dhintay.*'

Niije isaga oo waalan ayaa ay hooyadii iyo walaashii hayeen. Waallidii ayaana uu ku dhintay.

NUUN 192

QALAB QAADASHO

NUUN 194

ISDIYAARIN

Galka Maandhurka

Waxa aan soo marnay ahmiyadda ay leedahay in xilliga akhriska wixii mudan in meel lagu qorto. Laakiin waxaa dhacaysa adiga oo aan waxba akhrinayn, oo laga yaabo in aad suuqa dhex maraysid ama hawl kale ku jirtid, ay wax kugu soo dhacaan; aad xusuusato wax ay tahay in aad meel ku qortid; wax aad akhriday kugu soo maaxo oo kugu dhaliyo fikrad.

Qoraal aad wadday wax la xidhiidha ayaa kugu soo dhici kara, wax aad aragtay ama maqashay ayaa aad u baahan kartaa in aad kaydsatid… sidaas awgeed, mar kasta waa in aad haysataa qalab aad wax ku qoran kartid, buug yar oo aad jeebka ku ridatid, warqad, telefoon, iwm. Qalinka iyo warqadda ayaa marar badan ka wanaagsan qalabka dhijital ahaan qoraalka kuugu kaydinaya.

Ha isku hallayn xusuusta ee qalinka ku duug.

العلم صيد و الكتابة قيده ...قيد صيودك بالحبال الواثقة
فمن الحماقة أن تصيد غزالة ... وتتركها بين الخلائق طالقة

Imaam Shaafici waxa uu yidhi: aqoontu waa ugaadh qoraalkuna waa dabarkeediye, ugaadhaada ku dabar xadhko adag; doqonnimada waxaa ka mid ah in aad deero ugaadhsato, dabadeedna iyada oo aan dabranayn aad dadka ku sii dhexdayso.

Ibnul Jawzi kitaab dhan baa uu ka allifay waxyaalihii maankiisa ku soo dhacayay, waxa uuna u bixiyay ugaadhsiga maanka (صيد الخاطر), dadka qaarna ku Soomaaliyeeyeen: maandhur. Waxa uu leeyahay marar badan baa waxyaalo muhiim ahi igu soo dhaceen, oo aan ka mashquulay in aan qoro, sidaana faa'iidadii igu dhaaftay, oo aan dabadeed ka murugooday. Mar kasta oo aan yara fekero waxyaalo cajiib ah oo aanan ku xisaabtamayn baa igu soo dhaca kuwaas oo aysan habboonayn in la baylihiyo, sidaas awgeedna buuggan ayaa aan ku dabrayaa wixii aan maanka ka ugaadhsaday.[1]

Taabiciigii weynaa ee Cabdullaahi Ibnu Dakwaan (ﺪ) ayaa mar uu ka hadlayay Ibnu Shihaab az-Zuhri, waxa uu yidhi: markii aanu ardayda ahayn waxa aanu qoran jirnay aqoonta ku saabsan xalaasha iyo xaaraanta, laakiin Ibnu Shihaab wax kasta oo uu maqlo waa uu qoran jiray, oo loox iyo waraaqo isaga oo wata marka aan aragno ayaa aan ku qosli jirnay, laakiin markii aqoontiisii loo baahday baa aan gartay in uu yahay midka dadka ugu cilmiga badan[2]. Lagu qoslaba loo aayee. Ha u joojin kuwa kugu mashquuli doona ee buugaagtaada, boorsadaada, iyo waraaqahaaga wax ka sheegi doona.

Waana tii aynu soo marnay Khaliil ibnu Axmad al-Faraahiidii oo leh markii uu naxwaha ka hadlayay: inta loo baahan yahay lama gaadhayo ilaa la barto in aan loo baahnayn. Caadi ahaanna, wixii aan la'aantiis la gaadhayn waajibka loo baahan yahay isna waajib ayaa uu noqdaa.[3]

Inta aadan waxba qorin, baadhitaan ku samee mawduuca aad rabtid in aad wax ka qortid. Wax badan akhri, kuna dedaal in aad meel ku qoratid qodobbada muhiimka ah ee aad isleedahay xidhiidh ayaa ay la leeyihiin mawduucaaga. Xigasho kasta ku ag qor tixraaceeda si aadan u illaawin meeshii/boggii aad ka heshay.

Marka aad urursato xogtii aad u baahnayd, waa in aad ka fekertaa qaabkii aad xogtaa qaydhiinka (cayriinka) ah u bislayn lahayd, ee aad uga soo saari lahayd qoraal macaan oo meeshii loogu talagalay taabta. Haddaba, curisku waa in uu leeyahay dun xogtiisa isku xidha oo isu haysa, iyo meel uu isugu biyo shubto (biyadhac).

Qodobbo kala socda oo midba ujeeddo gaar ah bixinayo, oo ereyo xidhiidhiyayaal ah loo dhexaysiiyay, ma noqdaan qoraal wanaagsan. Waa in qodobba qodobka uu ka dambeeyo xidhiidh toos ah la leeyahay gundhigga qoraalka, oo sidii tallaabooyinka jaranjarrada uu midba midka kale kuu gudbiyaa.

Goobta

"وليكن لك مكان في بيتك تخلو فيه، وتحادث سطور كتبك ، وتجري في حلبات فكرك. واجتهد في كسب يعفك عن الطمع." - ابن الجوزي.

Ibnul Jawzii waxa uu leeyahay: gurigaaga ka samayso meel aad nafta kula keliyooto, sadarrada buugaagtaadana aad kula sheekaysatid, oo aad ku dhex mushaaxdid degellada fekerkaaga. Kuna dedaal xoogsi kaa dhowra damaca.

Samayso goob aad wax ku qortid, qasabna ma aha in aad qol gaar ah heshid e, nin tuur leh tab uu u seexdo ma waayo.

Goorta

Qoraalku waa hawl u baahan waqti iyo maan soo jeeda. Haddii aad rabtid in aad wax qortid, waa in aad waqti iyo dedaal galisaa. Waa xirfad u baahan barasho, tababbarasho, ... ee wixii ay kaaga baahato u dhabar-adayg oo ku dedaal. Ha sugin qoraal kuu yimaadda sidii waxyi, ee shaqee. Sida shaqooyinka kale, waxa uu kaaga baahan yahay in aad u qoondaysid goor iyo goob ku habboon oo aad dedaal galisid. Dad badan oo in ay wax qoraan ku fekera laakiin aan kaga midhadhalin waxa curyaaminayaa waa in aysan qoraalka u aqoonsan hawl la mid ah hawlaha kale oo u baahan in waqti la galiyo lana bilaabo ee aan maanka uun lagu hayn. Dadka qaarna qoraalkii waxa ay ka dhigteen sidii in la yidhi buurtaa meeshaa ka qaad oo halkaa dhig, ama maroodigaa hal mar liq!

Waa dhibaato in waxa heerkiisii la dhaafiyo oo la weyneeyo ama la xaqiro. Marna niyadjab ayaa hawlgab kaa dhigaya, marna isdhigashaa ku curyaaminaysa. Dedaalaa waa gaadhaa, kun tallaabana hal ayaa ay ka bilowdaan.

Inta ay kulushahay fikraddu ka faa'iidayso oo waqti fiican sii, oo qaabee inta aysan adkaan. Bilowga haddii aad waqti fiican siisid, hadhow marba in yar waa aad ku dari kartaa oo waa hawl aad qaabaysay jihada ay u socotaana ay kuu qeexan tahay.

Qorayaasha qaar ayaa muddo cayiman u go'a hawsha qoraalka oo xitaa mararka qaar keligood taga meel aan cid mashquulisaa joogin. Qaar waxa ay samaystaan meel qoraalka u gaar ah oo gurigooda ka baxsan, halka qaar miyi cidla' ah u baxaan, amaba dal kale aadaan inta ay qoraalka ku mashquulsan yihiin. Ibnu Khalduun markii uu siyaasadda ka baxay, waxa uu khalwo ku galay qalcad meel cidla' ah ku taallay (hadda ka tirsan dalka al-Jasaa'ir). Qoraalkii hore ee Muqaddimadiisa waxa uu ku dhammeeyay shan bilood gudahood, intii uusan tifaftirin. Afartii sano ee uu halkaa joogayna waxa uu qoray kitaabkiisa taariikhda ee ay Muqaddimadu hordhaca u tahay.[4]

Imaam Bayhaqi ayaa isna magaalooyinkii waaweynaa ee cilmiga iyo culamada inta uu tagay oo aqoontii uu heli karay ka soo qaatay, waxa uu isku go'doomiyay tuuladiisii halkaas oo uu ku qoray kutubtiisa qiimaha badan. Dahabi waxa uu tirinayaa kitaabbo badan oo qaarkood 10 qaybood (mujallad) yihiin ilaa iyo haddana loo adeegsado tixraac asaasi ah dhanka xadiiska iyo fiqhiga Shaaficiyada. Waa

---

4 Al-Muqaddimah, 1/74.

kutubta uu Juwayni leeyahay Bayhaqi waa faqiiha keli ah ee Shaafici ugu manno sheegan kara in uu mad-habkiisa u hiiliyay. Dahabi waxa uu leeyahay: Bayhaqi cilmiga waxa uu ka joogay heer uu samaysan karay mad-hab u gaar ah.

In sidaa Ibnu Khalduun muddo yar loo firaaqoobo qoraalka koowaad oo hal mar oo xidhiidhsan la isku dubbarido, faa'iidadeeda ayaa ay leedahay. Laakiin cid kastaa ma awooddo, mawduuc kastana sidaa looma qori karo. Si kastaba, muddo dheer ha ka maqnaan qoraalka haddii kale la qabsigiisu waa uu adkaanayaa, in mawduucii iyo isku habayntii fikraduhu kala dhantaalmaanna waa suuragal, dardartii iyo xiisihiina waa ay lumayaan. Joogtee in yarba ha noqoto e. Caa'isha RC waxa ay Nebiga scw ka soo warisay in uu yidhi: Alle waxa uu jecel yahay falka la joogteeyo haba yaraado e, mana aha in qofku isa saaro wax uusan qaadi karin.

سئل النبي - صلى الله عليه وسلم -: أي الأعمال أحب إلى الله؟ قال: أدومها وإن قل. وقال: اكلفوا من الأعمال ما تطيقون.

Hilib geel yaryaraysi baa lagu cunaa. Haddii kale waa lagu merganayaa. Daadka rogmadaa waxa uu ka dhashaa dhibcaha roobka ee yaryar, buurahaa waaweynna waa ciid iyo quruurux isbiirsaday. Qorshayso hawsha qoralka oo u kala sooc qaybo aad ku fulin kartid waqtiga aad haysid. Haddii aad maalin kasta waqti siin kartid, hawl waqtigaa ku filan u qorshee. Haddii aad hal maalin u qoondaysay, qoraal ku filan dhammaystir. Subax iyo sadar, subax baa badan, laakiin, sida Cumar RC yidhi: awooddu waa in aadan hawshii maanta u dib dhigin berri.

القوة ألا تؤخر عمل اليوم إلى الغد.

Berri waxa ay leedahay hawlo kale.

"Seben tagey mid weli soo socdiyo saaka waxa jooga
Seddexdaa wakhtaa xaal adduun lagu sifeeyaaye
Soo noqodna ma leh wixii saatifoo saaka kaa tegaye
Waxa saaddambeetiyo berrina waa su'aal maqane
Waxay taladu kuu suubban tahay subaxaad joogtaaye
Haddiise ay ku seegto oo arrini sibiq yar kuu dhaafto
Tolow maan sidaa falo ma jiro waxay samaysaaye
Waana sababe tawfiiqdu waa suu Ilaah yidhiye."

—Xaaji Aadan: Seben tagay.

🌿

Waxa ay xirfadleyda qoraalku ku taliyaan in qofku yeesho qoondo qoraal oo maalinle ah. Hal bog, labo bog, shan bog; shan boqol oo erey, kun erey, labo kun oo erey... iwm. Ama saacad gudaheed ku qor ama toban saacadood la fadhi e, intii aad qoondasatay ilaa aad qortid fasax ma tihid oo shaqadii maalintaa ma aadan dhammayn. Adiga oo qorshaha berri kuu diyaar yahay seexo si aad subixiiba hawsha u gasho iyada oo aan waqti kaaga lumin: maxaan qabtaa? Ballan fiid kallahaad arooryo ayay leedahay, sow Soomaalidii hore ma odhan. Aroortu barako gaar ah ayaa ay leedahay oo waa tii Nebigu scw ku duceeyay: Alloow ummaddayda u barakee kallahaadda arooryo (اللهم بارك لأمتي في بكورها). Laakiin dadku isku wada mid ma aha oo qaar baa habeenkii uun wax qora, waana xilli halabuurka u wanaagsan.

$$\text{إِنَّ نَاشِئَةَ اللَّيْلِ هِيَ أَشَدُّ وَطْئًا وَأَقْوَمُ قِيلًا}$$

Labo kun oo erey wax weyn ma aha marka loo fiiriyo Dabari, Ibnu Caqiil, Ibnul Jawzi, Baaqillaani, Ibnu Casaakir, iyo kuwo kale.

Abuu Jacfar ad-Dabari ayaa ardaydiisii ku yidhi: tamar ma u haysaan tafsiirka Qur'aanka in aan idiin yeedhiyo? Intee ayaa uu le'ekaanayaa? Ayaa ay weydiiyeen. Soddon kun oo warqadood! Waxa ay ugu jawaabeen: yaaba nolol ku gaadhaya dhammaadkiisa! Markaas ayaa uu ugu soo gaabiyay ilaa saddex kun oo warqadood (10%), waxa uuna ku yeedhiyay toddoba sano (283H - 290H).

Mar kale ayaa uu weydiiyay in ay xiisaynayaan taariikhda adduuunka laga soo bilaabo Nebi Aadam cs ilaa waqtigiisii. Intee baa uu qaadanayaa? Ayaa ay weydiiyeen. Sidii uu tafsiirka u rabay baa uu ugu jawaabay, iyaguna in aan nolol lagu gaadhayn dhammaadkiisa ayaa ay sheegeen. "Innaa lillaah! Hankii dhimay!" inta uu yidhi ayaa waxa uu ku soo gaabiyay intii tafsiirka oo kale.

Tafsiirkaas Dabari hadda madbacadaha qaar waxa ay ku daabaceen 27 mujallad. Taariikhda waxa uu dhammeeyay 303H. Taariikhdaasna markii Ingiriisi loo tarjumay waxa ay noqotay 10628 bog (toban kun lix boqol iyo labaatan iyo siddeed), waxa ayna qaadatay 1985 ilaa 1999. Qaybtii ugu dambaysay oo ah ereytuska (index, فهرس) waxa ay soo baxday 2007. Guud ahaanna waa 40 mujallad waxaana isugu tagay ilaa 30 tarjumaan, iyo labo qof oo u sameeyay ereytuska.

Geeridiisii ka dib, ardaydiisii baa waxsoosaarkiisi qoraal iyo da'diisi (laga bilaabo qaangaadhkii; 14-jir) isu eegay. Waxa uu ku geeriyooday 86-jir (224H - 310H). Waraaqihii kutubtiisa iyo sannadihii (72 sano) markii ay isu qaybiyeen, waxaa u soo baxday 14 warqadood maalintii. Wadarta waraaquhuna waa 358,000.

Isaga oo geeridii qarka u saaran ayaa duco loo sheegay, markaas ayaa uu qalin iyo warqad codsaday kuna qortay. Ma adiga oo xaaladdan ku sugan baa aad wax qoraysaa markii la yidhina, waxa uu ku warceliyay: qofku waa in uusan aqoon ururiga joojin ilaa geerida!

Ibnu Shaahiin (297H - 385H) waxa uu ka tagay 300 oo qoraal. Tafsiirkiisu waa kun qaybood oo buuxinaya in ka badan labaatan mujallad, kitaabkiisa *musnad*-ka xadiiskuna waa kun iyo saddex boqol oo qaybood, halka midka taariikhdu yahay kun iyo shan boqol oo qaybood. Suhdigana waxa uu ka qoray kitaab boqol qaybood ah. Waxa uu yidhi: khadkii aan iibsaday ilaa hadda waa 700 oo dirham. Xilligaa afartii rodol ayaa hal dirham ahayd markaa 700 oo dirham waxa ay u goynaysay 2800 oo rodol oo khad ah, hadalkaa ka dibna muddo ayaa uu wax sii qorayay.

Abuu Bakar al-Baaqillaani (338H - 403H) ma seexan jirin ilaa uu dhammeeyo qoondadiisa qoraal oo ahayd 35 warqadood. Waxa aynuna soo marnay in Juwayni xifdiyay labo iyo toban kun oo warqadood oo ka mid ah kutubtii Baaqillaani. Juwayni qudhiisu ma seexan jirin ilaa hurdo qabato, waxna ma cuni jirin ilaa uu gaajoodo, oo marka uu ku qasbanaado uun buu hurdo iyo cunto raadsan jiray ee wax waqti ugu nidaamsan ma aysan ahayn.

Qasaali (450H - 505H) qoraalladiisa iyo da'diisii marka la isu qaybiyo waxaa isna soo baxaysa in uu celcelis ahaan maalintii qori jiray ilaa 40 warqadood.

Ibnu Casaakir (499H - 571H) kutubtiisa waxaa ugu weyn *Taariikhu Dimashq*. Waa 80 mujallad sida uu hadda u daabacan yahay. Waxa uu asal ahaan ka koobnaa 800 oo qaybood oo midkiiba qiyaastii yahay 20 warqadood; waa lix iyo toban kun oo warqadood, ama ilaa soddon iyo labo kun oo bog.

Culamadii kitaabka ka faallootay mid ka mid ahi waxa uu yidhi: waxa aad mooddaa in uu qoriddiisa go'aansaday maalintii uu garaadsaday oo uu ilaa amminkaa ururinayay— illeen cimriga insaanku ma gaadhayo in qofku waxaas oo kale isu keeno iyada oo mashquul kale jiro e.

Waxaa xusid mudan in kutubta kale ee Ibnu Casaakir ay konton ka badan yihiin.

Ibnul Jawzi (508H - 597H; 89 sano jir) waxa uu ka mid yahay culamadii ugu qoraalka badnaa, aadna caanka ugu ahaa ilaalinta iyo ka faa'iidaysiga waqtiga. Waxa uu qoray ilaa 500 oo qoraal oo midkood yahay kitaab weyn oo 18 mujallad ah. Qalimmadii uu qorayay xashiishkoodii oo uu kaydiyay ayaa uu ku dardaarmay in xaabo looga dhigo biyaha maydkiisa lagu maydhayo, waxaana la sheegaa in wax ka soo hadheen. Talooyinkiisii waqti ilaalinta waxaa ka mid ah: hawlaha aan feker badan kaaga baahnayn u diyaarso xilliga martidu kuu timaaddo, oo adiga oo u sheekaynaya qalimmadaada qoro oo diyaarso, si aan waqti kaaga lumin, illeen dadkii wareeg iyo hadal badni baa lagu falaye! Celcelis ahaan maalintii waxa uu qori jiray ilaa 40 warqadood.

Waxsoosaarka intan le'eg waxa aad ku qiimaysaa in

warqadda iyo khaddu ay qaali ahaayeen, qalinka wax lagu qorayaana ahaa qori khadka la darayo, haddii qorraxdu dhacdana ilays fiican uusan jirin. Hadda waxa aynu haysannaa kombuyuutar, telefoon, internet baadhitaan nooc kasta ah loo adeegsan karo oo fududaynaya, intaas oo buug iyo tixraac kale oo diyaar ah... haddana ...!

Qoraalladan badan macnahoodu ma aha in ay bishiiba kitaab soo saari jireen e, kutub badan ayaa sannado aan yarayn qaatay. *Saxiixul Bukhaari* waxa uu qaatay lix iyo toban sano oo ururin iyo habayn ah. Ibnu Xajar markii uu ku sharxay *Fatxul Baarii*, waxa uu waday shan iyo labaatan sano. Al-Mizi kitaabkiisa *Tahdiibul Kamaal* waxa uu waday lix iyo toban sano. Halka Asbahaani uu *Kitaabul Aqaanii* qorayay muddo konton sano ah, waana dhawr iyo labaatan mujallad.

Qaamuus

Qoraalku waa ereyo la isu geeyay. Higgaad, astaamayn, qurxin, ... farriin, nuxur, murti, ... wax kastaa waxa ay ku xidhan yihiin ereyada iyo sida qoraagu u adeegsado.

Sidaas awgeed, qoraagu waa in uu la saaxiibaa ereyada oo uu macnahooda, muggooda, iyo adeegsigooda habboonba ku dedaalaa. Ereyga macnihiisa in qoraagu gartaa kuma filna e waxaa loo baahan yahay in adeegsigiisa iyo waxa akhristuhu ka fahmayo maanka lagu hayo.

Dhalid iyo *ummulid* waa isku macne, laakiin waxa ay ku kala duwan yihiin adeegsiga. *Raxan* iyo *koox* waxa ay ku kala duwan yihiin adeegsiga. *Fikrad* iyo *aragti* isku macne ma aha mar kasta. Aragtidaydu waa ... (رأي/ *opinion*); fikrad baa igu soo dhacday (*idea*). Gabay waa la *tiriyaa*, hees waa la *qaadaa*, qoraalna waa la *akhriyaa*.

Xoog u yar iyo *aad u yar* la iskuma beddelan karo mar kasta. Diyaaradi waa ay *dhacdaa*, baabuurkuna waa uu *gaddoomaa* ama *qallibmaa*.

"Si dadka oo aan badanaa wax qorin waxna akhriyin farta cusub loo baro..." *badanaa* sax ma aha e, waxaa ka qumman *badi*, *badankoodu*, iwm.

Qoraagu waa in uu iska dhisaa aqoontiisa afka oo uu ereyada weheshadaa. Waa waxa uu ku hawlgalo haddii uusan aqoon fiican u lahaynna waa ay muuqanaysaa.

Gaarriye waxa uu yidhi: fekerkaaga iyo suuraysigaagu waxa ay ku xadaysmayaan ereyada aad taqaanno. Sida aad wax u tilmaami kartid ee aad uga hadli kartaa waxa ay ku xidhan tahay adeegsigaaga afka iyo ereyadiisa.

$$\text{وَعَلَّمَ آدَمَ الْأَسْمَاءَ كُلَّهَا ثُمَّ عَرَضَهُمْ عَلَى الْمَلَائِكَةِ فَقَالَ أَنبِئُونِي بِأَسْمَاءِ هَٰؤُلَاءِ إِن كُنتُمْ صَادِقِينَ}$$

Nebi Aadan cs waxaa la baray magacyadii oo dhan, taas oo u suuragalisay in uu wax fahmo, awoodna u yeesho in uu dareenkiisa cabbiro oo uu hadlo.

Tayada qoraalkaagu waxa ay la kobcaysaa tirada ereyada ku habboon ee loo adeegsaday. Taas macnaheedu ma aha in aad u baahan tahay ereyo badan mar kasta, ee haddii aad aqoontii ereyada leedahay, ereygii ugu habboonaa ayaa aan kaa dheerayn oo laga yaabaa in aad kaga maarantid sadarro badan.

Afkeennu meelaha uu aadka hodanka uga yahay waxaa

ka mid ah tilmaanta socodka xaaladdiisa (dhalandhool, hayaan, habaqle, ...), qaabkiisa (cagajiid, luud, hadaaf, ...), iyo weliba xilligiisa (jarmaadid, carraabid, dheelmid, ...). Dhawr erey oo aad socod ku tilmaami lahayd waxaa kaaga filan: *kallahaad*, *baqool*, iwm, adiga oo adeegsada. Baro afkaaga si aad halabuurkaaga nuxur ugu yeeshid.

Qoraa ahaan, waa in aan qaamuusku agtaada ka dheeraan. Isku day in aad qaamuus fiican ugu yaraan hal mar wada akhridid. Ereyga *loxos* markii iigu horraysay ee aan qaamuuska ku arkay waxa aanba moodayay af Giriig!

Marka arday bilaa qalin ahi fasalka yimaaddo, macallinkaygu waxa uu odhan jiray: arday bilaa qalin ahi waa askari bilaa qori ah. Waxaa la mid ah qoraa ama tifaftire bilaa qaamuus ah.

Waxaa jira ereyo leh macnayaal isku lid ah, laakiin adeegsigoodu kala saaro. Buugga *Dhabannahays* tifaftirkiisii ayaa waxa aan arkay qoraaga oo adeegsaday "*laqdabo*" aniguna waxa aan u aqaannay *ladqabo*. Laqdabo iyo ladqabo qaamuuska ka eeg. Qaamuuska Mansuur iyo Puglielli:

ladqabo m.dh 1. Dhexdhexaadin iyo maslaxo laga dhex dhaliyo dad dagaashan. 2. ld laqdabo.

laqdabo m.dh 1. Qiyaano; dhagar. 2. ld ladqabo (2).

Qoraagii baa aan ku noqday bal in aan beddelno. Laakiin qamuuska Keenadiid markii aan eegnay waxa uu ka dhigay isku macne. Waa arrin u baahan ka fiirsi iyo in aqoon loo lahaado sida ay qoraalka u saamayn karto. Sidaa oo kale, hal qaamuus ka badan ayaa aad u baahan tahay!

Waxaa jira ereyo sidan oo kale ah oo xarfaha qaarkood isdabo maraan ayna tahay in qoraagu ku baraarugsanaado wixii isku macne ah iyo wixii macnuhu isbeddelayo ama degaan ku kooban. Suxul, xusul, dawaco, dacawo, danqasho, daqnasho, ..iwm.

Ereyada aadan aqoon ama aad isleedahay armaa ay ku anfacayaan meel ku qoro oo marka aad fursad heshid isha mari. Waxaa jira kiimikooyin la yidhaahdo qofkii la siiyo wixii uu qarinayay ayaa uu sheegaa oo afka isku dari maayo (*truth serum*). Aniga oo qaamuuska akhrinaya ayaa aan helay ereyga *dalqamiso* oo u dhigma. Ereyga *ilbaadsi* ka raadi qaamuuska (*surveillance*). Ereyga Ingiriisiga ah ee *queue* (kiyuu) waxa aynu u af Soomaaliyaynay *kayuu*, laakiin loomaba baahnayn oo *qoode* ayaa innoo buuxin karay haddii macnihiisa la ballaadhiyo.

Isku day in aad heshid cid adeegsatay ereyga iyo qaabka ay u adeegsadeen. Waxaa jira ereyo degaannadu aysan wadaagin ama macnahoodu isla beddelo degaanka. Waxaa jira ereyo dadka iyo xoolaha u kala soocan. Waxaa jira ereyo ku kooban xaalado gaar ah ama adeegsigoodu isla beddelo qaabka ay ugu jiraan qoraalka. *Guryo noqosho* waxa ay la qurux badnaatay dhalinyaro saxaafadda iska galay, laakiin aan aqoon in macnaheedu ka duwan yahay sida ay u adeegsadeen. "*Sida uu ka dhawaajiyay*" ha qorin e, adeegso: sida uu yidhi/ tilmaamay/ sheegay, iwm. *Ayax ka soo ruqaansaday...* hadal qumman ma aha. Qof baa *afka furtay* macnaheedu waa in uu caytamay. Maxamed Baashe, AHUN, ayaa buuggiisa *Afka Hooyo Waa Hodan* ku faahfaahiyay waxa uu ugu yeedhay "Rifidda Afka"[5] ee halkaa ka eeg wixii dheeraad ah. Sidaa oo kale waxaa arrintan marar badan ka hadlay Axmed Faarax Cali Idaajaa, ereyada uu gaar u tilmaamana waxaa ka mid ah *beel*, *baaq*, *magacdarid*, iwm.

Buugaagta marka aad akhrinaysid u fiirso sida ay qorayaasha wax-ku-oolka ahi eryada u adeegsadaan. Ereygii aad ka hesho meel ku qoro macnihiisana baro haddii aadan aqoon.

Afkeennu tix baa uu ku kaydsan yahay e waa in aad suugaantaa ka ag dhowaataa oo aad ku celceshataa, maadaama qoraalka tiraabta ahi uu hadda uun madaxa la kacayo heli maysid buugaag badan oo tayadii la rabay leh oo aad ku tababbaratid, laakiin maansooyin aad u tiro badan baa innoo buuxa. Dhaxalkaa ku dedaal.

Qoraaga aqoonta fiican u leh afka, waxa uu awoodaa in uu ereyo cusub ama ereybixin cusub samaysto marka uu u baahdo. Markii loo baahday ereybixinno aqooneed iyo kuwo afcelinba, aqoonyahankii manaahijta qoray iyo warfidiyeennadii BBC-da Laanta af Soomaaliguba ereyo badan ayaa ay afka ku dareen oo ay ku hodmiyeen. Hortoodna waxaa afka hodmiyay culamadii dadka afkooda diinta ku barayay. Qoraaguna waa in uusan ka cabsan in uu erey cusub tumaaliyo haddii uu aqoonteedii leeyahay baahidiina jirto.

Qoraagu waa in uu isu arkaa in uu tiraab ku buuxin karo booskii dadkii hore tixdu ugu jirtay. Waa in uu maansayahannada kula tartamaa aqoonta iyo adeegsiga afka. Soomaalidu waa dad murtida jecel oo suugaan-dhaadhi

---

5 bb.191+

badan leh. Qoraagu waa in uu gartaa in ereyadiisa iyo murtida hadalkiisa haddii la qawado, ay farriinta buuggiisa iyo isaga sumcaddiisaba waxyeello u keenayso.

Sidaas awgeed, qoraagu waa in uu iska dhisaa afka iyo suugaanta.

༅

Qoraalku waa xirfad, sida xirfadaha kale ayaana uu u baahan yahay tababbarasho iyo dedaal badan. Waa heerar, dadkana waa uu u kala fudud yahay. Heer waa sida hadalka oo qof kastaa waa uu baran karaa. Heerna waa sida gabayga oo in yar baa hibadeeda leh. Qof walbana waxaa Alle u fududeeyay wixii loo abuuray,

كل ميسر لما خلق له.

"Alle la kala baryi og, ereyna la kala dhihi og."

Si kasta oo aad xareed macaan badan ugu oomman tahay, daadku marka uu soo rogmado haddii aad dhurato, qashin baa aad weelka ka buuxsanaysaa. Waa in aad sugtaa inta raaca hore ku dhaafayo ee ay biyuhu kala miirmayaan. Qoraalkuna waa sidaas oo kale. Waxa maskaxdaada ku jira kala miir. Huubada ka daadi. Tuubbooyinka nadiifi. Berkedda biyuhu kuugu dhacayaan sii maydh. Majaroorka ama gacanka sii xaadhxaadh, ka dibna xareedda ka dhereg.

Inta aad bilowga tahay, qoraalkaaga wax badani waa tuuris. Ha ka welwelin. Qor oo meel iska dhig. Haddana qor...qor...qor—adiga oo aan lulannin ha sugin in aad leeftid. Xaashaa! Haddii waxa kuugu horreeya ee aad qortaba aad mahadisid oo aad dadka la hor timaaddid, waa labo midkood: in aad tahay banii aadan jaad kale ah oo hibo Alle ku dhan tahay, iyo in aad tahay waxmagarato aan xishoonnin!

NUUN 212

QORITAAN

NUUN 214

QALINKAA WAX SUUREEYA...

Wax badan ayaa aad akhriday. Dareen baa ku galay oo wax baa kaa dhex guuxaya, in aad soo tuurtana waa aad rabtaa. Murti baa aad la foolnaysaa. Aragti loo aayo ayaa aad la ciirciiraysaa.

Qalin iyo waraaq baa ku horyaalla. 'Furahayeen' (*Keyboard*) xarfihii aad isku tixi lahayd ay ku dhan yihiin baa kaa hor muuqda. Halkeed wax ka bilowdaa?

Qoraalku ma laha qaaciidooyin lama-dhaafaan ah. Laakiin qoraalka wanaagsan iyo ka wareersan in la kala gartaa ma dhib badna. Nasiibdarro, qoraal wanaagsan sidii aad u qori lahayd cid 1,2,3... kuugu tibaaxi kartaa ma jirto oo dadku isku dhadhan iyo isku dareen toona ma aha.

Ka soo qaad in aad cunto karinaysid. Horta isweydii "Yaad u karinaysaa?" Ma keligaa? Ma reerka oo dhan? Carruur ma ku jirtaa? Basbaas ma cunaan? Aniga haddii aad i casuuntid basbaaska iigu roonow. Laakiin aniga iyo ilmihii sidee ayaa aad wax noogu wada karinaysaa? Ma labo digsi baa aad dabka saaraysaa? Waayeel ma ku jiraan inta cuntada loo karinayo? Cid dhiigkar qabta? Cusbada maxaad ka yeeli? Cid macaan qabtaa ma joogtaa?

Intaa sidee ayaa aad hal digsi wax ugu wada karinaysaa? Kee baa aad qancinaysaa oo aad ahmiyadda koowaad siinaysaa? Ma u kala karin?

Marka aad wax qoraysid, sidaas si la mid ah waa in aad uga fekertaa qoraalka aad "karinaysid". Isweydii waxa aad qoraysid iyo cidda aad wax u qoraysid. Wax uun iska qor yaa aysan kaa noqon. Isweydii: qoraalkaagu dadkaas ma ku habboon yahay? Sidee ayaa ay ula falgali doonaan? Sidee ayaa aad ugu xiise galin kartaa? Maxay jecel yihiin? Maxay neceb yihiin. Maxay oggol yihiin? Maxaa aysan marnaba aqbalaynin? Maxay tahay in ay ogaadaan? Maxaad u sheegaysaa? Maxaa dan ugu jirtaa? Maxaad ka dheefaysaa oo ku wada?

※

"Qalinkaa wax suureeya
Kugu sima halkaad doonto."

—Hadraawi: Sirta Nolosha.

Qoraa ahaan, waxa aad ka dhigan tahay qof wax uu keligii arkay raba in uu dad kale u tilmaamo isaga oo aan la joogin.

Qofka marka aad la joogtid waxyaalo badan ayaa hadalkaaga u raaca oo ka kaalmeeya in uu garto ujeeddadaada, sida habdhaca ereyada, codkaca, hakadka, meelaha aad xoogga saaraysid, dhaqdhaqaaqa wejigaaga iyo gacmahaaga, iwm. Falgal baa qofka idin ka dhexeeya oo wixii uu fahmi waayo waa uu ku weydiin karaa.

Marka aad ka maqan tahay ee aad farriintaada qoraal ku gudbinaysid, waa in aad kaabayaashaas dhawaaqa iyo dareenka booskoodii buuxisaa. Waa in aad ku dedaashaa in farriintaada loo fahmo sidii aad ugu talagashay.

Qoraalka wanaagsani waa midka farriintii u gudbiya sidii loogu talagalay. Waa midka ujeedkii qoraaga sidiisi ugu gudbiya akhristaha. Sidaas awgeed, talooyinka qoraalka la xidhiidha ku halbeeg baahida qoraalkaaga, oo haddii taladu ku anfici waydo ha isku qasbin e, qoraalkaaga dantiisa ka raac.

Haddii aad iska doondoonaysid ama aadan garanayn wixii aad wax ka qori lahayd, weli diyaar ma tihid. Dareen xooggan oo caabbintiisu ay adag tahay waa in uu qoraalka hagayo.

Mar baa halabuurka hummaag u sawirmaa ama sidii qof waxyi ku soo degay uu burqadaa murti, iyada oo aad mooddid in aan halabuurkaasi dooq iyo doorasho ku lahayn e meel kale laga hagayo qalinkiisa. Marna waa ka falcelinta dareen ku beermay iyo hindisidda iyo isku habaynta halabuur ka tarjuma dareenkaas.

Laakiin qof aan dooc iyo dareen qabin in uu dhaho wax baan halabuurayaa, waa isdaalin waxa ayna u badan tahay in uu meel dhow ku banjaro oo uu sidii buufin naqaskii ka baxay durba dhulka batalaq ku dhaho.

NUUN 218

GUUDMAR

Inta aynaan faahfaahin galin, aynu guudmarno arrimo iyo su'aalo hannaanka qoraalka gundhig u noqon kara.

Waa maxay fikradda guud ee qoraalkaagu xambaarsan yahay? Yaad kala hadlaysaa? Maxaad rabtaa in aad ka hadashid? Sidee ayaa aad uga hadlaysaa? Qoraalku muxuu ku saabsan yahay? Soo koob oo, waa maxay yoolkaagu?

Waa maxay ujeeddada qoraalkaagu?

Ma sheeko ayaa aad ka sheekaynaysaa? Ma wax baa aad tilmaamaysaa? Ma labo wax baa aad isbarbardhig ku samaynaysaa? Ma wax baa aad ka doodaysaa? Ma cid baa aad rabtaa in aad wax ku qancisid? Ma arrin baa aad falanqaynaysaa?

Maxay? Sabab? Halkee? Goorma? Qofkee? Sidee?... waa su'aalo muhiim ah e, maanka ku hay. Wixii aad ka hadlaysid isku day in aad dhinacyadaas ka abbaartid.

Habsami-socodka qoraalka ma waxaa hoggaaminaya

sida dhacdooyinku isugu xigaan (qulqulka waqtiga) mise dhismaha doodda ama mawduucyada? Qoraal taariikh ahi waqti waa uu ku socon karaa, mawduucna waa uu ku socon karaa. Waqti marka lagu wado in sheeko loo dhigaa qurux badan, mawduuc haddii uu ku socdana faahfaahinta ayaa habboon.

Sidii aan sheekada ku soo marnay, qoraalka mala-awaalka ah waa aad sii qorshayn kartaa oo waxa aad rabtid in aad ka hadasho oo qodobbaysan ayaa aad sii diyaarsan kartaa, ama inta aad bilowdid ayaa aad arki kartaa meesha ay sheekadu kula aaddo. Qoraalka jiraalka ahi qorshe ayaa uu u baahan yahay mar kasta. Iskama mala-awaali kartid e, waa in aad ku socotaa qodobbo kuu qorshaysan. Qasab ma aha in aad iyaga isku koobtid e, haddii kuwo cusub loo baahdo waa aad ku darsan kartaa, kuwo markii hore kula habboonaa haddii aad ka maarantana waa aad iska dayn kartaa.

Dhanka baadhitaanka, macluumaadka qaar in aad u baahan tahay ma ogaan kartid ilaa aad qoraalka bilowdid. Markaa marxaladda qoritaanka aad ha u daahin adiga oo isleh baadhitaanka dhammee.

Qaabka aad wax u qoraysid (*tone*) waa muhiim. Tusaale ahaan, haddii aad taariikh nololeed qoraysid, ma qaab ammaanid iyo awliyayn ah ayaa aad u dhigaysaa? Mise qofka waa aad shaydaamaynaysaa? Mise dhexdhexaad ayaa aad tahay? Akhristaha ma waxa aad ula hadlaysaa qaab yasid iyo carruurayn ah, ama waa aad damiinaynaysaa oo wax kasta far waaweyn baa aad ku dhigaysaa? Ma waxa aad ku soconaysaa isqornimo iyo in aad akhristaha iska dhistid? Ma sidii saaxiib ayaa aad ula hadlaysaa? Mise islaweyni baa kugu jirta oo waa aad u khudbadaynaysaa? Mise isdhuldhig been ah baa aad iska yeelyeelaysaa? Ma cadho iyo sawaxan baa aad bogga ka buuxisay mise taas lidkeed wixiiba qabow baraf lagu shubay baa aad ka dhigaysaa?

NUUN 222

YAAD WAX U QORAYSAA?

Hoosba hadal leh.

Qoraalka qaabka aad u dhigaysid, ereyada aad adeegsanaysid, heerka adayg ee uu yeelanayo qoraalku… waxa ay ka imanayaan garashada cidda loo qorayo. Suugaan-dhaadhi afyaqaan ahi xiisayn maayo qoraal ka madhan ereyo culus. Halka qof kale laga yaabo in uu ereyadaa "adag" dartood qoraalka uga cararo.

Xaaladdeenna maanta taagani waxa ay qasbaysaa in arrimaha qaar laga leexdo ama si dadban looga hadlo. Iska ilaali waxyaalaha xasaasiyadda leh ee dhibta ka imanaysaa ay ka badan tahay dheefta laga fili karo qoriddooda. Haddii aad maasha saraysid waa in aad dawadii haysataa e, ha qodqodin boog aadan dawo u hayn.

Haddii aad akhriday sheekooyin ka dhacaya magaalooyinka dalal shisheeye ah, innaga magaaladeennu magaalo caadi ah ma aha e, waa reer, wixii aad ka dhahdana sidii maxkamad ayaa ay kugu xisaabinayaan, qofka sheekada ku jira ee magaaladaas jooga ama ka soo jeedana waxaa tirsanaya reerkaas oo haddii aad xumaan ku sheegtid waxa ay uga dhigan tahay in aad iyagii wax ka sheegtay! Markaa haddii qofkaa mala-awaalka ah sida uu sheekada ugu jiro la qoonsado ama wax aan loo bogin uu yidhaahdo, sidii qof caadi ah iyo dhacdo run ah ayaa looga jawaabayaa!

Qorayaasha qaar magacyada magaalooyinka waa ay beddelaan ama kuwo aan jirin baa ay alliftaan si ay dhibtan uga leexdaan. Xal kale waa in qofka bilaa magaalo laga dhigo ama magaalo ama gobol aan hal reer degganayn la geeyo. Haddii aad ka fursan waydo, 'magaalada reerkiinna' lagu xisaabiyo ayaa kuugu dhib yar e adiga iyo tolkaa madaxa isla gala.

Qoraallada ku saabsan mawduucyada diiniga ah, sida takfiirka iyo qadarka, qaabka looga hadlayaa ka fiirsasho badan ayaa uu u baahan yahay. Haddii kale dad iimaankooda ku caanamaalayay baa aad shaki aan jirin ku abuuri kartaa adiga oo aan ka dawayn karin. Dadka ha fidnayn.

Cali RC ayaa laga hayaa: dadka u sheega wax ay garan karaan; ma waxa aad doonaysaan in la beeniyo Alle iyo Rasuulkiisa?

عن علي رضي الله عنه أنه قال: حدِّثوا الناس بما يعرفون؛ أتحبون أن يكذب الله ورسوله؟

Sidaa oo kale, Cabdullaahi ibnu Mascuud RC waxa uu yidhi: mar kasta oo aad dad uga sheekaysid wax aan garaadkoodu gaadhin, qaarkood ayaa ku fidnoobaya.

ما أنت بمحدِّثٍ قومًا حديثًا لا تبلغه عقولهم إلا كان لبعضهم فتنة.

Nebigu scw waa uu ka gaabsaday in uu dhismaha Kacbada hagaajiyo oo asalkiisii ku celiyo, isaga oo ku sababaynaya in dadkii mushrikiinta ahaa ee Kacbadu quluubtooda ku weynayd ee dhowaan soo Islaamay ay ku fidnoobi karaan.

Murtida Soomaaliyeed ee "cilmi aan ku baree caqli aad la kaashato ma leedahay?" halkaas ayaa ay ku aroortaa.

Taabicigii Wahab ibnu Munabbih waxa uu leeyahay: caalimka waxaa laga rabaa in uu noqdo sidii cunto kariye xirfadle ah— qolo kasta waxa uu u samaynayaa cunto ay jeclaysanayaan. Sidaas si la mid ahna, caalimku waa in uu qolo kasta cilmiga uga sheegaa wax garaadkooda iyo qalbigoodu qaadi karaan.[1]

ينبغي للعالم أن يكون بمنزلة الطباخ الحاذق ، يعمل لكل قوم ما يشتهون من الطعام ، وكذلك ينبغي للعالم أن يحدث كل قوم بما تحتمله قلوبهم وعقولهم من العلم.

❦

"Nin aan wax aqoon qaanso qurqurkeed baa wax soo saaraa, nin wax yaqaannase daaqsin geel baa wax loo marshaa."

❦

---

1 1338 — الجامع لأخلاق الراوي و آداب السامع: ذِكْرُ مَا يُسْتَحَبُّ فِي الْإِمْلَاءِ رِوَايَتُهُ لِكَافَّةِ النَّاسِ وَمَا يُكْرَهُ

NUUN 226

MARINNADA MAANKA

Gaarriye iyo jidadka akhristaha loo marayo

"Markaan anigu imika gabyayo; aan is-idhaahdo gabay samee, hal su'aalaan isweydiiyaa… anigoo gabyaa ah oo suugaanyahan ah waa inaan garan karo dadka aan la hadlayo waa kuwama? Waa noocma? [xidhiidh xogwarran]¹ ma samayn karayo haddaananba ku fahamsanaynba waxaad tahay. Sida ugu wanaagsan ee aan kuula xidhiidhi karo marka aan ka fekerayo, waa inaan adiga wax kaa aqaannaa … Waxaan odhanayaa qofkan ku hor fadhiyaa muxuu yahay? …Waxaa i hor fadhiya qof maskax leh. Maskaxdaa qofka banii aadamka ahi leeyahay halkee baa warku usoo maraa baan leeyahay? … Waa inaan fahmo waddooyinka laguu soo maro. Waxaa ii soo baxaysa in shan waddoo laguu soo maraa ay jirto. Waa waxaad urisay, waxaad aragtay, waxaad taabatay, waxaad maqashay, …

---

1 *"communication"*

Waxaa ku filan sanka u mar...

'Aroorada hore daruur onkoddiyo
Ufada roobku way udgoon tahaye'—baan ku idhi.

Adoo wax ursanayaad arkaysaa, illeen sankaagaan maraye."

Labo tusaale oo kale oo sanka adeegsanaya aynu eegno.

"Arooryada hore daruur onkoddiyo
Uffada roobku ruuxda waa u dawee
Riftoon baa urayee ma Ruunbaayeey?"

—Faysal Cumar Mushteeg.

"Danbarkiisu waydiin uraa waana dabataane
Iyadoo dildilihii bishiyo dacashi haaneedleh
Oo wada dunuunucahayuu idin dul joogaaye."

—Cali-Dhuux: Gabayadii Guba.

Marka uu adeegsiga aragga ka hadlayo, Gaarriye waxa uu leeyahay, "waxaan is-odhanayaa indhaha isticmaal. Wax baan sawirayaa; afkaan ku sawiraa wax:

'Sidii cir ku hooray meel cosobloo
Cadceedi u soo baxdaad tahay.'

Gaarriye waxa uu leeyahay:

"Shantaa dhegtaa ugu culus. Dhegtu waa ta ugu da'da weyn. Ilaa Nebi Aadan bay ka sheekaynaysaa dhegtu oo aanay arag dee. Markaa ninkaad dhegta u martaa waa khatar. Raage Ugaas waa tii dhimatay gabadhiisi. Wuxuu doonay in uu innoo sheego habeenkaas in uu ledi waayay. Habeenkaas oo dhan muu seexan. Saasuu isu labarogayay. Innagu lamaynaan joogin. Wuxuu isticmaalayaa illeen innagu taahiisi lamaynaan joogine— si kuwa ka dambeeyaa u dareemaan—hummaagyo wada sanqadhayuu qaadanayaa, si aan u fahmo sanqadhii habeenkaas isaga haysatay. '*Sida koorta Yucub oo la sudhay, korommo buubaal ah,*'—

Koor= wax sanqadha. Xoolaha lumaa lagu helaa. Sanqadh halkaa u dhig. Koortu dee iskuma jirto... koor sanqadh leh, oo weliba yucub ah, oo weliba la sudhay korommo buubaal ah. '*Ama beelo keynaan ah, oo kor u hayaamaaya,*'—Reerku marka uu guurayo... waa markuu uga sanqadha badan yahay. Reer keliya muu qaadan— beelo... markaa waxa weeyaan reer keliya hadduu sanqadho hadday beelo guurayaanna ka warran? Sanqadhu way sii waalanaysaa...

Reerku ma guurayo oo keliya ee waa *kaynaan*. col baa ku jira. Markuu baqayo ka warran weliba ee col ka cararayo? Sanqadhu say sii noqonaysaa? ... Habeenka colka laga cararo inanka dhasha Kaynaan baa loo bixiyaa. '*Ama geel ka-reeb ah oo nirgaha, laga kaxaynaayo,*"

Muuqaalka oo dhammaystiran aniga oo aan xogtii ka urursan baa laga saaray Youtube (waa tusaale muujinaya hadalkii aynu soo marnay ee xilliga ururinta xaabso, xilliga sii gudbintana naqayso), laakiin dhadhankii iyo taabashadii tusaalahooda walow meel kale laga heli karay, waxaa ila habboonaatay in aan isu raaciyo oo aan ka soo qaato buugga Mahadho ee Cabdiraxmaan C. Faarax 'Barwaaqo' ka qoray Gaarriye.[2]

Qaasin waa kii, isaga oo dhadhanka adeegsanaya, lahaa:

"Dacartuba mar bay malab dhashaa ood muudsataa dhabaqe
Waxan ahay macaan iyo qadhaadh meel ku wada yaalle
Midigtayda iyo bidixdu waa laba mataanoode

Midi waa martida soora iyo maata daadihise
Midina waa mindiyo xiirayiyo mur iyo deebaaqe
Masalooyin talantaalliyaan maandhow leeyahaye."

— Axmed Ismaaciil Diiriye 'Qaasin': Dacar.

Markii Daraawiish Doollo uga guurtay oon, ee ay go'aansadeen in ay bari u guuraan, Boqor Cismaanna yidhi imaadda, ayaa Ingiriiskii cadaadis ku saaray boqorka in uusan Daraawiish soo dhoweyn, isna ballantii waa uu ka baxay. Daraawiishtii waxay galeen hayaan kale oo dhib badan, taas oo Sayidku ka tiriyay *Jiinley* isaga oo ka hadlaya dhibtii ay mareen. Waxa aynu ka soo qaadanaynaa baydadkan taabashada adeegsanaya:

"Jilbis halaqa iyo good waxaan, jaanta kala booday
Wixii aan ku joogsaday abees, jilifle oo duuban
Maska jiririqleeyaa wuxuu, jiidhis igu dhaafay."

---

2 Mahadho, bb.107-110. (2015)

—Sayid Maxamed Cabdille Xasan: Jiinley.

Hadalkii qalbiga ka soo go'a ayaa qalbiyada kale dega, wixii carrabka ku koobanna dhegaha ma dhaafaan, ayaa uu yidhi taabicigii Caamir ibnu Cabdilqays[3]. Abshir Bacadlana waa kii lahaa:

"Haddii lays qaddariyay murtidu qiimo leedahaye,
Qasadka iyo ujeeddaduna waa qiiro geliyaane,
Sidaad ugu qotomisay nafluhu ugu qushuucaane,"

—Abshir Bacadle: Qabiil.

Suugaan tiraabeedka Soomaaliyeed weli ma bislaannin, mana gaadhin heer farshaxannimo inta la gorfeeyo aad loogu dayan karo ama wax badan lagu dhisi karo. Booskaa waxaa innoo buuxinaysa suugaan tixeedka soojireenka ah.

Halka qofka sheeko af Ingiriisi ku qorayaa uu heli karo dhaxal faro badan oo uu tusaale ka dhigto, far Soomaalida waxaa la hirgaliyay 1972, intii aan qoraalku si fiican u hanaqaadinna dagaalkii baa dhacay. Immika ayuunbaa aynu qoraalkii mar labaad u soo jeesannay, in kasta oo wax badan oo aan ka fiirsasho lahayn dad badani iska qoreen.

---

3 بستان العارفين - النووي b.99.

NUUN 232

BILOW XIISE LEH...

Beri baa waxaa jiray....
Hee?!

Sheeko xiise leh in ay ku xigto ayaa aynu u barannay oo dhegta ayaa aynu u raaricinnaa.

Maansadeennu waxa ay leedahay hordhac iyo arar dadkuna waa ay la qabsadeen oo dulqaad ayaa ay u leeyihiin in ay sugaan waxa xiga. Laakiin qoraalka iyo akhriskuba waa wax innagu cusub. Halka qofku uu gabayga ka dhegaysto ee uu gabyaaga codkiisa dhuuxayo, qoraalku waxa uu uga baahan yahay hawl akhris ah iyo dulqaad dheeraad ah. Sidaas awgeed, bilowgaba waa in aad akhristaha soo jiidataa oo aad qoraalka uga dhigtaa wax mudan in uu waqti galiyo dulqaadna u yeesho.

Bilowgu waa qaybta ugu muhiimsan qoraalka ee aad akhristaha ku hanan kartid ama uu kaaga huleeli karo. Waa wixii aad akhristaha ku soo xeragalin lahayd iyo dabinkii aad u dhigaysay si uu kuugu gacangalo. Dedaal dheeraad ah gali bilowga oo qurxi intii karaankaaga ah, gaar ahaan marka qoraalku yahay sheeko. Ku bilow wax akhristaha xiise galiya oo soo jiita. Qasab ma aha in aad haysid bilowgii aad u baahnayd marka aad qoraalka bilaabaysid. Laga yaabee bilow ku habboon in aad heshid marka aad qoraalkaba dhammaysid ama marka aad tifaftirka waddid. Ha sugin inta bilow xiiso leh aad qoraalka u helaysid e, ku bilow wixii aad awooddid markaa, amaba ka bood oo hadhow u soo noqo.

Inta aad baadhitaanka ku jirtid, xogta aad ururinaysid ka dhex raadi oo gaar u sunto waxyaalaha iyo dhacdooyinka bilow kuu noqon kara.

Mar baa bilowgu uu noqon kartaa duluca qoraalka isugu kaa xidha ee qaabeeya, marna waa ibofur iyo xiisagalinta akhristaha. Haddii uu jiro, raadi qodob awood u leh in uu qoraalka isu wada hayo, sida ay duntu tusbaxa midhihiisa isugu hayso.

Akhristaha sii sabab uu waqti ugu huro akhrinta qoraalkaaga.

Haddii qoraalku yahay war, bilowgu waa dhacdada warku ku saabsan yahay, qoraalka intiisa kalana waa faahfaahintii sida wax u dhaceen, iyo wixii la mid ah, sidii aan qaybta warka ku soo marnay. Curiska iyo maqaalkuna badanaa waa la mid.

Haddii qoraalku yahay taariikh ama taariikh nololeed, ama sheeko, bilowgu waxa uu noqon karaa dhacdo muhiim u ah qoraalka intiisa kale oo isku xidha ama qoraalka intiisa kale waxa uu xambaarsan yahay laga dhadhansan karo.

Sheekhooyinka qaar ayaa ku bilowda dhammaadkii sheekada, qoralka intiisa kalana waa raadgurasho lagu ogaanayo sidii wax u dhaceen ee dhammaadkan lagu soo gaadhay. Sheekada *Shirweynihii Xoolaha Soomaaliyeed*, Axmed Sheekh Jaamac waxa uu ka bilaabayaa xoolihii oo ku heshiiyay in ay dawlad samaystaan iyo qaabkii dawladda loo sameeyay. Ka dibna waxa uu innagu celinayaa bilowga iyo jidkii loo soo maray go'aanka dawladda lagu dhisay.

Tilmaanta faraha badan ee goobta ama goorta sheekadu ka bilaabmayso akhristaha waa ay caajis galisaa. Waa loo baahan yahay in goobta wax ka dhacayaan iyo goorta wax dhacayaan akhristuhu la socdo, laakiin wax ka xiise badan baa jira: qofka iyo dhacdooyinka. Intii aad labaatan sadar oo xidhiidhsan goobta ku tilmaami lahayd, qoralka ku dhex filqi oo marba inta loo baahdo ku dar. Tilmaantu waa sidii cusbada, ha ka badin hana ka yarayn, waana in ay dhadhanka wax ku kordhisaa, ee aadan malab cusbayn! Sidaa awgeed, ka taxaddar in aad tilmaanta noocaas ah bilowga ka dhigtid.

"Ku rid sanduuq ka dibna ku tuur badda. Waxaa qaadan doona mid Aniga iyo isagaba cadow u ah…"

Sheeko intaa ku bilaabata miyaadan akhrinteeda u fadhiisateen?

أَنِ اقْذِفِيهِ فِي التَّابُوتِ فَاقْذِفِيهِ فِي الْيَمِّ فَلْيُلْقِهِ الْيَمُّ بِالسَّاحِلِ يَأْخُذْهُ عَدُوٌّ لِّي وَعَدُوٌّ لَّهُ ۚ وَأَلْقَيْتُ عَلَيْكَ مَحَبَّةً مِّنِّي وَلِتُصْنَعَ عَلَىٰ عَيْنِي ﴿٣٩﴾

Marar badan qoraalka waxaa ugu adag bilowga. Xaggeed ka bilowdaa? Maxaad ku bilowdaa? Sideed u bilowdaa? ...

Halkaa haddii qoraagu ku banjaro, waqti badan ayaa ka lumaya. Waxaa ka fiican in aad qortid wixii kugu soo dhaca, ka dibna aad dib ka habaysid, wixii qurxin iyo naashnaash ah ha ka welwelin bilowga laga yaabee in aad tuurto waxaba.

Sidaa oo kale, laga yaabee in intaa hore daxalka kaa maydho oo ay maanka kuu cusho ka dibna miid ka soo burqato.

Qalinka qaado oo wax qor hana ka welwelin wixii ka soo bixi doona. Dhaqdhaqaaq samee, intaa hore dabka ay shidaanna qori ku qabso oo dab kale ku daaro.

Canjeelada marka la dubayo, xabbadda hore badanaa sidii la rabay ma noqoto, laakiin kuwa xiga ayaa ay daawaha u diyaarisaa, dumarka qaarna daawaha ayaaba ay ku tirtiraan.

Waxa maankaaga iyo maskaxdaada ku khamiiray qalin u qaado oo waraaqda ku shub. Inta hore hadda sidii aad rabtay ay soo bixi waydo, dhib ma laha e, ha ka welwelin. Wad ilaa uu sidii aad rabtay soo baxo.

Xitaa haddii daawuhu kuu kululaan ama hagaagi waayo oo aad canjeelo badan khasaariso, waa carbin iyo tababbar e ha ka daalin.

Sheekaba sheekaa lagu xusuustaaye, ... haddii aadan qalinka dhigin waxa uun baa aad qodqodka ku helaysaa oo kugu soo dhacaya.

Haddii qaybaha kala duwan aad ku qortid kaadhadh, wixii kugu soo dhaca aad qalinka ku duugtid, hal ereyna ha noqoto e, hadhow ayaa aad isku toosin kartaa oo aad habayn kartaa. Hadda marka aan intan qorayo, waxaa hortayda yaalla labo kaadh oo mid ay ku qoran yihiin baydad ka mid ah maanso Abshir Bacadle leeyahay oo aan qortay 28/3/2017. Mawduuca buugga in ay la xidhiidhaan ayaa aan ogaa, laakiin meesha aan uga baahan doono ma ogayn, ilaa haddana waxa ay ii horyaallaan in aan u raadiyo meel ku habboon, kaadhadh badan oo la yaallayna marba sidii aan qaar u meelaynayay ayaa aan miiska ka qaaday. Kaadhka labaad waxa aan ka qortay kitaabka imaam Nawawi ee *Bustaanul Caarifiin*, sida aan rejaynayana xilligiisu waa 2018. Waa hadal uu yidhi taabiciigii Caamir ibnu Cabdilqays. Labadan kaadhba qaybtan ayaa aan isleeyahay waa looga baahan karaa. Kaadhadhku faa'iidadaas ayaa ay leeyihiin. Meel kuma qodbana, qoraal kalana kuma xidhiidhsana oo si fudud baa aad meel kale ugu tijaabin kartaa ama ugu wareejin kartaa.

Qasab ma aha in aad og tahay meesha aad ku daraysid, ee fikrad fiican iyo weedh qurxooni yaanay kaa baxsan e qalinka ku dabar. Buuggan in badan oo ka mid ah sidaas ayaa aan ku qoray.

NUUN 238

"HADALKANA SAR WEEDHIISA"

"Hadal sii dheh baa dishay."
"Hadal garawshiinyaa lagaga dhergaa."
"Nin rag ahna hadalka waa loo saraa, doqonna waa loo saafaa."
"Hadal badan hilmaan buu leeyahay."
"Hadal nin badiyay ma wada odhan, nin yareeyayna kama wada tagin."
"Hadal waa kii gaaban ee go'an leh."
"Tiro badi hadal waa lagu qiimo tirmaa."
"Mar-dhoof iyo mar-duul baa dad ugu hadal badan."
"Hadal aan maahmaah lahayni waa hilib aan mindi lahayn."
"Hilib miid ah iyo hadal murti leh, midna laguma mergado."

Bilid ama Bi'in

In farriintaadii hadal gaaban aad ku gudbisay oo aad hadalkii dhawr erey ku soo koobtay kama dhigna in qoraalkaagu uu kala dhantaalan yahay ama wax ka qaldan yihiin. Ereyo badan oo la qoro iyo bogag badan oo la buuxiyaa waxba tari maayaan haddii aysan faa'iido dheeraad ah sidin. Erey kastaa waa in uu macne ku fadhiyo ee uusan boos buuxin uun iska ahayn. Ereygii aan wax dheeraad ah qoraalka ku kordhinayn ka saar. Laakiin bilowga arrintan ha isku hawlin, si aan qulqulka afkaartu kaaga kala go'in. Qoraalka labaad iyo ka saddexaad ayaa aad ku xallin kartaa.

Nebigu scw waxa uu yidhi: hadalka waxaa ugu wanaagsan midka kooban ee macne xambaarsan.

خير الكلام ما قل ودل

Suubbanuhuna scw waxa uu hibo u lahaa hadalka kooban ee lagu tilmaamo *jawaamicul kalim*, oo xadiiskan koraba tusaale u yahay. Hadalkiisu mid kooban oo haddana kala dhigdhigan oo aan lagu merganayn ayaa uu ahaa.

"...hadal waa kii yar ee nur leh."

Qoraalkaaga ha ka dhigin xujo ay tahay in akhristuhu furo, haddii aan ujeedka qoraalku taas ahayn.

Qoraalkaaga in la fahmaa haddii ay adag tahay, kama dhigna in aad tahay qoraa heersare ah oo afyaqaan ah. Waxa ay tusaysaa in qoraalkaagu ujeedkiisii ka leexday. Al-Jaaxid waxa uu leeyahay baahida ugu weyn ee kitaabku waa in macnihiisa la fahmo oo uusan akhristaha ku istaagin. Waxa uu leeyahay: xulo ereyga ka sarreeya heerka suuqiga ah kana hooseeya heerka kakan ee aan la garanayn, aadna ha isugu hawlin in aad heshid ereyga ugu qumman af ahaan iyo naxwe ahaan ee macnihii 100% abbaaraya, dheeraad iyo dhimaalna aan lahayn. Haddii aad sidan yeeshid, ayaa uu Jaaxid leeyahay, dadku ku fahmi maayaan ilaa aad u faahfaahisid marar badan oo aad ku celcelisid, maxaa yeelay dadku waxa ay la qabsadeen hadalka fudud, fahankooduna ma dhaafsana waxyaalaha ay caadaysteen. Waxa uu tusaale u soo qaadanayaa kutubta qaar oo uu leeyahay afka ay ku qoran yihiin xitaa aftahanka Carbeed in uu fahmo waxa uu u baahan yahay cid u faahfaahisa! [1]

Heerka qoraalkeenna marka la eego iyo sida afkeenna ay uga dhimanayaan ereyo badani, mararka qaar waa lamahuraan in ereyo aan aad loo aqoon la adeegsado si aysan u dhiman. Laakiin waxaa habboon in loo dhigo qaab akhristuhu macnahooda ka dheehan karo weedha ay ku jiraan. Haddii kale raaci macnaha. Qasab ma aha in aad macnaha u sheegto sidii ereygu in uu qaamuus ku yaallo e, siyaabo kala duwan ayaa aad u xallin kartaa. Haddii ujeedka qoraalku uu yahay kobcinta aqoonta afka iyo soo noolaynta ereyo adeegsigoodu yaraaday amaba laga tagay, isku day in aad ereyfur gadaal ka raacisid ama aad hoosqorro u samaysid. Dadku qaamuusyo ma wada haystaan ee haddii ay kaa tahay afka ha la barto, waa in ay ereyga iyo macnihiisii ka heli karaan isla qoraalka.

Al-Jaaxid waxa uu hadalkiisa ku soo gabagabaynaa: soo koobidda hadalku ma aha tirada xuruufta in aad yaraysid,

---

[1] كتاب الحيوان -bb. 61-62.

oo mawduucyada qaar iyada oo qoraal dheer laga sameeyay ayaa la dhihi karaa waa la soo koobay, qaarna iyada oo aan wax sidaa u badan laga qorin ayaa la odhan karaa waa la dheereeyay e, waxa habboon waa in la soo koobo iyada oo aan sursuur oodan la galin, aanna lagu soo celcelin iyada oo badhkii yoolka lagu gaadhi karo—wixii baahida ka dheeraada ayaana hadaltiro ah.

Hadraawi maansadiisa *Sirta Nolosha* ayaa waxaa ku jira 19 bayd oo aan isleeyahay waxaa habboon in qoraagu inta uu meel ku qoro uu hortiisa dhigto marka uu wax qorayo. Inta aanan iyaga u gudbin, Maxamed Baashe, AHUN, ha innoo gogoldhigo:

> "Waxaa beydedkan kale ee soo socdaa arrinta u sii bayaaminayaan si xeeldheeri ku jirto, waxanay tibaaxayaan in xitaa ay lagama maarmaan tahay in geeddi galinta hadalka iyo wadaagga dooduhu ay tub sharci ah raacaan oo la waafajiyo, laguna wado jidkaas oo toobiyeysan. Looma baahna hadal qaawan oo arradan, mana habboona hadal xidhxidhan oo aan la fahmi karin in lagu wada xidhiidho. Laguma dheeraado sii wadwadkiisa, lagama tago ahmiyaddiisa iyo badheedhihiisa, waxana laga ilaaliyaa in wadaaggiisa la suuldaaro iyo in lagu hadlo wax qadaf iyo qallooc keeni kara."[2]

Hadraawi waxa uu yidhi:

"Hadalkana sar weedhiisa
Una saaf qofkii waaya

---

[2] Hal Ka Haleel, b.121.

Ha ka tegin sarbeebtiisa
Hana gelin sursuur oodan
Hana lumin sargoyntiisa
Hana liqin sangaabtiisa
Ha ku saxan badheedhkiisa
Runta sogordoh haw yeelin
Ha suldaarin dooddiisa

Sisibaa wadaaggiisa
Sababee abbaartaada
Hana badin su'aashiisa
Sarrifkiyo tilmaantiisa
Saddex erey halkii dooni
Soddon yaanay kaa qaadan
Siddi-qabaxi yay raacin
Sare haw dhig-dhigin luuqda
Gacantana ha saydh-saydhin
Hana odhan wax sawliila."

—Hadraawi: Sirta Nolosha.

Hadalka aad qoraysaa ha ku koobnaado inta loo baahan yahay ee ujeedkii lagu fahmayo, ee ha ku bi'in sii-dheh. Saddex erey meeshii u baahan soddon ha qorin. Sangaabta iyo meesha ugu dhow in aad ka soo qabatid ku dedaal. Meeshii in murti lagu macaaniyo u baahan, ha u dhigin qaab qayaxan, halkii badheedh u baahanna baruuro aad ku naaxisid iyo bustayaal ha ku dedin. Luggooyo iyo marinhabaabin iska jir. Fahankiisa ha adkayn, sidii ri' kildhi madaxa la gashayna marba meel ha ku qaadin e, marinka ku toosi. Dooddaada si cad u dhiibo, caddayntaadiina soo bandhig, laakiin ha noqon ninkii gartiisa iska ciideeyay e iswaalka, qaylada, cadhada, iyo anshax xumada iska dhowr.

"Hadal run baa lagu caddeeyaa, ilkana rumay."
"Hadal waa run-kama-rayste."

La macaansiga iyo ku talaxtagga

Al-Jaaxid aan mar kale ku noqonno isaga oo ka hadlaya sida hadalku ula taraaraxo qoraaga. Waxa uu leeyahay[3]: saaxibul qalinka waxaa qaada waxa qaada macallinka ilmaha ciqaabaya ee isaga oo islahaa dhawr ulood ku dhufo boqol ka jara! Marka hore ee uu deggan yahay waxaa u muuqanaysa in uusan badin, laakiin marka uu dhawr ku dhufto ayaa uu kululaanayaa oo uu xanaaqayaa markaas ayaa kordhinta ciqaabtu la qummanaanaysaa. Qalinmaalkuna waa sidaa oo kale; badanaa mid qoraalka ku bilaabay dhawr sadar ha ka badin, oo haddana toban qoray.

Hadalka in lagu sii tiiqtiiqsado oo meel kasta uu galo, waa laga fiican yahay. Nebigu scw waa kii lahaa: Alle waa uu neceb yahay ninka aftahanka ah ee carrabkiisa meel kasta u galiya sidii sac!

إنَّ اللَّهَ عَزَّ وَجَلَّ يُبْغِضُ الْبَلِيغَ مِنَ الرِّجَالِ الَّذِي يَتَخَلَّلُ بِلِسَانِهِ تَخَلُّلَ الْبَاقِرَةِ بِلِسَانِهَا.

Mar kale Nebigu scw waxa uu yidhi: kuwa aan ugu necbahay ee aad iiga fog maalinta Qiyaame waa kuwa

---

3 كتاب الحيوان, b.61.

hadalka badan.

إنَّ مِن أبغِضِكُم إليَّ وأبعدِكُم منِّي يومَ القيامةِ الثَّرثارونَ

"Biyo badan badh baa calow ah, hadal badanna badh baa been ah."

Siddiqabax

Qoraalka haddii laga badiyo halqabsiyada, "Soomaalidu waxay tidhaahdaa…" "waxaa la sheegaa…" "beri baa waxaa…", iyo wixii la mid ah, sida hadalka waayeelkeenna ku badan, waa uu nuxur beelayaa. Qof waqti dheer hadlayay oo hadalkiisuba waxaas ka kooban yahay oo ujeedkii ku geefwareegayaa waa dhib. Badheedhihii baa uu ku saxday. Murti la soo xigtaa waa sidii cusbada cuntada lagu daro—haddii lagu yareeyo nahdaa ka tagta haddii lagu badiyana dhanaan dartii lama cuni karo.

Waa la odhan karaa buugganba wax badan oo sidan ah ayaa ka buuxa, waana run iyo kutalagal. Waa buug barasho loogu talagalay, ku celcelintuna waa hannaan waxbarid si farriintii maskaxda ugu xasisho. Ujeeddo kalana waa ay jirtaa. Waase sheeko kale.

NUUN 246

EREYGA

Ereyo qurux badani waxba u tari maayaan qoraal bilaa macne iyo bilaa nuxur iyo nah ah. Xaarwalwaal cadarku waxba u tari maayo. Ibnu Taymiyah waxa uu qoraaga hadalka ku ladha qurxinta bilaa nuxurka ah ku tilmaamayaa, askari fuley ah oo hubkiisa qurxinaya![1]

Marka aad wax qoraysid, haddii ereygii aad u baahnayd aad soo qaban waydid, erey kale oo u dhow ku beddelo amaba fasiraadda macnaha qor oo ha u hakin qoraalka si aadan u kala illaawin [... *lose your train of thought*]. Marar badan waxaa laga yaabaa in aad af kale ku taqaannid oo uu erey cilmiyeed yahay iwm., afkaa kale ku qoro oo [...] dhex gali [بين قوسين] inta aad af Soomaaligii ku habboonaa raadinaysid. Ereyada shisheeye ee aan dadku wada fahmayn macnee haddii aad qoraalka u daynaysid.

Hadal waa mergi oo ninna si u yidhi ninna si u qaaday. Ka

---
[1] منهاج السنة, 4/414

fiirso ereyada aad adeegsanaysid, macnaha ay xambaarsan yihiin, iyo sida akhristuhu u qaadan karo. "Armaa sidaa loo qaataa" waa su'aal ay muhiim tahay in aad maanka ku haysid marka aad wax qoraysid iyo marka aad tifaftiraysidba.

Ereyada habdhacooda ku dedaal oo adiga oo labo erey oo kala duwan adeegsan kara, mid ha ku soo celcelin. "ayaa qaabeeya qaabkooda nololeed" waxa aan *qaabkooda* u beddeli karnaa: *habkooda*. Qaabeeyana waxa aan ku beddelan karnaa *saameeya* haddii aan rabno.

"Go'aanka uu ruuxu qaato ayaana qaadsiiya labadaa jid midkood," *qaadsiiya* waxa aan u beddeli karnaa *ku duwa* labadaa jid midkood.

"Waxaan shaki ku jirin in islaweynida ruuxu ay kala teeddo ruuxdiisa iyo iimaanka, damiirkuna uu yahay caymadiisa." *Ruuxu* iyo *ruuxdiisa* si aan u kala leexinno, *ruuxu* waxa aan ku beddeli karnaa: *qofku*.

"Sidaa darteed, waxqabadka koowaad ee ay tahay in ay dawladdu wax ka qabato..." *wax ka qabato* waxa aynu ka dhigi karnaa: *abbaarto*... oo saddexdaa erey booskoodii buuxin karta.

Iska dhowr ama iska yaree adeegsiga ereyada liinbaxay ee murtidii iyo dhadhankii ka lumeen.

XIDHIIDHIN

Si weedhaha iyo tuducyada qoraalku u xidhiidhsamaan, adeegso 'xidhiidhiyayaal' ku habboon. '*Inkasta oo*' iyo '*maxaa yeelay*' iyo '*haatan*'—midba meel ku habboon ayaa uu xidhiidhin karaa. Mar waa sababayn (maxaa yeelay..., inkasta oo... waayo...), mar waa isbarbardhig (sidaas oo kale..., sidaas awgeed...), mar waa sii wadid (haddaba,... kolkaa... isla markaa, isla mar ahaantaa... bacdamaa), mar waa hakasho (haatan, ... walow, ... laga yaabee... maadaama... halkan ... halkaas...), mar waa beddelasho (haseyeeshee,... hayeeshee, ... lamase... si kastaba ha ahaatee, ... balse... haddiise...), iwm. Ereyga '*balse*' oo ah Carabi iyo Soomaali isku dhafmay, adeegsigiisu in badan ma habboona. Marar badan waxaa loo adeegsadaa boos ay kaga habboon yihiin -se ama laakiin, in badanna '*balse*' waa laga maarmi karaa. *Bacdamaa* dadku ma wada adeegsadaan, waxaana habboon in far janjeedha lagu qoro si qoraalka kale looga sooco.

NUUN 250

HUMMAAG SAWIRID

Qaybtii sheekada ayaa aan ku soo marnay ahmiyadda ay sheekadu u leedahay farriin gudbinta, iyo sida ay u tahay gurgurshaa qaad wanaagsan. Mawduuca uu doono ha ku saabsanaado e, qoraalku kama maarmo aftahammo farriintiisa qaadda oo qofka gaadhsiisa.

Qofku wax uu garanayo iyada oo la adeegsanayo, ayaa wax cusub la bari karaa. Aqoonta kimistariga in badan cunto karin ayaa lagu tusaalayn karaa oo akhristaha lagu fahansiin karaa. Dawladnimo markii Soomaali la barayay, waxaa looga dhigay hashii Maandeeq loo bixiyay, laakiin markaa laguma baraarugsanayn aafada tusaalahaa ku hoos qarsoon e, intii wanaagsanayd uun baa laga abbaaray.

Sugaanteenna aad ayaa ay tusaalayntu ugu badan tahay. Hoos baa aan ugu tagi doonnaa qaybo ka mid ah. Sidaas oo kale ayaa ay tusaalayntu uga buuxdaa Qur'aanka iyo Xadiiskaba, qaarna hore ayaa aan ugu soo marnay qaybtii sheekada.

$$\text{مَثَلُهُمْ كَمَثَلِ الَّذِي اسْتَوْقَدَ نَارًا فَلَمَّا أَضَاءَتْ مَا حَوْلَهُ ذَهَبَ اللَّهُ بِنُورِهِمْ وَتَرَكَهُمْ فِي ظُلُمَاتٍ لَّا يُبْصِرُونَ}$$

Waxa ay ka dhigan yihiin nin dab shitay oo markii uu hareerihiisa ifiyay, Alle iftiinkoodii ka qaaday ugana tagay mugdiyo aysan wax arkayn.

$$\text{مَّثَلُ الَّذِينَ يُنفِقُونَ أَمْوَالَهُمْ فِي سَبِيلِ اللَّهِ كَمَثَلِ حَبَّةٍ أَنبَتَتْ سَبْعَ سَنَابِلَ فِي كُلِّ سُنبُلَةٍ مِّائَةُ حَبَّةٍ ۗ وَاللَّهُ يُضَاعِفُ لِمَن يَشَاءُ ۗ وَاللَّهُ وَاسِعٌ عَلِيمٌ ﴿٢٦١﴾}$$

Kuwa jidka Alle hantidooda ku bixinayaa waxa ay ka dhigan yihiin iniin bixisay toddobo sabuul, sabuulkiina boqol iniinyood ay ku jiraan...

$$\text{وَلَوْ شِئْنَا لَرَفَعْنَاهُ بِهَا وَلَٰكِنَّهُ أَخْلَدَ إِلَى الْأَرْضِ وَاتَّبَعَ هَوَاهُ ۚ فَمَثَلُهُ كَمَثَلِ الْكَلْبِ إِن تَحْمِلْ عَلَيْهِ يَلْهَثْ أَوْ تَتْرُكْهُ يَلْهَث ۚ ذَّٰلِكَ مَثَلُ الْقَوْمِ الَّذِينَ كَذَّبُوا بِآيَاتِنَا ۚ فَاقْصُصِ الْقَصَصَ لَعَلَّهُمْ يَتَفَكَّرُونَ ﴿١٧٦﴾}$$

... Tusaalihiisu waa sidii ey—haddii aad eryatid waa uu hiraanhirayaa, haddii aad daysana waa uu hiraanhirayaa. Waxaa sidaa ka dhigan duulka beeniyay Aayadahayaga e, uga sheekee qisaska si ay u fekeraan.

$$\text{يَا أَيُّهَا النَّاسُ ضُرِبَ مَثَلٌ فَاسْتَمِعُوا لَهُ ۚ إِنَّ الَّذِينَ تَدْعُونَ مِن دُونِ اللَّهِ لَن يَخْلُقُوا ذُبَابًا وَلَوِ اجْتَمَعُوا لَهُ ۖ وَإِن يَسْلُبْهُمُ الذُّبَابُ شَيْئًا لَّا يَسْتَنقِذُوهُ مِنْهُ ۚ ضَعُفَ الطَّالِبُ وَالْمَطْلُوبُ ﴿٧٣﴾}$$

Dadoow, tusaalaa la samaynayaaye dhegaysta: kuwan aad baryaysaan Alle sokadii ma abuuri karaan dukhsi xitaa haddii ay isu kaalmaystaan, haddii dukhsigu wax kala cararana kama badbaadsan karaan—tabardaranaa midka wax doonay iyo midka la dalbayaaba!

مَثَلُ الَّذِينَ اتَّخَذُوا مِن دُونِ اللَّهِ أَوْلِيَاءَ كَمَثَلِ الْعَنكَبُوتِ اتَّخَذَتْ بَيْتًا ۖ وَإِنَّ أَوْهَنَ الْبُيُوتِ لَبَيْتُ الْعَنكَبُوتِ ۖ لَوْ كَانُوا يَعْلَمُونَ ﴿٤١﴾

Kuwa Alle sokadii awliyada samaystay waxa ay ka dhigan yihiin caaro samaysatay guri, guryahana waxaa ugu liita guriga caarada, haddii ay garanayaan.

مَثَلُ الَّذِينَ حُمِّلُوا التَّوْرَاةَ ثُمَّ لَمْ يَحْمِلُوهَا كَمَثَلِ الْحِمَارِ يَحْمِلُ أَسْفَارًا ۚ بِئْسَ مَثَلُ الْقَوْمِ الَّذِينَ كَذَّبُوا بِآيَاتِ اللَّهِ ۚ وَاللَّهُ لَا يَهْدِي الْقَوْمَ الظَّالِمِينَ ﴿٥﴾

Kuwii Tawraad la siiyay ee aan sidii la rabay u qaadan waxa ay ka dhigan yihiin dameer ku raran kutub. Qaabdaranaa tusaalaha kuwa beeniyay aayadaha Alle...

Dhanka sunnada, Nebigu scw waxa uu leeyahay:

إِنَّمَا مَثَلُ الجَلِيسِ الصَّالِحِ والجَلِيسِ السُّوءِ كَحَامِلِ المِسْكِ وَنَافِخِ الكِيرِ فَحَامِلُ الْمِسْكِ إِمَّا أَنْ يُحْذِيَكَ وَإِمَّا أَنْ تَبْتَاعَ مِنْهُ وَإِمَّا أَنْ تَجِدَ مِنْهُ رِيحًا طَيِّبَةً وَنَافِخُ الكِيرِ إِمَّا أَنْ يُحْرِقَ ثِيَابَكَ وَإِمَّا أَنْ تَجِدَ رِيحًا خَبِيثَةً.

Saaxiibka wanaagsan iyo saaxiibka xun waxa ay ka dhigan yihiin sidii qofka cadarka iibiya iyo midka buufinka afuufa. Cadarluhu in uu ku siiyo, in aad ka iibsatid, iyo in aad caraf fiican ka heshid mid weeyaan. Kan buufinka afuufayaana ama dharka ayaa uu kaa gubayaa ama ur qadhmuun baa aad kala tagaysaa.

مَثَلُ الْمُؤْمِنِينَ فِي تَوَادِّهِمْ وَتَرَاحُمِهِمْ وَتَعَاطُفِهِمْ مَثَلُ الْجَسَدِ؛ إِذَا اشْتَكَى مِنْهُ عُضْوٌ تَدَاعَى لَهُ سَائِرُ الْجَسَدِ بِالسَّهَرِ وَالْحُمَّى

Mu'miniintu sida ay kalgacayl isugu hayaan ee ay isugu naxariistaan ee ay isugu dhimriyaan waxa ay ka dhigan tahay sidii jidhka—haddii xubin ka tirsani bukooto, jidhka intiisa kale oo dhan ayaa xummadda iyo dhafarka la wadaaga.

❦

Tusaalaynta waxaa lagu xoojin karaa in dareennada shanta ah la adeegsado. Aragga, dhadhanka, taabashada, urta, iyo maqalka. Sidii aan kor ku soo aragnay.

Maadda iyo kaftanku hadalka waa ay bilaan, laakiin haddii laga badiyo (marka aan ujeedku ahayn maadeys) waa ay bi'iyaan. Qoraalka dheer si aan looga caajisin, meeshii ku habboon ku macaanee in yar oo maad ah ama wax akhristaha madaddaaliya.

Waxaa kale oo meeshii ku habboon la adeegsan karaa ka badbadin iyo buunbuunin, oo wixii la tilmaamayay laga weyneeyo intiisii, iyo hoos u dhigid heerkiisii laga dejinayo, iyada oo ujeeddo laga leeyahay. Waalidkaa oo xanaaqasan haddii uu ku dhaho: fariid! Ma aha ammaan e ogow!

Abuu Jahal oo sharaf sheegtay sankana taagay, ayaa

ciqaabtiisii laga hadlayaa. *Saquum* baa cunto u ah dambiilaha, madaxana kaga shuba cadaabka Jaxiima. Markaasaa la leeyahay: dhadhami waxa aad tahay mid ciso leh oo sharfan e! Waa ku digasho booskeedii taalla.

$$ذُقْ إِنَّكَ أَنتَ الْعَزِيزُ الْكَرِيمُ ﴿٤٩﴾$$

Qalabka aftahammada waxaa ka mid ah weydiinta wanaagsan: ka warran haddii...? Nebigu scw isaga oo doonaya in uu saxaabada fahansiiyo sida shanta salaadood qofka uga nadiifiyaan dembiga, ayaa waxa uu weydiiyay: ka warrama haddii albaabka guriga midkiin uu webi hormaro oo uu maalintii shan goor ku qubaysto—wax uskag ahi ma ku hadhayaa? ... Sidaas oo kale ayaa ay shanta salaadood gefka u maydhaan.

Siyaabaha ugu awoodda badan ee qofka wax looga dhaadhicin karo waxaa ka mid ah in isaga nolshiisa lagu tusaaleeyo: in sidaa lagugu sameeyo ma jeclaan lahayd? Waxaa ma u dulqaadan lahayd? Dulmigaa in lagugu sameeyo raalli ma ka ahaan lahayd? Nebiga scw ayaa waxaa meel gole ah ugu yimid wiil dhalinyaro ah oo ku yidhi: ii oggolow sinada! Dadkii baa inta ay la yaabeen canaantay. Suubbanuhu scw waxa uu yidhi: ii soo dhowoow. Hooyadaa ma la jeclaan lahayd? Maya. Haddaba dadkuna hooyooyinkood lama jecla. Gabadhaada ma la jeclaan lahayd? Maya. Haddaba dadkuna gabdhahooda lama jecla. Walaashaa ma la jeclaan lahayd? Maya. Haddaba dadkuna walaalahood lama jecla...

$$\text{أَيَوَدُّ أَحَدُكُمْ أَن تَكُونَ لَهُ جَنَّةٌ مِّن نَّخِيلٍ وَأَعْنَابٍ تَجْرِي مِن تَحْتِهَا الْأَنْهَارُ لَهُ فِيهَا مِن كُلِّ الثَّمَرَاتِ وَأَصَابَهُ الْكِبَرُ وَلَهُ ذُرِّيَّةٌ ضُعَفَاءُ فَأَصَابَهَا إِعْصَارٌ فِيهِ نَارٌ فَاحْتَرَقَتْ ۗ كَذَٰلِكَ يُبَيِّنُ اللَّهُ لَكُمُ الْآيَاتِ لَعَلَّكُمْ تَتَفَكَّرُونَ ۝}$$

Midkiin ma jeclaan lahaa in uu lahaado beer timir iyo cinab ah oo ay ilo biyeed hoos qulqulayaan, midho oo idilna ugu yaallaan, ka dibna uu duqoobo isaga oo leh carruur taag daran oo nugul ah, ka dibna beertii ay haleesho duufaan dab wadataa oo ay gubto—sidaas ayaa uu Alle idiin ku bayaaminayaa aayaadka si aad u fekertaan.

Sida uu Bukhaari warinayo, aayaddani waa tusaalayn; beertu waa camalkii wanaagsanaa ee ninku samaystay, ka dibna shaydaan baa duufsaday ilaa uu wanaaggii oo dhan iska gubay, ilmuhuna waxa ay ka dhigan yihiin sida uu u dagan yahay ee uu u nugul yahay maadaama uusan haysan camal wanaagsan oo uu ku badbaado.

Tirinta (*enumeration*) ayaa iyaduna ka mid qalabka la adeegsado. U fiirso maahmaahda Soomaalida sida tiradu uga buuxdo. Buug ayaaba laga qoray maahmaahda tirada ku dhisan. Sidaa oo kale, xadiiska Nebiga scw meelo badan ayaa tirintu kaga jirtaa: shan ka faa'iidayso shan hortood; dumar afar baa lagu guursadaa... iwm. Marka qoraagu dhaho: arrintan saddex dhinac aan ka eegno.... Akhristuhu in uu wada helo ayaa uu ku dedaalayaa oo in uu dhammaysto ayaa ay u badan tahay. Wax baa qabyo ka ahaanaya haddii kale, dadkuna ma jecla qabyada. Tirinta waxaa loo adeegsan karaa marka dad ama arrimo la taxayo. Hadraawi baa aan ku arkay liiska ugu dheer:

"Dal iyo magac bay lahayd
Dad iyo mudan bay lahayd
Duunyiyo mahad bay lahayd
Diin iyo dhaqan bay lahayd
Duug iyo dhaxal bay lahayd
Dan iyo tacab bay lahayd
Dedaal xejiyey lahayd
Xadhkiyo dabar bay lahayd
Aqoon durugtay lahayd
Xil daacada bay lahayd
Duleed-jiratay lahayd
Duggaal hanatay lahayd
Daw iyo marin bay lahayd
Dareer taxan bay lahayd
Dardaaran cad bay lahayd
Dabool adag bay lahayd
Digtooni horay lahayd
Dabaylo hadday ruxaan
Durbaan weriyay lahayd
Awaal-deyis bay lahayd
Dawiyo kabashay lahayd
Xidhiidh degsan bay lahayd
Dagaal sharafay lahayd
Duciyo nabad bay lahayd
Caqiibo danbay lahayd
Han iyo dugsashay lahayd
Deeq iyo hirashay lahayd
Duddiyo gacal bay lahayd

Dareen xidid bay lahayd
Xormiyo deris bay lahayd

Dul iyo magan bay lahayd
Xishood dedan bay lahayd
Dux iyo soddoh bay lahayd
Dumaashi dhan bay lahayd
Dad kala guran bay lahayd
Rag iyo dumar bay lahayd
Nin-door taliyay lahayd
Marwiyo degel bay lahayd
Duq iyo garashay lahayd
Haween darban bay lahayd
Barbaar diran bay lahayd
Habliyo dardaray lahayd
Halyey diriray lahayd
Darmaan boqran bay lahayd
Duud iyo oday bay lahayd
Da' iyo da' dhexay lahayd
Da'aad yaryar bay lahayd
Isdaaddihin bay lahayd
Deryeele cad bay lahayd
Dalaandaliyay lahayd
Horweyn dal maray lahayd
Irmaan dararay lahayd
Hal iyo dalaway lahayd
Wan dool culus bay lahayd
Sal iyo daab bay lahayd
Dallaayad saray lahayd
Shishiyo duluc bay lahayd

Wixii dumey bay lahayd!"

—Hadraawi: Dabahuwan.

Agabka Aftahammada Soomaaliyeed (*rhetorical devices*/ أدوات البلاغة) qaybo ka mid ah waxaa si fiican uga hadlay Gaarriye, qayb ka mid ahna waxa aad ka heli kartaa buugga Mahadho ee laga qoray[1]. Marka wax la maldahayo, ujeedkii la doono ha laga lahaado e, waxaa la adeegsan karaa ekeeye (*simile*/ التشبيه), shareero (*metaphor*/ استعارة), kibaax (*symbolism*/ الرمزية), qofayn (*personification*/ تجسيد), sarbeeb, iwm. Mararka qaar iyaga oo qaab maahmaah ah u dhigan ayaa la adeegsan karaa. Maadaama arrintani aysan ahayn mid dadku isku si u wada yaqaannaan, inteenna wax baratayna aynu ama Carabi ama Ingiriisi wax ku barannay, waxa aan doorbiday in aan ereyadii afafkaa kalana raaciyo si fahanku u fududaado.

Kibaaxdu waa sida: laf cad buu toobin ku hayaa. Lafta lama toobo e, waxaa looga jeedaa ujeedkii baa la baalmarsan yahay oo meel cidla' ah ayaa la jafayaa. Maansada *Madax Goodir* ee Gaarriye, *geesaha boqorka* ee ku jiraa waa kibaax. Laakiin maansada idilkeedu waa sheeko kibaaxeed ama af Ingiriisiga lagu dhaho *allegory* (alegori). Dadkii doonta labada dabaq ahayd ee Nebigu scw ka sheekeeyay, doontu waa kibaax ama astaan u taagan adduunka, laakiin sheekada oo idil marka la isku qaado, waa *allegory* ku saabsan in ciddii xumaan (munkar) wadda gacanta la qabto, haddii kale dhibtii ka dhalataa ay dadka wada gaadhayso. Fasiraadda buugga Mahadho ee "Xus" u macnaysay *allegory*, waxa aan

---
1 b.89-110.

filayaa in ay dib ugu noqosho u baahan tahay. Sheekada *Qayb Libaax* waa *allegory* ku saabsan sedbursiga. Heesta *Aan maallo hasheenna Maandeeq* waa *allegory*, adeegsanaysa kibaaxda ama astaanta hasha Maandeeq oo u taagan dawladnimada.

Daraawiish markii ay jabtay, ee ay inba meel ka dhacday, ayaa dumarkoodii loo soo dhigtay. Naado Buraale, xaaskii Sayidka, ayaa markii hore laga kaxaystay. Haddana Caruusada boqorkoodii baa soo doonay Jamaad Shiikh Cabdille, Sayidka walaashiis. Sayidka walaalkii iyo Xuseen-Dhiqle ayaa odayo reerka u ahaa. Xuseen markii uu arkay sida wax u socdaan, ayaa uu tiriyay gabay uu adeegsanayo sheekadii qayb libaax, isaga oo boqorkii ka dhigaya libaaxii sedbursiga waday. Waxa uu si maldahan oo aftahammo leh u yuriyay boqor Nuux Daadhi, oo sidaa ku dhaafay Jamaad Shiikh Cabdille.[2]

Qofayntu marar badan waxa ay fududaysaa ka hadalka waxyaalaha mayeedhaanka ah iyo tilmaantooda. Waa ta ay suuratul Kahf ku jirto: *gidaar doonaya in uu dumo*. Gidaarku doonitaan ma laha ee waa tilmaamid muujinaysa xaaladdii gidaarku ku sugnaa.

فَوَجَدَا فِيهَا جِدَارًا يُرِيدُ أَن يَنقَضَّ فَأَقَامَهُ

Suugaanta Soomaaliyeed, gaar ahaan sheeko xariirada, aad ayaa ay qofayntu ugu badan tahay oo intaa xoolo iyo xayawaan ayaa laga hadalsiinayaa. Ismaaciil Mire waa kii guuguulaha la hadlay ee ku lahaa, "*Gaagaabso oo aamus yaan gaadh lagaa qabane*". Sheekada *Shirweynihii Xoolaha*

---

2 Silsiladda Xulka Suugaanta Soomaaliyeed 1, Idaajaa, b.85-87.

Soomaaliyeed waa wada qofayn oo shakhsiyadaheeduba waa xoolo iyo gammaan.

Labo muuqaal oo isweydaarsan marka la tilmaamayo, waxaa lagu bayaamin karaa sillansuganta (*paradox*), lagaaddada (irony/ مفارقـة، سـخرية), iyo buunbuuninta (hyperbole/ مبالغـة).

Qamaan Bulxan oo u jawaabaya Cali-Dhuux, kuna tilmaamaya in waxa uu sheegayaa aysan daacad ka ahayn, ee afkiisa iyo qalbigiisu ay isweydaarsan yihiin, waa kii isaga oo sillansugantaa muujinaya lahaa:

"Baadida ninbaa kula deydeya, daalna kaa badane
Oon doonahayn inaad heshana, daayin abidkaaye
Dadkuna moodi duul wada dhashoon, wax u dahsoonayne
Dallo malaha aakhiro haddii, loo kitaab dayaye
Adna gabayga waad nagu danqiye, daacaddii maqane
Dubkaa nagaga kaa yaal, haddii lagugu deyrshaaye,"

—Qamaan Bulxan.

Tusaalaha kale ee Gaarriye u soo qaatay sillansugantu waa:

"Dacartuba mar bay malab dhashaa ood muudsataa dhabaqe
Waxan ahay macaan iyo qadhaadh meel ku wada yaalle
Midigtayda iyo bidixdu waa laba mataanoode

Midi waa martida soora iyo maata daadihise
Midina waa mindiyo xiirayiyo mur iyo deebaaqe
Masalooyin talantaalliyaan maandhow leeyahaye."

— Axmed Ismaaciil Diiriye 'Qaasin': Dacar.

Lagaaddadu waa isaseegga yaabku la socdo ee meel aan la filanayn ku jira. Tusaale ahaan: 'waa dhallaankii hooyadood dhalmada baray,' iyo 'ciirtaa dhamaa caydaa yaqaan,' waxaa loo adeegsadaa marka wax aadan filayn uu kaaga soo baxo meel aadan ka filayn. Waa aad u qaadan la'dahay in ay sidaa wax u dhaceen ama xaal sidaa noqday. U fiirso aayaddan: inta uu abuuriddiisii ilaaway baa uu Annaga wax noo tusaalaynayaa—waxa uu yidhi: yaa noolaynaya lafahan burburay!

وَضَرَبَ لَنَا مَثَلًا وَنَسِيَ خَلْقَهُ ۖ قَالَ مَن يُحْيِي الْعِظَامَ وَهِيَ رَمِيمٌ ۝

Buunbuunintu waa marka hummaag samayntii iyo tilmaantii loo dhigo qaab ka badbadin ah. Ammaanta dumarka ee suugaanta Soomaaliyeed ku jirta inteeda badani waa buunbuunin. Gaarriye waxa uu tusaale u soo qaadanayaa,

"Indhoolaha ay agtiisa martaa siduu arkayuu u eegaa."

Gabadhaa quruxdeeda indhoolihii baa xitaa arkaya e, kuwii indhaha lahaa kama doodi karaan.

Aftahammada af Soomaaligu waa laan curdin ah oo aan aad looga hadlin, una baahan aqoonyahan u hagarbaxa. Lagana yaabee intan Gaarriye ka hadlay in ka badan in lagu daro, kuwan uu ereybixinta u sameeyayna, in dib loogu noqdo oo ereyo kale loo helo qaarkood, waase laangooyo loo baahnaa. Tilmaanta saddex dhacda ee qaafiyadaysan ayaa iyadana lagu dari karaa qalabka qoraagu u adeegsado qurxinta qoraalka.

TILMAAN

"Ishaa Macallin ah."

"Lugihii odayga ayay indhihiisii cabbaar ku dul hakadeen, mase wuu cago cad yahay. Show waa nin aan weligiisba kabo illan oo cagaagga iyo saydhada qodaxdu ay ka meel waayeen! 'jilif weynaa, ma cago geel baa?!' ayuu hoos iska weyddiiyey.

Mar kale ayuu isla cagihii Fooley dib u eegay, mase maxaa habaas iyo boor saaran?! Waa cago indhowaale iyo in la xuso toona aan biyo la marin. 'Waa cago ninka lihi haddii uu tukan lahaa aan siday yihiin bacad iyo basaas u yeesheen' ayuu Muuse-cawl mar kale naftiisa ku war-geliyey. Kolkaas buu inta su'aashii uga jawaabey wuxuu Fooley ku yiri: "Inta aan wax kaleba la gaarin, haddeer oo la joogo, adduunna u kabo li'id, aakhirona u salaad li'id."[1]

---

1 Axmed F. Cali "Idaajaa", Murtida Maahmaahda Soomaalida (2005).

"Waayeel tag lama dhahee wuxuu ku tagaa la tusaa."

Waxa aan soo marnay Gaarriye iyo sida halabuurku u adeegsan karo shanta dareeme si uu akhristaha xidhiidh u la sameeyo. Iyada oo aan tilmaanta qaybo ka mid ah ka soo hadalnay, haddana aan si gaar ah wax uga dhahno.

Tilmaantu waxa ay ka koobnaan kartaa sheegid iyo tusid. Suugaanteennu waxa ay aad u cuskataa tusidda, maqashiinta, taabsiinta, dhadhansiinta, iyo ursiintaba. Laakiin in badan halabuurka dambe, gaar ahaan dhanka qoraalka, waxa ay u badiyaan dhanka sheegidda oo ka fudud dhinacyada kale. Qaacidooyinka caanka ah ee qorayaasha reer galbeedka lagu ababiyaa waa: ha sheegin e tus (*show don't tell*). Laakiin xaqiiqadu waa in qoralku labadaba u baahan yahay.

Nebi Yacquub cs markii uu wiilashiisii waayay, waa kii aad u murugooday. Laakiin waxa murugadaa aad innoo sii dareensiinayaa waa qaabka aayaddu u tilmaantay: indhihii baa murugo la caddaaday oo waa uu indho beelay. Si fiican baa aynu u fahmi karnaa meesha xaalad ka gaadhay iyada oo aan faahfaahin iyo tilmaan badan la inna siin.

وَتَوَلَّىٰ عَنْهُمْ وَقَالَ يَا أَسَفَىٰ عَلَىٰ يُوسُفَ وَابْيَضَّتْ عَيْنَاهُ مِنَ الْحُزْنِ فَهُوَ كَظِيمٌ ۝

---

bb.33-34.

Wuu ka jeestay (*tusid*) wuxuuna yidhi (*tusid*)... indhihiina caddaadeen (*tusid*)... tiiraanyaysan (*sheegid*)...

Ninkii shaydaan la saaxiibay ee jidkii Alle ka leexday, maalinta qiyaame marka uu xaqiiqadii indhihiisa ku arko, tiiraanyada uu dareemayo ayaa ay inna tusaysaa aayaddanina: farta ayaa uu ciil dartii dhexda ka qaniinayaa: hoogaye maxaan Rasuulka ugu xidhan waayay!

وَيَوْمَ يَعَضُّ الظَّالِمُ عَلَىٰ يَدَيْهِ يَقُولُ يَا لَيْتَنِي اتَّخَذْتُ مَعَ الرَّسُولِ سَبِيلًا ﴿٢٧﴾

Gaalada camalkoodii sida uu noqonayo aayaddani sida ay u tilmaantay eeg: kuwa gaaloobay camalladoodu waa sida dhalanteed uu midka oommani biyo moodayo, ka dibna marka uu meeshii soo istaago uusan waxba ka helayn... Aayadda labaadna waxa ay tilmaamaysaa mugdi aad u daran, heer "qofku haddii uu gacantiisa soo bixiyo uusan arkayn". Tilmaantaasi waa ay ka awood badan tahay in la dhaho: mugdi aad u daran baa jiray, waayo qofku si fiican uma suuraysan karo.

وَالَّذِينَ كَفَرُوا أَعْمَالُهُمْ كَسَرَابٍ بِقِيعَةٍ يَحْسَبُهُ الظَّمْآنُ مَاءً حَتَّىٰ إِذَا جَاءَهُ لَمْ يَجِدْهُ شَيْئًا وَوَجَدَ اللَّهَ عِنْدَهُ فَوَفَّاهُ حِسَابَهُ ۗ وَاللَّهُ سَرِيعُ الْحِسَابِ ﴿٣٩﴾ أَوْ كَظُلُمَاتٍ فِي بَحْرٍ لُجِّيٍّ يَغْشَاهُ مَوْجٌ مِنْ فَوْقِهِ مَوْجٌ مِنْ فَوْقِهِ سَحَابٌ ۚ ظُلُمَاتٌ بَعْضُهَا فَوْقَ بَعْضٍ إِذَا أَخْرَجَ يَدَهُ لَمْ يَكَدْ يَرَاهَا ۗ وَمَنْ لَمْ يَجْعَلِ اللَّهُ لَهُ نُورًا فَمَا لَهُ مِنْ نُورٍ ﴿٤٠﴾

Halkii aad i dhihi lahayd qofkaasi "waa bakhiil." i tus bakhiilnimadiisa iyo gacan adayggiisa. Aniga ayaa in uu dhabcaal yahay sidaa ku fahmaya e. U fiirso intan iyo sida aynu uga dhex arkayno bakhaylnimada qorqodaha:

"Eeddooy qorqode wuu qayliyaa
Eeddooy qorqode wuu qalaxtamaa
Naa ri'da qal oo qari buu yidhaa
Naa dhiiggu yuu quban buu yidhaa
Naa qiiqu yuu bixin buu yidhaa
Naa qoysna haw gelin buu yidhaa
Naa eeddadaa qadi buu yidhaa."

Cilmi Boodhari oo jacaylkii Hodan la googo'ay kuna dhibtooday, ayaa ay u timid isaga oo maalin hurda. Markii loo sheegay waxa uu yidhi:

"Hadhka galay hurdadu way xuntee hohey maxay seexshey?
Muusow hungoobaye maxaa Hodan i weydaarshey?
Hoygi ay joogtiyo maxaa hilinki ii diidey?"

—Cilmi Boodhari: Hadhka Galay.

Caloolxumada uu dareemayo ayaa aynu halkaa ka qaadanaynaa.

Dhegdheer oo ka cataabaysa hilibka dhaafay oo inna tusaysa ee aan innoo sheegin waxa ay tidhi:

"Bal naagtaa badhida daya,
Bal wiilkay sidato daya,
Bal bawdyo caddaanta daya,
Bal buluqbuluqdeeda daya."

—Dhegdheer.

❦

Akhristaha u suuree oo u sawir muuqaalka iyo dareenka meesha ka jira. Tusid iyo sheegmo isugu dar oo u kala badi hadba sida habboon. Halxidhaale aan la furi karin ha ka dhigin, hana u sharrixin wax kasta sidii aad carruur la hadlaysid—akhristaha u dhaaf meelo uu buuxsado iyo wax uu fasirto—*"Dadweynahaa la weydiin."*

Akhristuhu in uu furfuridda iyo xalka qayb ka noqdo oo uu hawshoodo, sheekadana wax ku lahaado, waxa ay ka mid tahay waxyaalaha sheekada u xiise galiya qoraalka macaankiisana dareensiiya.

Sheekada *Laaska Dawada* ee Xirsi Magan qayb ka mid ah aynu eegno sida uu wax u suuraynayo.

Laaska Dawada—Xirsi Magan

...

Habeenbarkii saddex saac ayaa la soo dhaafay, dayuxuna waa naylaqaad, badhada cirkana in yar buu ka janjeersaday. Cirka caad kuma rogna, xiddigihiina waxaa ka muuqda dhulkii dayuxu caal u waayay. Bari waqooyi ilikuwareertay, hillaac baa ka soo biligbilig leh. Galbeed koonfur ahna hillaac kalaa kaas u sii baaqahaya.

Waa kaad aan qabow iyo kulayl midna la dareemayn. Carradu waa cidla'. Nafleyda inta mirata maahee, intii kale waa huruddaa. Wax shanqar ah waxaa yeerahaya gobojaaga ci'diisa. Waxaa ku qaadahaya udug isaga darsamay roobkii shalay galab da'ay sumbaaxdiisii iyo ubaxa geedaha. Meeshu waa carris banbannaan oo aan lahayn dhagax lagu turaanturroodo iyo qodax wax mudda. Raxan cawl ah oo ubad ayaamahakan dhashay wadata ayaa inta kackacday yara guulantay.

Datoor Yuusuf ayaa wuxuu yiri, "Mar haddii cawshii tan tahay, meeshii aynu ku soconnay waa…" Wuxuu raaciyay, "Saacaddaan oo kale waa marka Eebbaheen yiraahdo, 'Yaa wax i weydiisanahaya oo aan siiyaa,' ee nin waloowba waxaad jeceshahay innoo weydii."

Lixdii la socotayba iskumar bay wada yiraahdeen, "Adigu innoo weydii aan wada niraahnee: aamiin."

Datoor Yuusuf wuxuu ku duceeyay…

…

Amarkii Eebbihiis, oo ahaa fayigaada, isagoo qaadanahaya oo bundukhiisii oo furan iyo bunbooyinkiisiiba sita, kabihiisiina illan, ayuu Datoor Yuusuf salaad habeennimo u dhigtay. Aayadda toddobaatan iyo shanaad oo suuradda an-Nisaa' ayaa daqantay, kolkaasaa Soomaaliya oo dhan la hor keenay. Dhibco waaweyn oo darruur la moodo ayaa indhihiisa ka soo hooray, sankana biyo.

Sagaal gu' iyo shan bilood iyo labaatan iyo shan habeen ka hor, saacaddaan oo kale, ayaa Soomaalida, iyadoo aan dareemayn, cadow aan naxariis lahayn la mahiibsiiyay oo gacanta loo gashay[2].

Si ayan cadowgaas addinna ugu taagin afka juuq uga

---

2 Fasiraadda ereyga mahiibsiiyay.

oran uurka inay ka necbaato maahee, ayaa iyadoo aan garan waxaa jirka laga cabsiiyay biyo sun fuleynimo lagu barxay. Soomaalidu sida suntaasu jirkeeda ugu kala badan tahay ayay u kala fuleysan tahay.

Datoorka waxaa ilmadu la soo dhaaftay[3] xanuunka sunta fuleynimadu Soomaalida ku hayo, iyo sida cadow ay ciribta hoosteeda ugu jiraan uusan ugu oggolayn inay iska daweeyaan iyo sida suntaas daawadeedu u fududdahay. Wuxuu og yahay laas haddii ay ka cabbaan ay dhiirran lahaayeen oo aan sina looga bajiyeen.

Waxaa kaloo ilmada ka keenay in saacaddaani tahay midda[4] welwelka iyo naxdinta oo aan Soomaaliya laga hurdin lagana soojeedin. Waa saacadda ciidammada bajintu, cadowga Soomaalidu ula baxay: Nabadsugidda, ay guryaha u soo dhacaan, oo ragga kala baxaan, naagaha iyo dhallaankana ka oohiyaan.

Waa saacadda mirtaasi uurrey badan ilmihii ka soo ridday, waayeel badanna wadnaha joojisay, dhalinyaradiina ku cirrowday.

Waa saacadda mirtaas lahankeedu kiciyo cudurro daran oo aan dalka laga aqoon oo ay ka mid yihiin: wadnaqabadka, caloolgubaha, qabsincunaha, dhiigga-sare-utuujiyaha, kaadisonkorka, iyo cudur maskaxeedyo kale oo keena camalxumo iyo waalli.[5]

Waa saacadda dadkii jeelasha aabiga loogu dilay boogtu ku soo wada kacdo.

Waa saacadda caradii Eebbe Soomaaliya cirka kaga soo degtay.[6]

---

3 Sheegid.
4 Sheegid.
5 Tirin.
6 U fiirso sida uu saacadda tilmaanteeda dhawr siyaabood uga hadlayo oo uu ugu celcelinayo.

Siciid ayaa inta saacaddiisii hummaagsaday yiri, "Waa sagaalkii iyo nus."

Cawil baa inta yara qoslay wuxuu raaciyay, "Waar dee waa saddexdii iyo badh."[7]

Siciid kaftankii ma qoonsan oo Cawil waa saaxiibkii lillaahi ah—waxay ka wada cabbeen Laaska Daawada oo wax iska jecel.

Datoorkii lixdii saaxiibbadiis ahaa intuu qaab xagaleed oo sagaal darajo ah u fariisiyay ayuu wuxuu isu jirjirsiiyay boqol boqol tallaabo, oo ku yiri nasta inta ooggu dillaacahayo anaa innoo soojeedahaya e.

Qaabka xagasha oo raggu u jiifo geeskiisa dibadda, geed lugtool ah oo dhan walba ka bannaan jirriddiis ayuu ku tiirsaday oo bilaabay in uu ka fekero sidii sunta fulannimada Soomaalida looga dawayn lahaa, oo dabadeed goortay biskooto loo bari lahaa afka buntukha, maxaa yeelay, cadowgeedu afka buntukha maahee af kale ma garto.

Datoorku wuxuu xusuustay in waa' aan dhoweyn Nebigiisii yiri, sallal Laahu calayhi wasallam, Jannadii waxay ku jirtaa seefihiinna harkooda. Meeshii seefta maanta waxaa yaalla buntukha, Jannadiina waxay ku jirtaa caaraddiisa.

Wuxuu hiyiga ku hayaa, oo haaminahayaa, in maalin uun Soomaalidu Eebbaheed idankiisa maahee ay addoommadiisa ka xorowdo.

Xiddigtii waaberi oo dhalaal weyn baa soo muuqata. Keligeed maahee, waxaa soo gurmahaya xiddigo aan la koobi karin oo la moodo in ay kuwa sii hoobanahaya tiigsanahayaan.

Habeenkii oo hawshii lagu qaybiyay si yaab leh u gutay

---

7 Maadayn.

ayaa maalintii, oo iyana si yaab leh hawsheeda uga adag, meesha u bannaynahaya.

Waa gu'—sida roobaabkiisu isaga dabo imaanahayaan ayaa geeduhu isaga dabo baxahayaan; ubixii, curdankii, gahayrkii, rooxaguduuddii, iyo dhugucii, ayaa geed ku wada yaal.

Shimbirihii, haaddii, ugaartii, dugaaggii, iyo xoolihiiba, waa raaxaysanahayaan. Gugakan waxa keli ah oo aan raaxaysanahayni waa Soomaalida xorriyad ka quusatay, oo aan hadli karin in ay goonyaha dhugato ama geed dabada gashato maahee, oo dharkeeda iyo dhuunigeeduba[8] gacan cadaawe ku jiraan, oo cadaawahaas carruurteeduna u heesto, waayeelkeeduna hawraarsan yiraahdo. Waa tijaabo Eebbee intee bay saas ku jiraysaa?!"

Raage Ugaas markii laga guursaday gabadhii uu jeclaa ee u doonnanayd, innooma sheegin in ay arrintaasi ciil iyo uurkutaallo ku reebtay. Waxa uu innoo sawiray muuqaal ka tarjumaya dareenkiisa: halka dadkii habeen u madoobaaday oo ay guryahoodii galeen albaabbadiina xidheen oo ay seexdeen oo ay xasillooni iyo nasasho ku jiraan, Raage sida uu isugu buuqsan yahay sawaxanka ka dhex baxayaa waxa uu ka dhigan yahay: roob culus oo onkodaya iyo kun qori oo dhacayaa sawaxanka ay dhaliyaan. Xasillooni ka dheer.

"Alleyl dumay albaabadoo la xidhay, uunkoo wada seexday
Onkad yeedhay uugaama roob, alif banaadiikh ah
Iihdayda bixibaa libaax iman lamoodaaye

---

8 Xarafraac.

Raggase adhaxda iyo ooftu waa udub dhexaadkiiye
Labadii wax laga eegijiray waan ka awdnahaye
Halkaan aa ka leeyahay Illaah kaliya uun baa og

Aboodigu ma lalo garab haduu iin ku leeyahaye
Orod uma hollado ooglihii adhaxda beelaaye
Ma aarsado il iyo oof nimay iimi kaga taale
Aroos uma galbado nimuu wadnaha arami jiifaaye

Geeluba markuu oomo wuu ollol badnaadaaye
Sidii inan yar oo hooyadeed aakhirow hoyatay
Oo aabeheed aqal midkale meel illina seexshay
Hadba waxaan la urugoonayaa uurkutaalada e

Ninka ilo biya leh soo arkoo ooman baan ahaye
Ninka ooridiisii nin kale loo igdhaan ahaye
Nin abkii Ogaadeen yahoo aarsan baan ahaye
Afdhabaandhow aayar ninkaa aamusaan ahaye"

—Raage Ugaas: Alleyl Dumay.

Sidaa si la mid ah, Aadan Carab oo ka faalloonaya sidii uu ugu hungoobay dawladdii uu waxqabadka ka sugayay, iskuma koobin sheegidda in aan waxba loo qaban e, muuqaal farshaxan leh oo aynu iskeen u gaadhayno natiijada ah in aan wax iska beddelin noloshiisii hore ayaa uu innoo sawirayaa, markaas ayaa uu ku soo gabagabanayaa su'aal aynu ku qabsan nahay in aynu kaga jawaabno: WAXBA!

TILMAAN 275

Sidii baan marqaafyo u sitaa ama mareykaane;
Sidii baan Midgaha uga kartaa maas faruur go'ane;
Sidii baan maqaar ugu gam'aa meel la ii dhigaye;
Sidii baan mankaar lagu gubtiyo milic u joogaaye;
Sidii baan madaal dheri karshiyo rodol u miistaaye;
Sidii baan macaash ugu gataa harag miciinkiise;
Sidii baan martida caano qudha ugu macsuumaaye;
Sidii baan masruuf uga dhigtaa midhaha Toomoode;
Sidii baan muwaashiga hayaan ugu maqiiqaaye;
Sidii baan majiiraha dhabbada ugu masaafoone;
Sidii baan manjaha ugu socdaa moodhar li'idiiye;

Sidii baan tacliin uga madhnahay macadkii diimeede;
Sidii baan madow ugu jiraa maato iyo ruuxe;
Sidii baan macruufkow sugaa macallinkiisiiye;
Sidii baan magtii uga baxshaa muumin kii dilaye;
Sidii baa miskiin tulud lahaa looga mariyaaye;
Sidii baan haddii tuug i miro midigta loo goyne;
Sidii baan xafiis meel fog jira ugu muctaadaaye;

Haddii laba nin oo wada Muslina madaxda loo geeyo;
Sidii baa guddida loo madhaa wax u masaynayne;
Sidii buu rummaan ugu mudhxaa kii maxbuusihiye;
Sidii baa sharcigii meyd u yahay aan murwo lahayne;
Kuwa midabka Soomaalinnimo lagu malaynaayo;
Sidii buu kiniin uga mutaa maralka jiifaaye;

Sidii baa dalkii naga maqnaa muran u joogaaye;
Marsadii Jabbuutaanba weli soo mihiib-kicine;
Sidii buu makhluuqii u yahay magan-Amxaaraade;

Haddii dumar maxaajabad ahaa milicsi loo diido;
Immikay dharkoodoo milmila suuqa marayaane;
Miidaanka noogama baqaan mana mastuurtaane;
Muqdishaba horteed waa dhaqnayn marag Ilaahay e;
Wuxuu webigu mooska u jabsaday waa macaasida e;
Isagaa mabsuuda e wax kale nooma maamuline;
Bal muxuu micneeyaye na taray ministarkaan doortay?

—Aadan-Carab: Ministar.

Abshir Bacadle oo inna tusaya xaaladdii Muqdisho ee xilligii dagaalkii sokeeye waxa uu leeyahay:

"*Dariiqyada waxaan kaga dusnaa Daa'inoow magane*
Nin waliba halkii dani dhigtaan kaga dareerraaye
Sidii maydka loo duugi jirey haatan laga daaye
Iilkii daboollaa ma jiro ama dahaarraaye
Naf baa diidday luxudkoo god baan dalaq ku siinnaaye
Afkaan ciidda kaga daadinnaa kana dareerraaye."

—Abshir Bacadle: Dibuheshiisiin.

Meel aan maydkii si fiican loo aasi karin, waxa ka jiraa ma yara.

Ismaaciil Mire oo tilmaamaya abaar ba'an isna aan eegno.

"*Guuguulayahoow haddaad gu'ga u ooyeyso*
Haddaad mooddey keligaa inuu gubayo jiilaalku
Ama aad gabooyaha ku madhan gama' la diidayso

Ay gocasho awgeed ilmadu kaaga gobo'laysay
Giddigood addoomaha waxaa gaadhey seben weyne
Abaar gaag-ma-reebaa dhacdiyo Gaaddamoo kale e
Gartaa ma aha keligaa inaad gaar u cabataaye
Guumeys cirro leh baan ahee war aan ku gaadhsiiyo

Geelii adduunka u adkaa gobollo weydowye
Golihii ka kici waa raggii geydho hayn jiraye
Tuuladuu ilgabadhleynayaa gobol barbaarkiiye
Hadduu timirtan goob dhigi lahaa Jiingadday geline
Nina uma garaabeen haddaan gaadhka laga hayne

Gumburigii badhbaa joogsadiyo gorayo-cawshiiye
Saryankii garbaha weyn lahaa goob ka kici waaye
Waxa goonidaaqii habsaday[9] gubaddadii Hawde
Garanuugta iyo deeradii gaag yar baa hadhaye
Gobey iyo askari geyfan baa goodirkii jaraye
Guuyadiyo jiiskii hadday kala gol waayeene
Kama guuxo aargoonlihii geliga Toomoode

Shabeelkii gabraar lagu idlee Giiro layn jiraye
Oo godadkii kama soo ciyaan gabannadiisiiye
Hargihiisa nimankii gataa guuldarra u sidaye

Gaadiidkii la dhaansanahayiyo giindhaygii madhaye
Ahminkii la gawrici jiriyo gaabay adhigiiye
Goggii subagga laga dhoobi jirey haatan gorofowye

---

9 Taagdarro ayaa uu ereygu muujinayaa.

Basaas baa timihii kala go'een gaaridii dumare[10]

Gorgorkiyo dhurwaagii laftaad galayax moodaaye
Tuke wuxu la gabaslaynayaa geedki kori waaye,

Garaad Faarax iyo Maxamuud Garaad ma leh gammaankiiye,
Neef kama gurxamo dooxadii garada fiicnayde
Garoowe iyo Bookh baa qaar harraad u go'ayaaye
Gocondho iyo daal bay qabaan garow la'aaneede

Ayaxii geyiga joogi jirey guuto lagu saarye[11]
Gubniyaa hareeraha ka galay gaadhiyaal wada e
Geedihii sun baa loogu daray geerina u badaye
Wax ma galabsannine maalin baa loo guddoonsadaye

Galowga iyo fiintii naf bay giida la hayaane
Gurxankiyo cabaadkiyo haddaad gooha demin weydo
Adigaaba lagu gaadayaa gooshkan dabadeede
Gaagaabso oo aamus yaan gaadh lagaa qabane!

U fiirso hummaag sawiriddan Xasan Sheekh Muumin ee ku jirtay riwaayaaddii *Shabeelnaagood*. Xaaladdii dalka ee xilligii xukuumadihii rayidka ahaa, iyo sidii meelihii samatabaxa laga filayay ay u noqdeen kuwo lagu hungoobay, ayaa uu ku abbaarayaa maansadan, isaga oo adeegsanaya

---

10 Tii kalana iskaba daa warkeeda!
11 Irsaaqad baa laga raadiyay.

aftahammo heerkeedu aad u sarreeyo.

DIIDDANE:
Doc kastoo la eego
Nolosha dunidu waa dabkee
Hadduu dabkii dhaxamoodo
Maxaa lagu diiriyaa?
Waa tilmaan la daahoo
Degdeg kuma habboonee
Adoo deggen u fiirsoo
Ujeeddada i deeqsii.

DIIDDAN:
Ruux haddii la doortoo
Darajadii la saariyo
Xilkii daryeeli waayo
Dab dhaxamooday weeyee.
Waa su'aal da' weynoo
Madaxa dalinaysee,
Wixii lagu diirinaayo
Dadweynahaa la weydiin.

DIIDDANE:
Durudurkaa laga cabbaa
Biyihiis lagu dabbaashaa
Hadduu harraad dareemo
Darkee laga waraabshaa?
Waa tilmaan la daahoo
Degdeg kuma habboonee
Adoo deggen u fiirsoo

Ujeeddada i deeqsii.

DIIDDAN:
Ruuxa duunyo haystee
Dahabkana barkanayee
Wixiisii deeqi waayeen
Durdur oomay weeyee.
Waa su'aal da' weynoo
Madaxa dalinaysee,
Wixii lagu diirinaayo
Dadweynahaa la weydiin.

DIIDDANE:
Qofkii cudur dilaayo
Dawadaa bogsiisee
Hadday dawo bukooto
Maxaa lagu dabiibaa?
Waa tilmaan la daahoo
Degdeg kuma habboonee
Adoo deggen u fiirsoo
Ujeeddada i deeqsii.

DIIDDAN:
Dallaallimada diintiyo
Distoorka iyo xeerka
Haddii dabool la saaro
Dawo bukootay weeyee.
Waa su'aal da' weynoo
Madaxa dalinaysee,
Wixii lagu diirinaayo

Dadweynahaa la weydiin.

DIIDDANE:
Subagga dufankiisaa
Dadku ku dhaashadaan e
Hadduu dufan basaaso
Xaggee dux looga doonaa?
Waa tilmaan la daahoo
Degdeg kuma habboonee
Adoo deggen u fiirsoo
Ujeeddada i deeqsii.

DIIDDAN:
Dhaqanku dugsi weeyaan
Dalkiisu uu ku dhaatee
Haddii dadkiisu aaso
Dufan basaasay weeyee.
Waa su'aal da' weynoo
Madaxa dalinaysee,
Wixii lagu diirinaayo
Dadweynahaa la weydiin."

—Xasan Shiikh Muumin: Shabeelnaagood.

NUUN 282

QALINQATAAR

Mar baa qoraalku kaa xidhmayaa oo aad soo qaban waayaysaa, gaar ahaan qaybaha dhexe ee qoraalka dheer. Mar waxaa sababi kara nasasho la'aan iyo in aad maankii daalisay e, nasi muddo kooban si ay murti ugu soo maaxdo oo uu mar kale kuugu godlado. Naso, wax akhri oo maanka quudi, wixii daaliyay wax aan ahaynna dhex gee.

Haddii aysan daal ahayn, qaybtaa kugu istaagtay iska yara dhig oo qayb kale ka shaqee, ama qoraal kale isku day.

Haddii dhibtu tahay qaabdhismeedka oo aad soo qaban la'dahay sidii aad wax isugu habayn lahayd, in aad wadwaddo uun baa aad ku xallin kartaa. Qoraalku waa sidii ceel la qodayo oo ishii biyaha la raadinayo. Marba dhinac ka qod haddii aad biyo ka waydana ka wareeg ilaa ay marka dambe biyo kuu soo burqadaan. Sugid ma laha e waa la qodaa oo la jafjafaa oo la turturqaa.

Ku dedaal in aad isku laylido in aad hawsha ku jirto

waqtigii aad u qoondaysay. Haddii aad la qabsatid in aad boodbooddid oo markii wax kuu dhaqaaqi waayaan aad iska kacdid, caado ayaa ay kuu noqonaysaa waxa ayna saamayn ku yeelanaysaa qoraalka iyo muddada uu kugu qaadanayo. Ruutiinkaaga ku joog. Goortii aad qoraal u qoondaysayna joog goobtaadii qoraalka.

Nebiga scw marka ay arrini ku timaaddo, salaad ayaa uu tukan jiray. Bal tijaabi.

كان رسولُ اللهِ صلَّى اللهُ علَيهِ وسلَّمَ إذا حزَبه أمرٌ صلَّى

Bukhaari lix iyo tobankii sano ee uu Saxiixa qorayay, xadiis kasta qubays iyo labo rakcadood baa uu ka horraysiin jiray inta uusan ku darin kitaabka. Marka laga reebo kuwa soo noqnoqday, waa 2602 xadiis oo dhammaystiran, kuwa qaybta ah haddii lagu darana waa 2761 xadiis. Waa salaado iyo qubays badan.

ما وضعت في كتاب الصحيح حديثًا إلا اغتسلت قبل ذلك وصليت ركعتين.

Adeegsiga qalinka iyo warqaddu kombuyuutarka kaga fiican godlinta maanka. Kol aad wax ku sawirto ama ku xarxarriiqdo, haddii aad kombuyuutar ku qoraysay waxa kugu istaagay, qalin iyo warqad u wareeg. Faa'iido kale oo qalinka iyo warqaddu ay leeyihiin waa in wixii lagu qoro laga xusuusan og yahay wixii kombuyuutar lagu qoro. Marka aad wixii warqadda ku qornaa u wareejinaysid kombuyuutarkana, in badan, wax sixid u baahan ayaa aad arkaysaa. Waxaa laga yaabaa higgaad badan in aad iska saxdid. Shubaalka qoraalka in aad dib u habaysid oo aad qaybo dhan meeshii hore ka beddeshid, waxyaalo aad ka maarantay aad ka reebtid, kuwo cusubna aad ku dartid. Waxaa la dhihi karaa waa tifaftirka qoraalkii koowaad iyo qoritaankii midkii labaad.

$$وَاذْكُر رَّبَّكَ إِذَا نَسِيتَ وَقُلْ عَسَىٰ أَن يَهْدِيَنِ رَبِّي لِأَقْرَبَ مِنْ هَٰذَا رَشَدًا ۝$$

Xus Rabbigaa haddii aad hilmaanto, dhehna: Rabbigay waxa uu igu duwi doonaa mid kan ka hanuunsan.

NUUN 286

KHITAAMUHUU MISKUN

$$\text{خِتَامُهُ مِسْكٌ ۚ وَفِي ذَٰلِكَ فَلْيَتَنَافَسِ الْمُتَنَافِسُونَ ۝}$$

Sidii aad bilowgii wax macaan ugu soo jiidatay akhristaha, dhammaadkana afkiisa macaan kaga tag.

    Shaaha geedaha leh ee la cabbayey iyo dhirta ubaxa leh ee ku hareeraysnaa daaradda ay fadhiyeen, qorraxda sii liicaysey iyo midabbada ay guriga derbiyadiisii caddaa u yeelaysey, waxay sameeyeen muuqaal lagu nasto oo sheekadu si raaxo leh ugu soo maaxato. Roob cirka ka soo muuqday ayaa kala kiciyay fadhigii. Muumino ayaa tiri, "Khayrka roobkaasi la curan doono, Ilaahay mid Soomaali raadkii colaadda ka soo doojiya ha noogu soo daro."[1]

Suuradda an-Najm (*wan-Najmi*) waa dood isla socota.

---
1 Dhammaadka Soodoog—Cabdulqaadir Diiriye.

Markii uu Nebigu scw ku akhriyay Mushrikiintii Quraysheed, ee uu soo gaadhay dhammaadka amraya in ay Alle u sujuudaan oo ay caabudaan, ayaa uu Nebigu scw sujuuday, Muslimiintii la joogayna waa ay sujuudeen, Mushrikiintiina waa ay la sujuudeen. Dadkaasi sida ay afka u fahmayeen iyo qaabka suuraddu u dhigan tahay iyo ereyada ay adeegsatay iyo dooddeedu waa kuwo dareenka qofka la wareegaya, ugu dambaynna marka amarkaasi dhegta ku dhaco, waxa ay u badan tahay in jidhku dareen la'aan uu toos u hoggaansamayo.

$$\text{فَاسْجُدُوا لِلَّهِ وَاعْبُدُوا}$$

Sidaa oo kale ayaa suuradda al-Qiyaamah marka ay ka hadasho nafta, kawnka, geerida, abuuridda...iyo awoodaha Alle ee intaa la xidhiidhay, waxa ay ku dhammaanaysaa su'aal: Midkaasi miyuusan awoodin in uu nooleeyo maytida? Waa su'aal qofka ku hadhaysa dareenkiisa oo ka fekersiinaysa.

Suuradda al-Mudafifiin ayaa iyaduna marka ay ka hadasho sida ay gaaladii Mushrikiintu u yasayeen, u quudhsanayeen, ugu qoslayeen Mu'miintii, ee ay wax uga sheegayeen una dhaleecaynayeen... waxa ay u boodaysaa aakhiro oo labadii kooxood xaaladdoodii isweydaarsatay— waa Mu'miniintii oo sariiro ku dangiiga oo gaaladii ku qoslaya. Ka dibna waxa ay ku dhammaanaysaa: gaaladii ma lagu abaalmariyay wixii ay samayn jireen? Jawaabtu waa: HAA.

$$\text{هَلْ ثُوِّبَ الْكُفَّارُ مَا كَانُوا يَفْعَلُونَ ﴿٣٦﴾}$$

Haddii qoraalku jiraal yahay, sidii war, taariikh, taariikh nololeed, iyo wax u dhigma, hadal xigasho ah oo dhammaadka ku habboon ayaa aad ku soo afmeeri kartaa, sida uu tilmaamayo qoraaga *On Writing Well*: "*But what usually works best is a quotation.*"[2]

---

2 On Writing Well, b.65.

NUUN 290

XIGASHO

"Deelleyda maansada markay damacdo laabtaadu
Dembi inuuyan kaa raacin baa lagu dedaalaaye
Dibnahaaga lamo baro mid aan lagu daawoobayne
Dabna laguma sii shido inaad demiso mooyaane."

—Abshir Bacadle: Dibuheshiisiin.

"Dugsina male qabyaaladi waxay dumiso mooyaane
Cabdillaahi Suldaan Timacaddaa nooga sii digaye
Tixduu calanka ugu deeqay iyo dibuheshiisiinta
Iyo daacadnimaday nafluhu ugu duceeyaane
Diiwaanka taariikhda iyo danabka suugaanta
Inuu door ka galay baan hubaa doqoni waa mooge."

—Abshir Bacadle: Dibuheshiisiin.

Waxaa la yidhaahdaa: haddii aad wax soo xiganaysid saxnaanta (الصحة) ku dedaal, haddii aad wax sheeganaysidna daliil ku dedaal[1]. Waxa ay culamadu dhaheen: barakada cilmiga waxaa ka mid ah in ciddii tidhi la xuso ee aan la sheegan.

$$\text{مِنْ بَرَكَةِ الْعِلْمِ أَنْ يُضَافَ الْقَوْلُ إِلَى قَائِلِهِ}$$

Waxaa Sufyaan ath-Thawrii laga soo weriyaa: faa'iidada oo aad u sheegto ciddii lahayd, waxa ay ka mid tahay ka runsheegga cilmiga iyo shukrigiisa, in aad ka aamustaana waa cilmigii oo laga beensheegay lagana abaaldhacay.

Imaam Nawawi isna sidaas oo kale ayaa uu ku tilmaamayaa *Bustaanul Caarifiin*: naseexada waxaa ka mid ah in faa'iidada loo sheego ciddii tidhi, qofkii sidaa yeelana cilmigiisa iyo xaaladdiisa waa loo barakeeyaa, kii qariya hadalka uu dadka kale ka soo qaatayna, waxa ay u badan tahay in uusan dheefsan doonin cilmigiisa oo aan loo barakayn, culamada sharafta lehna waa ay ku dedaalaan in ay faa'iidada u sheegaan ciddii lahayd.

Ha iska weynayn cidda aad wax ka xiganaysid e, cid kasta wixii aad ka faa'iiddo u sheeg. Ibnu Salaax waxa uu *Culuumul Xadiis* ku sheegayaa: waa in uusan ka santaagin in uu ka qoro cid ka hoosaysa (maqaam ahaan) wixii uu ka faa'iiday. Waxa uu soo xiganayaa sheekhii imaam Shaafici ee Wakiic ibnul Jarraax: ninka xadiiska ku hawlani heer sare ka gaadhi maayo ilaa uu wax ka qorto cid ka sarraysa, cid

---

[1] b.82.-عبدالكريم بكار، القراءة المثمرة

dhiggiisa ah, iyo cid ka hoosaysaba.

Marka aad aqoon urursiga ku jirtid, wax kasta xaabso, hadhow marka aad qoraysidna kala huf oo intii waxtar qoraalkaaga u leh ka xulo.

إِذَا كَتَبْتَ فَقَمِّشْ ، وَإِذَا حَدَّثْتَ فَفَتِّشْ

Marka aad qoranaysid xaabso. Marka aad gudbinaysidna xulo.

Xilliga wax barashada iyo baadhitaanka, haddii aadan xeeldheere is-huba ahayn, sheekhu waxa uu ku talinayaa in aadan naqaysan waxa aad qaadanaysid e, aad xaabsatid wixii aad heli kartid. Laga yaabee in wixii aad ka tagtay aad u baahan tahay ee aadan hadda dareensanayn. Sheekhu waxa uu soo xiganayaa Cabdullaahi ibnu Mubaarak iyo Yaxyaa ibnu Maciin oo muujinaya in naqaysigaasi murugo iyo isciilkaambi ku dambayn karo haddii wax loo baahnaa sidaa lagu lumiyo.

Xigashada habboon iyo qaabka ay tahay in aad tixraaca u diiwaangalisid, waxa ay ku xidhan tahay nooca qoraalka iyo ujeedkiisa. Qoraallada akadhemigga ahi waxa ay leeyihiin habab xigasho oo kala duwan, badanaana waa in la sheego magaca cidda qortay, magaca tixraaca, taariikhda, bogga, madbacadda, iwm. Wixii aad internetka ka heshay waxaa la raaciyaa taariikhdii aad heshay.

Ugu dambayn, intii karaankaaga ah ku dedaal in aad xigatid Soomaali, xitaa adiga oo ka maarmi kara, maxaa yeelay waxa aynu u baahan nahay in aynu dhiirrigalinno isweydaarsiga iyo tarminta aqoonteenna iyo waxsoosaarkeenna; dhiirrigalinta, iyo in aynu dib u dhisno kalsoonidii aynu isku qabnay, intii aynu hadal shisheeye uun tixgalin lahayn.

HUFID IYO HAADIN

NUUN 296

TIFAFTIR

Qoraalka marka aad dhammaysid waxaa kuu bilaabmaysa hawsha adag ee tifaftiridda wixii aad qortay. Qoraalku kama maarmo dib ugu noqosho, habayn, sixid, qurxin, iyo naashnaashid badan. Wax badan oo aad ka ilduuftay markii hore ayaa aad ku saxaysaa dib-u-qorista labaad. Aragti ama erey markii hore kula qummanaa ayaa laga yaabaa in aad tuurto marka saddexaad. Waa halka quruxda iyo bilicda qoraalku ka dhismaan. Haddii uusan waqtigu kugu yarayn, qoraalkii meel iska dhig oo dhawr maalmood ka dib ku noqo. Indho kale ayaa aad ku arkaysaa, lagana yaabee in aad isweydiiso meelaha qaar ciddii qortay!

Mar baa tifaftirku ka dhibaato badan yahay qoraalka koowaad. Al-Jaaxid waxa uu leeyahay: waxaa laga yaabaa in curinta toban warqadood ay kaaga fududaato hagaajinta meel qalad galay, ama ku kordhinta erey dhiman.[1]

---

1 كتاب الحيوان, bb.55.

Qoraalkii aad dhammaysay nuqul cusub ka samayso kii horana meel dhigo, oo isa sax inta aan lagu sixin. Hadal waa mergi hadba meel u jiidma, oo nin si u yidhi ninna si u qaaday. Caano aan fiiqsi loo dhamin iyo hadal aan fiirsi loo odhanna, labaduba feedhahay wax yeelaan ayaa la yidhi. Mar kale waa tii la yidhi: ama afeef hore lahow ama adkaysi dambe. Aad uga fiirso qoraalkaaga inta aadan dadka hor keenin.

"Irdho qaado aashaana soco, aayar hadalkaaga,
is-ogow afkaagana yasiro, edebi waa doore."

—Saahid Qamaan.

Al-Khadiib al-Baqdaadii waxa uu yidhi: qofkii wax qoraa caqligiisii ayaa uu dadka xeedho u soo saaray.[2]

من صنف فقد جعل عقله على طبق يعرضه على الناس.

Halka Ibnul Jawzii uu leeyahay qoraalku waa ilmahaagii oo waaraya.

فان تصنيف العالم ولده المخلد

Haddaba, caqligaagii ama ilmahaagii oo qaabdaran dadka in aad soo hor dhigtaa waa ceeb. U fooldhaq oo basaas yaan laga garan. Qofku isaga oo hurdo ka kacay oo aan is-habaynin dadka ma horyimaaddo. Laakiin dad ayaa diyaar u ah in ay caqligoodii oo rifrifan dadka hordhigaan oo yidhaahdaan: akhriya. War bal waxa u shanlee, yaan laga didin foolxumadiisa e!

Hadal al-Jaaxid leeyahay ayaa macnihiisu yahay[3]: qofkii raba in uu wax qoro, waa in uu wax u qoraa sidii in dadka oo dhan ay cadowgiisa yihiin, wax kasta ay og yihiin, isagana ku mashquulsan yihiin… bilowga hore qoraalku xiise ayaa uu leeyahay waana lagu qamaamaa, laakiin marka naftu miyirsato ee xamaasaddii degto ee uu dib u eego wixii uu qoray, ayaa uu joogsanayaa oo dhiirranaantii ay ka duulaysaa oo uu banjarayaa.

Bukhaari kitaabkiisu waxa uu muddada dheer u qaatay waxa ay ahayd hagaajin iyo tifaftir joogto ah oo uu ku waday. Arday habeen la joogay ayaa waxa uu yidhi dhawr iyo toban jeer baa uu habeenkaa Bukhaari soo kacay oo inta uu faynuuskii shiday qoraal ka shaqaynayay. Sidaa oo kale, al-Muzani marka uu masalo tifaftirkeeda dhammeeyo oo uu Mukhtasarkiisii ku daro, labo rakcadood ayaa uu tukan jiray, sida uu sheegayo Dahabi.

Waxa aan hore u soo marnay in Ibnul Jawzii aad u qoraallo badnaa, laakiin culamada qaar, sida Dahabi, waxa ay ku eedeeyeen in uusan inta badan ku noqon jirin waxa uu qoro oo sidaa qalad badani uga dhacay. Dahabi waxa uu leeyahay: waxa uu qoray waxyaalo haddii uu cimri labaad noolaan lahaa uusan tifaftirkooda iyo hagaajintooda ka geyoodeen. Taa lidkeeda, Ibnu Casaakir taariikhdiisa tifaftirkeedu waxa uu socday ilaa lix sano oo isaga iyo wiilkiisu ay ka shaqaynayeen.

Tifaftirku dhawr heer oo mid walba kan hore ka qotadheer tahay baa uu leeyahay. Inta aadan tifaftirin,

---

3 كتاب الحيوان, b.60.

qoraalka hal mar isku wada akhri adiga oo calaamadsanaya meelaha aad isleedahay hawl ayaa ay u baahan yihiin. Waxaa laga yaabaa in aad qoraalka qayb ka mid ah dhawr meelood ku soo celcelisay, ama qayb aad ka tagtay oo aad ka ilduuftay, ama qayb ku jirta meel aysan ku habboonayn aad aragtid, iwm. Kala shaandhee oo isku shaandhee. Wixii aad hubtid in aadan u baahnayn ka saar. Wixii haysashadooda su'aali ka taagan tahayna gaar u calaamadi oo daa marka hore. Meeshii wax ka dhiman yihiin buuxi. Qaybtii u baahan in meel kale loo raro qaad oo halkii ku habboonayd dhig. Haddii aad u aragto lamahuraan, dib u qor meelaha qaarkood.

Marxaladdan hore aad ha isugu hawlin higgaadda, maxaa yeelay waxaa laga yaaba meel aad higgaaddeeda waqti galisay in aad tuurtid oo aadanba u baahnayn.

Go'aannadaada tifaftireed ku dhis sida qoraalku u abbaarayo ujeeddadiisii, mawduuciisii; sida uu ula hadlayo ciddii loogu talagalay, iwm. Qoraalku ma qabanayaa hawshii aad ka rabtay oo ma sidaa farriintii aad doonaysay in uu xambaaro?

Meeshii cadhaysan ee aan cadho looga baahnayn iyo meeshii hadalku kaa kululaadayba qabooji. Meeshii dood ahayd ee leexatay toobiyaha ku soo celi. Hubi xogta iyo macluumaadku in ay sax yihiin. Xigashadii habboonayd in aad samaysayna iska eeg. Haddii kale waxaa laga yaabaa in aad eedowdo.

Waxaa laga yaabaa in kala habayntani ay kugu dhaliso in aad beddeshid bilowga iyo dhammaadka, oo aad heshid qaybo kale oo ku habboon in aad qoraalka ku bilowdid ama ku dhammaysid.

Haddii aad qoraalkii koowaad si xor ah u qortay, oo aadan istifaftiraynin markii aad qoraysay, wax badan ayaa aad u baahanaysaa in aad ka reebtid qoraalka labaad. Culaabtii badnayd ee aad ku hishay iyo huubadii kaa raacday ka deji. Qoraalku isaga oo dhammaystiran ayaa aan sidii la rabay loo dheefsan karin, haddii uu isku dhex daadsan yahay, oo dhismihiisu uusan hagaagsanayn.

Qaybaha kala duwan (erey, weedh, tuduc, cutub, iwm.) waa in ay isugu xigaan sida ay isu raaci karaan. Xogtu ama sheekadu, waa in ay si maangal ah u kala horrayso ee aan bogagga lagu dul daadin uun. Waa in aadan akhristaha marna bari la aadin marna bogox, mar cirka aadan ula duulin marna aadan dhulka ku jiidin. Akhristaha oo kaa sugayay in aad geel u heesto, ha ula iman hees gorayo. Warkii oo kooban: ha wareerin akhristaha.

Waa in uu qoraalku habsami ku socdaa oo qaybba qayb u dhiibtaa. Haddii kalagoynta loo baahdo, bogga ku muuji oo qoraalka kala durki si akhristuhu ugu baraarugo in wax isbeddeleen, calaamad lagu gartana u samee.

Xarrago

Dhismihii marka aad toosisid, alaabtiina aad kala habaysid oo shay walba aad meeshiisii dhigtid, waxaa ku xigta qurxintii iyo saxartirkii.

Qoraalka giiji oo ereyada aan macnaha waxba ku darayn ka reeb. Meeshii laga yaabo in fahankeedu wejiyo bato ama cid ku qalloocdo, bayaani oo mugdiga ka saar. Meelaha laga yaabo in aad ku talaxtagtay faahfaahintooda, wax ka dhin.

U fiirso habdhaca iyo shubaalka qoraalka, oo hakadka,

joogsiga, jiitinta iyo daliigta (*dash*), iwm., ku astaamee meelaha habboon.

Higgaadda si fiican ugu fiirso oo meelaha aad isku qortay iyo kuwa aad kala qortay aad ugu sii fiirso. Mar baa -*ka/ka* ama -*na/na* aad erey ku qortay ama ka qortay macnaha beddeli karaan. Xarfaha labalaabma ha ku turunturroon e toosh aad u kaah badan ku ifi oo mugdiga ka ilaali.

Haddii aadan qoraalka koowaad hal mar wada dhammayn, ee aad tifaftirtid hadba qaybtii aad dhammaysid, isla heerarkan waa aad marin kartaa tifaftirka.

Guud ahaan, qoraalka koowaad ku dedaal in aad qortid wixii kugu soo dhaca oo ha danayn sixidda iyo habaynta. Biyaha qulqulaya iyo daadka soo rogmaday dhuro oo weelasha ka buuxso intii uusan ku wada dhaafin, huubadana ha ka welwelin. Biyo la'aan baa kugu dhici karta haddii aad sugtid inta ay huubadu ku dhaafayso. Weelkii marka uu kuu buuxsamo, ka shaqee sidii aad u kala sooci lahayd, huubadana aad isaga daadin lahayd. Waa qoraalka labaad.

Qoraalka saddexaad waa sida adigii oo biyaha bayliya si aad jeermiska uga dishid. Qaladka yaryar indho qudhaanjo ku bidhiiqi.

Tifaftirka ka soo qaad qoridda koor. Bilowga yoolku waa in geedkii rukun laga soo jaro oo la le'ekaysiiyo koortii la rabay. Ka dib waa in gudihii la qaabeeyo. Ka dib waa in codkii loo sameeyo dushana laga qurxiyo, hawsheeduna ma dhammaato inta codka ay bixinayso laga raalli noqonayo.

Waa in aad garan kartaa waxa u baahan in la gooyo si qoraalka qaabkiisii u soo baxo oo uu sidii koorta u yeesho cod dheer oo baadisooc noqda.

Sugid

Hawl kasta oo aad qabanaysid, ku dedaal in aad sida ugu wanaagsan u qabatid, adiga oo aan waxba ka hagranaynin.

Si sugan u fuli hawsha aad qabanaysid adiga oo cibaado u niyaysanaya. Nebigu scw waxa uu yidhi: Alle waxa uu jecel yahay in qofku marka uu hawl qabto uu si sugan u qabto.

إن الله يحب إذا عمل أحدكم عملا أن يتقنه.

Fal aadane weligii ma dhammaystirmo, mana tobanoobo e, iska ilaali in ay turxaanbixintu ku curyaamiso oo aad weligaaba wax soo saari waydo. Al-Qaadi al-Faadil, Cabdurraxiim al-Baysaanii, ayaa waxa uu leeyahay: qofku marka uu maanta wax qoro, berri waxa uu is-odhanayaa— haddii kan la beddelo waa ay fiicnaan lahayd; haddii intaa lagu darana waa loo bogi lahaa; haddii kan la hormariyo waa ay wanaagsanaan lahayd; haddii kan laga tagana waa ay qurux badnaan lahayd. Sababtuna waa in fal aadane uusan dhimaal ka bixin.

Qoraalku waa wax aad dhitaysatay oo adduun iyo aakhiraba kuu oollaya (لا تظلمون ولا تظلمون). Ka fiirso. Ku dedaal runta, caddaaladda, daacadnimada, ammaanada... Sida aqoonta la dheefsadaa ay sadaqo socota kuugu tahay, ayaa qoraalkaaga xumaha xambaarsanna xisaabtaada aakhiro u buuxinayaa inta laga akhrinayo.

يَا أَيُّهَا الَّذِينَ آمَنُوا اتَّقُوا اللَّهَ وَلْتَنظُرْ نَفْسٌ مَّا قَدَّمَتْ لِغَدٍ ۖ وَاتَّقُوا اللَّهَ ۚ إِنَّ اللَّهَ خَبِيرٌ بِمَا تَعْمَلُونَ ﴿١٨﴾

۞ يَا أَيُّهَا الَّذِينَ آمَنُوا كُونُوا قَوَّامِينَ بِالْقِسْطِ شُهَدَاءَ لِلَّهِ وَلَوْ عَلَىٰ أَنفُسِكُمْ أَوِ الْوَالِدَيْنِ وَالْأَقْرَبِينَ ۚ إِن يَكُنْ غَنِيًّا أَوْ فَقِيرًا فَاللَّهُ أَوْلَىٰ بِهِمَا ۖ فَلَا تَتَّبِعُوا الْهَوَىٰ أَن تَعْدِلُوا ۚ وَإِن تَلْوُوا أَوْ تُعْرِضُوا فَإِنَّ اللَّهَ كَانَ بِمَا تَعْمَلُونَ خَبِيرًا ﴿١٣٥﴾

وَأَقْسِطُوا ۖ إِنَّ اللَّهَ يُحِبُّ الْمُقْسِطِينَ ﴿٩﴾

۞ إِنَّ اللَّهَ يَأْمُرُكُمْ أَن تُؤَدُّوا الْأَمَانَاتِ إِلَىٰ أَهْلِهَا وَإِذَا حَكَمْتُم بَيْنَ النَّاسِ أَن تَحْكُمُوا بِالْعَدْلِ ۚ إِنَّ اللَّهَ نِعِمَّا يَعِظُكُم بِهِ ۗ إِنَّ اللَّهَ كَانَ سَمِيعًا بَصِيرًا ﴿٥٨﴾

وَالَّذِينَ لَا يَشْهَدُونَ الزُّورَ وَإِذَا مَرُّوا بِاللَّغْوِ مَرُّوا كِرَامًا ﴿٧٢﴾

TIFAFTIR

ASTAAMAYN

Astaamuhu waa qaar dhammaadka gala, qaar dhexda gala, iyo qaar u dhexeeya. Dhammaadka waxaa gala joogsiga (.), astaanta weydiinta (su'aasha; ?), iyo astaanta yaabka (!).

Weedh dhammaatay ayaa joogsi loo adeegsadaa. Haddii hadalkaasi su'aal ku dhammaado waxaa joogsigii lagu beddelayaa astaan weydiin (su'aal). Haddii hadalkaasi yaab ku dhammaadayna waxaa booskii joogsiga galaysa astaanta yaabka (!). Su'aal yaab wadata isu raaci labada astaamood (?!), laakiin horreysii astaanta weydiinta. Astaanta weydiinta iyo midda yaabka ha raacinnin joogsi (sax ma aha: ?. / !.). Astaanta yaabka mid keli ah ayaa kugu fulan inta badan. Iska yaree adeegsiga !!!.

Cinwaanka badanaa lama raaciyo joogsi, hakad iyo wixii la mid ah oo waa laga qurux badan yahay.

Astaanta weydiinta waxaa kale oo loo adeegsan karaa in shaki lagu muujiyo. Tusaale ahaan, haddii qof dhalashadiisi iyo dhimashadiisi la qorayo, laakiin midkood shaki ku jiro, waxaa la adeegsan karaa: 192(?) – 1981. Astaantaa su'aashu waxa ay muujinaysaa in aan sannadkaa la hubin.

Qoraalka dhexdiisa waxaa gala hakadka (,), dhibic-hakadka (;) iyo labada dhibcood (:).

Hakad

Hakadka shaqadiisa waxaa laga garanayaa magaciisa. Waxaa loo adeegsadaa meeshii u baahan in lagu hakado. Waa astaan aan adeegsigeedu lahayn xeerar aad u qeexan, muran badanna ka dhasho. In badan adeegsigeedu waxa uu ku xidhan yahay qoraaga iyo doorashadiisa.

Marka aad dhawr wax taxaysid, waxa aad booskii xidhiidhiyayaasha (iyo, oo, ama, iwm.,) galin kartaa hakad (*Waxaa yimid Cali, Cabdi, Aamina, iyo Caasha*). Hakadka ugu dambeeya ee ka horreeya *iyo*, waxaa lagu magacaabaa hakadka Okosfoodh (Oxford Comma), waadna ka maarantaa haddii aadan rabin, laakiin marar badan in mugdi galo ayaa uu qoraalka ka dhowraa. Haddii aad shayga ama qofka siinaysid dhawr tilmaamood, u dhexaysii hakad kala sooca: *Cali waa nin gaaban, maarriin ah, xoog u dhashay, socodkana dedejiya*.

Waxaa kale oo loo adeegsadaa marka hadalkii socday qayb faahfaahin ah la soo dhex galiyo, laakiin aan qaanso la adeegsan: *Cali wuxuu la socday saaxiibkii, Xasan, oo ka yimid miyigii*. Xasan waa faahfaahinta *saaxiibkii*.

Ereyada la soo gaabiyay, sida *iwm.*, *ikk.*, *iqk.*, waxaa habboon in joogsi la raaciyo, ka dibna hakad lagaga sooco qoraalka ku xiga si aan ereyga ugu horreeyaa u weynaan.

Sidaas oo kale, ereyadan raaci hakad:

Tusaale ahaan, ... Laakiin,.... Haddaba,

Hadal qof yidhi marka aynu soo xiganaynana hakad ayaa aynu adeegsan karnaa hadalkiisa ka hor: *Hodan waxay tidhi, "....".*

Hakadku marna ma galo hal erey dhexdiisa: *su,aal* iyo *faa,iido* in la qoraa waa qalad.

Dhibic-hakad

Waxa ay u dhexaysaa joogsiga iyo hakadka, oo hakadkii waa ay ka awood badan tahay, joogsina ma gaadhin oo weedhii ma dhammaan.

> Cudurdaarka waxa u badnaa in ciidankoodu u baqeen shacabka oo naxariis darteed uga baxeen magaalada; in koox iyaga ka mid ah Itoobiya lacag siisay oo dhinacoodii dagaalka ka baxeen; in aanay ka bixin magaalada ee xeelad dagaal ay maaggan yihiin, oo maalmaha soo socda laga war sugo.

Halkanna waa weedh aan joogsi galayn, laakiin qaybaheedii mid walbaa hakadyo wadato, markaa qaybahaa waa in dhibic-hakad lagu kala soocaa:

> Waxay sheegtay in Aamino iyo Cabbaas ay guursadeen oo midkiiba labo ilmo ah leeyahay, ayna isku magaalo deggan yihiin; in Fu'aad uu shaqo ka hayo Imaaraadka iyo in Rawdo ay tacliinta sare hadda dhammaynayso.

Qofka ay xulanayaan tilmaamaha ay ku raaci jireen waxaa ka mid ahayd in uu yahay: qof daacad ah oo aan laqdabo lahayn; codkar aan hadalku seegin, xaajadana si bareero ah abbaartiisa uga yiraahda; geesi aan ka gabban rididda go'aanka, sida ay la noqotana aan cidna uga haybaysan; garyaqaan ah oo fahmi og xaajadu sida ay tahay, halka ay ka timid iyo dhanka ay ku socoto; cadaali ah oo aan eex iyo nin jeclaysi lahayn; samadoon ku dedaala ilaalinta nabadda iyo joojinta colaadaha; deeqsi wax quura oo aan caadaqaate ahayn; xishooda oo aan joogsan gole ceebeed; dhowrsoon oo dhacdhaca iyo dheelliga iska dhowra; deeqtoon oo aan hunguri weynayn, waxa dadka gacantooda ku jirana aan u hamuun qabin; kelyo-adag oo aanay duruufuhu dabcin; turriimo leh oo lagu soo hirto; dabeecad iyo dul leh oo aan laga didin, deelqaafkuna uusan diirin.

Waxay waayeen: waalid ka adkaada, una noqda hage; macallin wax bara, tusaalana u noqda; bulsho fayow indhana u noqota, iyo goobo ay waqtigooda firaaqada ah uga faa'iidaystaan.

Tusaalayaashan waxa aan ka soo qaatay Soodoog (Cabdulqaadir Diiriye) iyo Dhabannahays (Maxamed Gaanni)

Labo dhibcood

Labada dhibcood adeegsigooda ugu badani waa in ay muujiyaan wax soo socda oo hadal ama liis ah.

Waxaa yimid: …
Cali hadalkiisii waxaa ka mid ahayd: "…"
… dhawr qaybood: …

Daliig gaaban (en dash)

Waxa ay in yar ka dheer tahay jiitinta gaaban (-), adeegsigeeduna ma badna. Waxa ay ku habboon tahay in loo dhexaysiiyo tirooyinka halkii jiitin laga adeegsan lahaa, 2020–2021, si ay lambarradu u kala durkaan.

Daliig dheer (em dash)

Daliigta dheer adeegsigeedu inta badan waa qurxin iyo xarrago, waxa ayna gashaa meelo astaamaha kale loo adeegsan karayay.

Farasku waxa lagu eryo wuxuu ugu neceyahay—baa la yidhi—biciidka oo aan hore u daalin.

Halkan —baa la yidhi— waxaa la adeegsan karaa hakad, laakiin daliigtan ayaa ka qurux badan.

Si aad u heshid nidaam cusub, dunida casriga ahna la jaanqaada, waxay kaaga baahan tahay in dhammaan xubnaha bulshada—oo kala cimri iyo marxalad ah—ay kula fahmaan nidaamka dunida maanta ka shaqeeya, ayna noqdaan dad aad adigu saami weyn ku leedahay aragtida ay noloshooda ku qaabaynayaan.

Haddii cidda wax dooranaysaa ay tahay bulshada, codayn shakhsi ahna ay dhacayso—xisbiyadu waa qabiil e—ku guuleyso in halbeeggoodu uu ka sare maro reer, oo xisbiyo aragti ay isu keentay, barnaamijyo loo riyaaqo lehna samee.

Hakad haddii la galin lahaa, kalago' aan habboonayn ayaa hadalkii ku imanaya.

> xantooduna kaama hari doonto—waa haddiiba ay ku gubayso e.

> Waxa aad isu tihiin in aad fahamtaan ayaad ku dawoobi lahaydeen, balse idiin ma suuroobayso—dammanaantiinna aawadeed.

Jiitin gaaban

Jiitinta gaaban waxa aynu ku soo marnay qaybtii higgaadda oo ay ereyada lammaane ka dhigaysay. Halkan waxa aan ka xusaynaa in aan u adeegsan karno marka aan tiro iyo xarafyo israacinayno: 1995-kii, 80-meeyadii, iwm.

Qaws/ Bil

Qawska waxaa gaar loogu soocaa faahfaahinta dheeraadka ah ee weedha la socota, ama erey la macnaynayo, iwm., sida: *qof mukhlis* (daacad) *ah*.

Haddii aan soo xiganayno cid kale, wixii aan ku darno ama ka saarno, uma adeegsan karno qawska caadiga ah e, waa in aan adeegsanno midka afargeeska ah [...].

Tusaale ahaan:

"Marka falku isku soo ururayo, qaybta la xadfayo [*goynayo*] waa salka fal ahaansho (ah)."

[*goynayo*] waa fasiraad aan ku daray. Qoraaga ayaa adeegsanaya (...).

Haddii aan isla weedhaa qaab kale u xigto, oo aanan rabin in xarafka ugu horreeyaa weynaado, waxa aan u dhigayaa:

"[m]arka falku isku soo ururayo, qaybta la xadfayo waa salka fal ahaansho (ah)."

Haddii aan qayb dhexda ah ka tagayo, waa in aan muujiyaa aniga oo ku daraya [...].

"Marka falku isku soo ururayo, qaybta la xadfayo waa [...] (ah)."

Qaybta Anshaxa iyo Fanka ayaa aan ku soo xigtay hadal Sheekh Mustafe leeyahay. Ereyga Carabiga ah ee adab ayaa uu adeegsanayay isaga oo ka hadlaya suugaan. Markaa af Soomaaligii ayaa aan adeegsaday waxa aanna ku muujiyay [...] meelihii tarjumaadda awgeed beddelmay, oo adab waa magac lab suugaanna waa magac dheddig.

"... qiimo badanna ma samaynay[s]o.
... [Suugaantu] waa waxa waxaa lagu qurxiyo. ... [Suugaanta] labo shay baa [ay] ka warra[nt]aa baa ay yidhaahdaan: xaqa iyo jamaalka."

Xigasho hadal

Hadalka aan soo xiganayno, ama haddii aynu sheeko qoraynno hadallada dadka, waa in lagu muujiyo kolmo '...' ama kolmo-lammaan "...".

Haddii qof hadalkiisa uu ku soo dhex daro qof kale hadalkiisa, waa in aan ku kala soocnaa labadan nooc.

Cabdi waxa uu yidhi, "Jaamac baa intuu xilli dambe noo yimid yidhi, 'raalli ahaada waan soo daahaye'".

Saddexda kolmood ee isku xigaa waa labadii hadalka Cabdi ku xidhmayay iyo midkii hadalka Jaamac ku xidhmayay.

Saddex ... (ellipsis)

Meeshii hadal ka maqan yahay, sida in aadan soo wada xigan hadalkii ee aad qayb dhexda ah ka boodday, waa in aad ku muujisaa saddex dhibcood oo isbarbaryaal ... Haddii hadalka ka horreeyaa uu joogsi ku dhammaaday, waxa ay noqonayaan afar dhibcood oo midka hore joogsigii yahay. Ha ka badin saddex hana ka yarayn. Saddexnimadaas ayaa ay astaan ku yihiin.

Qof hadlaya oo hadalkii laga dhexgalay ama uu ka kala go'ayna waa aad u adeegsan kartaa in aad dhammaadka ku muujisid ... Waxaa kale oo halkan aad u adeegsan kartaa daliigta dheer— oo aad ku xejisid kolmihii hadalka xigashada ah muujinayay.

Tirada Carabiga	Tirada Roomaanka
1	I
2	II
3	III
4	IV
5	V
6	VI
7	VII
8	VIII
9	IX
10	X

NUUN 316

HIGGAAD

NUUN 318

ISKU QORID IYO KALA QORID

Hadalku waa uu isdhexgalaa oo ereyadii ayaa isku darsama, waxaana in badan meesha ka baxa xarfo ama ereyo. Laakiin marka hadalkii dhihid ka tago ee uu dhigid iyo qoraal galo, waa in ereyadii iyo xuruuftii sidoodii loo qoro, gaar ahaan marka qoraalku ku socdo qaab rasmi ah oo aan lahjad gaar ah ku dhisnayn.

Maxamed Xaaji Xuseen Raabi[1] marka uu kala saarayo hadalka iyo qoraalka waxa uu leeyahay, "…qoraalku waxa uu leeyahay hab fidsan oo eray kasta ay laga ma maarmaan tahay in uu gooni u qormo,…"[2]. Waxaa kale oo uu leeyahay waa "…in la kala qoro labada eray ee kala qayb hadal ah."[3]. Qoraagu waxa uu xusayaa labo xeer oo isku qoridda iyo kala qoridda aan looga maarmin:

---

1 Habka Qoraalka, 1977.
2 b.16.
3 b.62.

Xeerka 1: "eray la ma kala qori karo, haddii macnihiisu doorsoomayo ama jabayo."

Xeerka 2: "haddii eray laba eray laga dhigo, labada eray ee dhashay waa in ay ka mid noqon karaan qaybaha hadalka (parts of speech) ee afkaas."[4]

Haddaba, sax ma aha in ereyga *gargaar* loo qoro *gar gaar*. Kala qoriddan waxaa ka dhashay labo erey oo kale (*gar*, *gaar*).

"*Maxaydin hayeydin helay*" [Cali Sugulle] markii ugu horreysay ee aan akhriyay meel aan u qaado ayaa aan garan waayay. Dad afka iiga aqoon badan baa aan weydiiyay, iyagiina waa ay fahmi waayeen. Mar dambe ayaa aan fahmay in ay tahay: *maxaa idin haya oo idin helay*.

Baydkan "*Allow garansii nin moog.*" [Gaarriye] ereyga *garansii* haddii aan sidaa la isugu qorin, ee loo kala qoro *garan sii*, waxaa soo baxaya wax kale: waxaa lagu faray in aad qof siisid garan.

Dhagax dhig iyo *dhagaxdhig* waa kala macne. *Dhagax dhig* waa fal amar akhristaha la farayo in uu dhagax dhigo. Halka *dhagaxdhig* yahay magac gadaalna uu ka raaci qodob, sida astaanta u ah magacyada (*dhagaxdhigga, dhagaxdhiggii...*). Meelahan oo kale magacu waa uu isku qormaa halka falku kala qormayo.

Magac	*Fal*
Kudayasho	Ku dayo
Waxtarka	dadka wax tar
Iskudayga cusub	isku day kabahan
ballanqaadkii samee	ii ballan qaad

---

4 b.3.

Dhakhaatiirta uur ku jirta iyo *Dhakhaatiirta uur-ku-jirta* (uur-ku-jir hadda waa magac wata qodobka -ta) hadal ahaan ma kala soocna. Laakiin marka la qoro labo macne oo kala fog ayaa ka dhalanaya isku qoridda iyo kala qoridda. *Dhakhaatiirta uur ku jirta* (dhakhaatiir uur ku jirta ayaa uu tilmaamayaa), halka *dhakhaatiirta uur-ku-jirta* ay tilmaamayso dhakhaatiir ku takhasusay *uur-ku-jirta*. Waxa aan adeegsanaynaa jiitin si aan u muujinno lammaaninta ereyada halka macne xambaarsan, laakiin qoraal ahaan waa aan ka maarannaa oo waxaa innagu filan *uurkujir*.

Haddii aadan guri lahayn... waxa ay ka hadlaysaa lahaansho. *Haddii aan cunto la hayn...* waxa ay ka hadlaysaa hayn. Hadal ahaan isku si ayaa loo dhahayaa, laakiin macne ahaan waa ay kala duwan yihiin, qoraal ahaanna waa labo erey oo kala duwan. Midka hore waa hal erey, midka dambana waa labo erey: *la* iyo *hayn*.

Socodkii ayaa uu ku daalay, haddii aan *ku* iyo *daalay* isku qoro waxaa soo baxaya erey macne kale leh: *kudaal* (baxsad, carar).

In taa la helo... halkan *taa* waa magacuyaal tilmaame, sida arrin*taa*.

Intaa i sii... -*taa* waxa ay tilmaame u tahay *in* oo halkan macnaheedu yahay *qayb* (qaybtaa i sii).

-ka/ka

"*Idinka ayaa soo daahay*"—*idin* waa magacuyaal waxaana raacay qodobka *-ka* oo ay tahay in lagu qoro. Laakiin "*waxaa idin ka dhexeeya dalka*" la iskuma qori karo *idin* iyo *ka*, maxaa yeelay *ka*-dani ma aha qodobkii magacyada raaci jiray.

"*Maamul kii hore...*" iyo "*maamulkii hore...*" waa kala macne. Tusaale kale waa: *saaxiib kan oo kale lama heli karo* iyo *saaxiibkan oo kale lama heli karo*. Mar waxa laga hadlayaa waa *saaxiib* aan wax la mid ah la heli karin, marna saaxiib ayaa lala hadlayaa oo looga warramaya *wax* (kan) aan wax la mid ah la heli karin.

"*Idinku soo noqda berri*"—*idinku* waa magacuyaal iyo qodob iswata. Laakiin iskuma qori karno marka aynu qorayno "*armuu idin ku soo noqdaa berri!*".

"*Hebel ninka fiican Ilaahay ha innoogu beddelo*", *-ka* haddii magaca lagu qoro oo ay dibkabe noqoto, waa qodob *nin* ka dhigaya mid la isla yaqaanno. Qoraalka korana ma gudbinayo macnihii looga jeeday. Waa kee "*ninka fiican*"? *Ka*-da halkan ku jirtaa ma aha qodobkii magaca raacayay ee waa qurub horyaal meeleeye (preposition: *better than*) ah oo ay tahay in gaarkeeda loo qoro: "*hebel nin ka fiican Ilaahay ha innoogu beddelo.*"

Labada *ka* oo wada socda eeg: nin*ka ka* fiican waa kee? Waa nin dad*ka ka* mid ah.

Tan waxaa la mid ah: "*idinka ayaan la hadlayaa*" iyo "*waan idin ka hadlayaa*".

"*Ku sii dar tu kaaga daran.*" [Hadraawi] —halkan *tu* waxa ay u taagan tahay *mid*; ku sii dar mid kaaga daran. Haddii aynu u qorno *dar+tu*, waxaa soo baxaya macne kale: *ku sii dartu kaaga daran*. Ku sii dartu kaaga daran waa qalad.

ma/-ma

Ma mar waa qurub (qurub diidmo, qurub su'aaleed,...) gaar u taagan oo ereyada kale ku qormo ama ka qorma, marna waa qayb ereyga ka mid ah. "*Heblaayo khayrka ma diiddo*" iyo "*heblaayo nin baa madiiddo u sameeyay!*" waxaa ka soo baxaya labo macne. *Madiiddo* (maddiiddo waa qoraal kale) magac weeyaan waxaana loo qorayaa hal erey ahaan. Sidaa oo kale, *ma hiigaan* iyo *mahiigaan* kala macne in ay yihiin waxaa qoraalka ku muujinaysa isku qoridda iyo kala qoridda (ma hiigaan: diidmo). *Mashaqayn* iyo *ma shaqayn* waa labo macne oo aad u kala fog. Sidaa oo kale, *malaha* (malayn) iyo *ma laha* (diidmo lahaansho) waa kala labo walow dad badan isku si u qoraan.

Qurub su'aaleed marka ay tahay waa sida: buugga ma akhriday mise waad iska sidataa? Sidaa oo kale, *ayaanma? Goorma? Qofma?...* -*ma* ku jirtaa waa noocaas oo dibkabe noqotay.

Farqiga arrimahan u dhexeeya waxaa la dareemayaa marka la qoro, in la isku dhex walaaqaana waa gef ka dhashay odhaahda in: afka loo dhigo sida loo dhaho, taas oo marar badan keenta in aan ereyadii la qorin e codadkii qofba sida uu doono isugu daro. Isku qoridda iyo kala qoriddu saamayn ayaa ay macnaha ku leedahay waana in laga fiirsado.

Marka aynu wax akhrinayno, ereyada waa aynu isku qabannaa mar kasta oo qofka akhriskiisu batana tani waa ay u fududaataa. Kala qoristu waxa ay keeni kartaa hakad aan loo baahnayn oo akhrintii caqabad ku noqon kara. Taasi waxa ay innagu duwaysaa in aynu yarayno kala googoynta qoraalka. Laakiin waxaa iyaduna jirta in isku qoristu soo saarto erey dheer oo ay akhrintiisu adkaan karto. Ereyada qaar laga yaabee in bilowga la dhibsado laakiin hadhow la la qabsado. Guud ahaan, isku qoridda iyo soogaabinta ereyada ee hadalka u dhow waxa ay ku macaan yihiin sheekooyinka loo qoro sida hadalka.

is-

is- waa magacuyaal celis oo muujisa in yeelaha iyo layeeluhu isku qof yihiin (isqari, isdhiib) ama ay wax isdhaafsadeen (is-arkay, isjeclaaday). Ku qor waxa ka dambeeya. Haddii uu shaqal yahayna jiitin gaaban u dhexaysii.

is- marka ay raacaan horyaallada *u, ku, ka, la,* waa ay ku qormayaan: *isu, isku, iska, isla.* Qurub kale mooyaan e (sida: *isu+ma = isuma*), wax kale ha ku xidhiidhin kuwan oo gaarkooda u qor.

na/-na

Mar waa magacuyaal marna waa xidhiidhiye. "*Marka da'i na xagato...*" — halkan *na* waa magacuyaal wadar layeele u taagan <u>gaarna</u> u qormaysa. *Da'ina dhibteeda leh*— halkan *-na* waa dibkabe xidhiidhiye ah oo ay tahay in la raaciyo waxa ka horreeya. Waxa ay la mid tahay *-na* ku jirta ereyga <u>gaarna</u> ee kor ku qoran. 'Wuu *na* eegay wuu*na* na taabtay' waxaa ku jira labadii nooc.

Marna waa qurub diidmo: *meelna lagu dayn maayo...*; *cidna ha oggolaan,...*

ha-/ha

Gaarkeeda u qor haddii aysan raacayn qurub kale oo aan *la* ahayn. *Ha+u* hadalka waxa ay dhaliyaan dhawaaqa *haw*, waana sababta ay dadka qaar u qoraan *Ilaahay haw* naxariisto*, marka ay qof u tacsiyaynayaan. Waxaa sax ah in *ha u naxariisto* la qoro. Waxaa la mid ah: *ha u sheego*.

Ha mar waxa ay noqonaysaa qurub diidmo: *naga tag oo ha soo noqon!* Marna waa talo: *ha u naxariisto, ha u sheego, ha waarto*. Middan dambe haddii la isku qoro (*hawaarto*) waxaa ka dhalanaya macne cusub: haweenay u fadhida qaabka hawaarsiga.

-darro

Dibkabaha -darro ku qoro ereyga uu la socdo: aqoondarro, qaabdarro, xilkasdarro..

Qurubyada

Saddex qaab ayaa qurubyada loo wajihi karaa:
1. Ka la qorid (ka ga ma, ka la...)
2. Isku qorid kooban (kaga ma, kaga la...)
3. Isku qorid buuxda (kagama, kagala...)

Kala qoriddu mar naxwe ahaan ma qummana, marna waa loo baahan yahay si dhawaaqa loo dhowro, marna waa laga qurxoon yahay (ka ga ma na tagi karo).

Ka ga naxwe ahaan ma qummana, sababtuna waa in *ga* ay asal ahaan *ka* timid ka oo haddii la kala qorayo waa in *ka ka* loo qoraa. Meelaha *ga* ku jirtaa waa sidaa. "*Laga la quusay*" haddii la kala qoro, "*la kala quusay*", waxaa soo baxay macne kale.

Marka kala qoriddu habboon tahay si dhawaaqii uusan u lumin waa sida *ha la*, oo marka la isku qoro (*hala*), ay L-du luminayso dhawaaqii adkaa una dhowaanayso ereyga Carabiga ah ee *Hala* هلا.

Isku qoridda buuxdaa mar kasta ma qurxoona (*kagamana, kagala*), laakiin meelaha qaar waa qasab. *Kama* haddii aan isku qorno, haddana aan u baahanno xidhiidhiyaha -*na*, waa aan ku qoraynaa: *kamana*, waayo -*na* xidhiidhiye ahi

ISKU QORID IYO KALA QORID

gaarkeed uma qoranto (kama dheera kamana cusla).

Haddaba, isku qoridda kooban ayaa qurxoon meelaha qaarkoodna naxwe ahaan qumman.

Horyaallada *ka, ku, la, i, u,* iwm., waxaa habboon in keligood la qoro oo aan lagu lammaanin ereyga ka dambeeya (ma aha: *kadambeeya*). Tusaale: madaxaa *i*xanuunaya, *u*gaara, *u*malayn maayo, *ku*hadlay, *la*dhahaa, ... *ka daa* ha isku qorin e waana qalad qoraal ahaan. *Kaddib* haddii aad qortid, maxaa keenaya in aad *kahor* u kala qortid *ka hor*? *Kamid* haddii aad isku qortid, maxaa keenaya in aad kala qortid *lamid*? Waxaa habboon: *u* sheegay, *ku* jirta, *ka* saar, *la* jooga. Laakiin, *u*gaar ah, *i*daa, *u*tag... ma aha adeegsi qumman. *U* iyo *gaar* haddii la isku qoro waxa soo baxaya ereyga *ugaar/ ugaadh*. *War i daa*, iyo *ma idaa*... waa kala duwan yihiin.

Marka ay horyaalladu israacaan, isu raaci laba-labo:

ka + la = kala
ka + ma = kama
ka + ka = kaga
la + ka = laga
u + ku = ugu
i + ka = iga

u + ku = ugu
u + ka = uga
u + la = ula

ku + ku = kugu
ka + ka = kaga

ka + la = kala
ku + la = kula

la + ka = laga
la + ku = lagu
la + ula = loola
la + kaga = lagaga
la + kula = lagula
la + kala = lagala

i + kala = igala
na + kala = nagala
ku + kula = kugula
na + kula = nagula
na + kaga = nagaga
ina + kala = inagala

i + ku = igu
i + ka = iga

na + ku = nagu
na + ka = naga

Uu iyo *aan* isku dhafmay ayaa dhaliya *uusan*. Markaa lama kala qori karo, *uu san* waa qalad.

Falkaaliyayaasha *doonaa, karaa, leh,* iyo wixii ka farcama gaarkooda u qor. *Jiray, jirtay, jirnay, lahaa, lahayd, doonay, doontay,* ... Marka ay falkaaliyayaal noqdaan macnahoodii asalka ahaa ma wataan e waa ay lumiyaan. *Karaa, kartaa, karnaa*,... macnahoodii ma lumiyaan. Waxaa iyagana gaar u qormaya *rabaa, rabnaa, rabtaa,... gaadhay* (*gaaray*; dhici gaadhay), *gaadhnay, gaadheen,... la'* waxa aan ugu tagaynaa qaybta Ahaanshaha.

NUUN 330

AHAANSHO

Ah, ahay, nahay, tahay, yahay, yihiin, tihiin, ahaayeen, ahaadeen, ahaydeen, ahaaday, ahaanaya,...iwm,

Ereyadan kor ku xusan waxa ay ka farcameen "ah", waxa ayna muujiyaan ahaansho. Sidaas awgeedna waxaa lagu magacaabaa *fal ahaansho* ama *falka ah*. Waxa ay af Soomaaliga ugu jiraan halka كان ay af Carabiga ugu jirto, af Ingiriisigana uu ugu jiro *verb to be* (am, is, are, were).

Siyaabo kala duwan ayaa uu u qormi karaa falka ahaanshuhu. Isku qoridda iyo kala qoridda xeerarkii aynu ku soo marnay ayaa aynu ku dhisaynaa qoraalka falka ahaansho.

Falka "ah" iyo Magacuyaal

Falka *ah* haddii uu raaco magacuyaal dad, keligii ayaa gaar loo qorayaa: waxaan *ahay*, waxay *tahay*, waxaan *nahay*, waxay *yihiin*, wuxuu *yahay*, iwm.

Falka "ah" iyo Tilmaame (sifo)

Waxa aan ku tusaalayn karnaa tilmaamaha *fudud* oo la raaciyay falka ahaansho: ahay, nahay, tahay, tihiin, yahay, yihiin.

Waa aan fudud+ahay
Waa aan fudud+nahay
Waa ay fudud+dahay
Waa aad fudud+dihiin
Waa uu fudud+yahay
Waa ay fudud+yihiin

Waa aan fudud+ahay marka lagu dhawaaqayo, *d* iyo *a* waa ay isku xigaan, oo *d* waxaa loogu dhawaaqaa in ay kordhigan tahay e (*-da*), ma reebna. Sidaas awgeed, haddii la kala qoro waxaa meesha ka dhalanaya in *d* la reebo oo lagu joogsado, meeshana la soo galiyo hakad dheeraad ah. Mar kasta oo *ahay* gaar looga qoro tilmaanta ka horraysa, hakadkani waa uu imanayaa: *noolahay/ nool ahay, yaabbanahay/ yaabban ahay*, iwm. Sidaas awgeed, *ahay* waa in lagu qoraa tilmaanta ka horraysa: *noolahay, yaabbanahay, dheerahay, dhuubanahay,...* si hakadkaas codeed ee dheeraadka ah meesha looga saaro.

Waa aan fudud+nahay, waa uu fudud+yahay, iyo *waa ay fudud+yihiin* haddii la kala qoro (*waa aan fudud nahay*) iyo haddii la isku qoro (*waa aan fududnahay*) waa isku mid. Maadaama asalku yahay in erey kasta gaarkiisa loo qoro, waxaa habboon in la kala qoro: *waa uu fudud yahay* iyo *waa ay fudud yihiin.*

Waa ay fudud+dahay iyo *waa aad fudud+dihiin* waxaa ku yimid isbeddel codeed, oo asalku waxa uu ahaa *waa ay fudud+tahay* iyo *waa aad fudud+tihiin*, ee *t*-dii ayaa isu beddeshay *d*-. Sidaas awgeed, maadaama isbeddelka codeed (*t>d*) uu ku yimid isu imaatinka *d+t* (idqaam dhammaystiran: طَائِفَةٌ لَهَمَّتْ , وَلَا أَنَا عَابِدٌ مَّا عَبَدتُّمْ), lama kala qori karo, waana in loo qoro: *waa ay fududdahay* iyo *waa aad fududdihiin*. Haddii la kala qoro waxaa qasab ah in loo qoro *waa ay fudud tahay* iyo *waa aad fudud tihiin*, mase aha sax, maxaa yeelay *dahay* iyo *dihiin* gaar u taagani afkeenna kuma jiraan (eeg xeerka 2 ee Kala Qoridda iyo Isku Qoridda).

Tusaalayaal kale oo Maxamed Xuseen Raabi arrintan kaga hadlay aan eegno [bogga 59]:

Waa madoobahay, [lama kala qori karo maxaa yeelayay waxaa dhacay isbeddel codeed: u fiirso: *madaw/madow > madoo-*]
Waa madaw nahay
Waa madawdahay
Waa madawdihiin
Waa madaw yahay
Waa madawdahay
Waa madaw yihiin

Waa ladnahay [lama kala qori karo maxaa yeelayay waxaa dhacay isbeddel codeed: *ladan > ladna-*]
Waa ladan nahay
Waa ladan tahay
Waa ladan tihiin
Waa ladan yahay

Waa ladan yihiin

Tusaale kale aan ka soo qaadanno Cabdalla Mansuur iyo Annarita Puglielli:

Waan adkahay [lama kala qori karo maxaa yeelay waxaa dhacay isbeddel codeed: *adag > adka-*]
Waad adag tahay
Wuu adag yahay
Way adag tahay
Waan adag nahay
Waad adag tihiin
Way adag yihiin

Falalkan sifo marka ay tagto noqdaan waxa ay leeyihiin "dibkabayaal u gaar ah, oo ka duwan kuwa falalka dibkabayaasha leh. Waxaan isu barbar dhigaynaa fal sifo (*adag*) iyo fal nooca dibkabayaasha ah (*arag*), oo labadoodaba la siinaayo qaab tagto:"[1]

*waan adk-**aa***	*waan ark-**ay***
*waad adk-**ayd***	*waad arag-**tay***
*wuu adk-**aa***	*wuu ark-**ay***
*way adk-**ay***	*way arag-**tay***
*waan adk-**ayn***	*waan arag-**nay***
*waad adk-**aydeen***	*waad arag-**teen***
*way adk-**aayeen***	*way ark-**een***

Adkaa waxa uu ka samaysan yahay *adag+ahaa* oo isku dhafmay, ayna qasab noqotay in falkii *ah* uu isugu soo

---
1 Barashada Naxwaha af Soomaaliga, Mansuur iyo Puglielli, b.85.

ururo aa. Waxaa la mid ah: *wuu wanaagsanaa*. Mansuur iyo Puglielli waxa ay leeyihiin, "falku wuxuu ka samaysan yahay *wanaagsan+ahaa* (falka *ahaanshaha*) oo khasab ay ku noqotay in uu ku soo koobmo *wanaagsanaa*. Haddiise *wanaagsan* aan ku beddelno khabar ah magac, iskudhafkan kooban ma dhacayo:

4) *Nin macallin ahaa*.....

lama dhihi karo

5) **Nin macallinaa*

Marka falku isku soo ururayo, qaybta la xadfayo [goynayo] waa salka fal *ahaansho* (*ah*)." Waxa ay ku soo gabagabaynayaan, marka ay tahay "... *tagto*, fal *ahaansho* wuxuu ku dhafmayaa fal sifo isagoo aan muuqan."[2]—sida wanaagsanaa.

Ah

Waxa aad arkaysaa meelo badan oo *ah* inta la kala gooyo, *a*-dii ereyga ka horreeya la raacinayo, *h*-diina la tirtirayo. Markan falkii ahaansho waxa uu ku qarsoomay ereygii ka horreeyay maadaama loo qoray qaabkii hadalka loo dhahayay ee aan h-da la muujinayn.

"hantida gaarka*a*"	"hantida gaarka *ah*"
"qof Muslim*a*"	"qof Muslim *ah*"
"wax caadiy*a*"	"wax caadi *ah*"
"dan gooniy*a*"	"dan gooni *ah*"
"... ee denbiy*a*,"	"... ee denbi *ah*,"
"qof keliy*a*"	"qof keli *ah*"

[keliya waxaad mooddaa in sidanna lagu dhaqan galiyay, oo qaamuusyadu

---

2 Barashada Naxwaha af Soomaaliga, Mansuur iyo Puglielli, bb.175-176.

waa ay qoraan, haba ku fasiraan asalkeedi e: keli ah.
Mararka qaarna *ah*-diiba meesha waa laga saaray:
Gegida Diyaaradaha Caalamiga ee ...
Carwada Caalamiga ee ...

Waxaa ka maqan ahaanshihii qeexayay *Caalamiga*.

Gegida Diyaaradaha Caalamiga [ah] *ee ...*
Carwada Caalamiga [ah] *ee ...*

Falka "ah" iyo lahaansho (leh)

Isku qor: *leeyahay, leedahay, leenahay, leeyihiin, leedihiin*. Haddii aad dooratid in aad kala qortid, ogsoonow in *leedahay* iyo *leedihiin* aysan kala qormi karin, maxaa yeelay, -*dahay* iyo -*dihiin* waxa ay ku yimaaddeen isbeddel codeed. Haddii aad kala qortid waa in aad qortaa *lee tahay* iyo *lee tihiin*, taasina waa qalad cidna ma adeegsato.

Cagsiga lahaanshuhu waa la'aansho. Waana isla meeshii, oo haddii aad kala qoraysid, waa in aad ka reebtid *la'dahay* iyo *la'dihiin*, maxaa yeelay, -*dahay* iyo -*dihiin* waxa ay ku yimaaddeen isbeddel codeed. Haddii aad kala qortid waa in aad qortaa *la' tahay* iyo *la' tihiin*, taasina waa qalad. Inta kale waxa aad mooddaa in isku qoridda iyo kala qoriddu ay islagurigeyn yihiin, laakiin halkii qoraal waa in midkood la wada raacaa, oo aan la isku qasin.

la'ahay	la' ahay
la'dahay	*ma kala qormi karto.*
la'yahay	la' yahay

la'nahay   la' nahay
la'yihiin   la' yihiin
la'dihiin   *ma kala qormi karto.*

Yeedhmo

Marka aad qoraysid ereyadan yeedhmada ah: *qofyahow, wiilyahow, gabadhyahay, odayyahow, islaanyahay*, iwm., ku qor falka ahaansho haddii kale markii tilmaanta ayaa ay isku qaldamayaan; *in arrinku mid bulsho yahay* iyo *bulshayahay huruddaa*....

Soo koobid

1. Asalku waa in qaybaha hadalka la kala qoro.
2. Haddii hakad dhawaaqa soo galayo ha kala qorin (waa aan degganahay, fududahay, baahanahay, noolahay, maqanahay, ogahay,). Badanaa "ahay" falka sifo ayaa ay ku qormaysaa.
3. Haddii uu jiro isbeddel codeed ha kala qorin (jeceshahay, fududdahay, ladnahay, nooshahay, saarnahay,…).
4. Guud ahaan, haddii falka ahaanshuhu ka bilowdo "a" ama "d"—isku qor. Inta kalana kala qor.
5. Haddii uu yahay fal sifo oo tagto ah (wanaagsanaa, adkaa,…) ha kala qorin.

FG:

Waa ay *fududdahay* xarafka *d* waa uu labalaabmayaa, maxaa yeelay *fudud* waxa ay ku dhammaataa *d*, halka falka ahaanshuhu ka bilowdo *dahay* (tahay: t>d).

Ogsoon nahay waxaa ku jira labo *n* oo midna la socoto ereyga *ogsoon* midna *nahay*.

Odayyahow waxaa ku jira labo *y* oo midna la socoto ereyga *oday* midna *yahow*.

Meelahan iyo kuwa la midka ah haddii aad isku qoraysid, waa in aad labada xarafba qortaa (*ogsoonnahay* [wadar], *baahannahay* [wadar], *maqannahay* [wadar]).

Jecelahay/ necebahay iyo ereyada u dhigma, meelaha qaar waxaa looga dhawaaqaa *jeclahay/ necbahay*. Sidaa oo kale *nool nahay* > *noollahay*. Kuwan isbeddelay lama kala qori karo isbeddelkaa awgii.

JIITIN GAABAN

Astaanta qoraalka ee Jiitinta Gaaban (-) [hyphen] adeegsigeedu ma laha sharci go'an oo si cad u qeexaya adeegsigeeda. Ma aha in meel ay ku habboon tahay laga saaro, mana aha in lagu waasho oo meel kasta la galiyo. Sidaas awgeed, ka fiirsi ayaa ay u baahan tahay. Sababta ay qaybtan ugu jirto ee aysan ugu jirin qaybta astaamayntu waa in ay kaalin ku leedahay habqoraalka higgaadeed ee ereyada qaarkood, gaar ahaan ereyada la lammaaniyay.

Guud ahaan, waxaa la adeegsan karaa marka ereyo kala duwan la isku dhiso si ay u gudbiyaan hal macne.

Tusaale ahaan, maro + ku + dheg isku xidhkooda waxaa ka dhasha magac ama tilmaan cusub oo ah *maro-ku-dheg*. *Daad* iyo *xoor* isku dhiskooda waxaa ka dhalanaya erey cusub oo ah *daad-xoor*. *Duur* iyo *xul* lammaanintooda waxaa ka dhasha *duur-xul*. *Waayo* iyo *arag* isku dhiskooda waxaa ka dhalanaya erey cusub oo ah *waayo-arag* (qof waayo badan soo arkay oo khibraddooda leh).

Ereyga *taliye* marka laga horreysiiyo qurubka *la* waxaa ka dhalanaya erey cusub oo macne cusub wata, kaas oo ah *la-taliye*.

Hor + u + mar marka la isku dhiso waxaa ka dhalanaya ereyga *hor-u-mar*.

Xad + dhaaf marka la isku dhiso waxaa ka dhalayanya ereyga *xad-dhaaf*.

Qabyaalad + diid waxaa ka dhalanaya erey cusub oo tilmaan ah; *qabyaalad-diid*.

Qaad + diid waxaa ka dhalanaya erey cusub oo tilmaan ah "*qaad-diid*".

Maadaama, *daad-xoor* iyo *daadxoor*, *hor-u-mar* iyo *horumar* ay isku akhris yihiin, waa laga kaaftoomi karaa jiitinta qoraalkoodana waa lala qabsaday. Sidaas awgeed, marka ereyga adeegsigiisu bato ee lala qabsado, jiitinta waa laga maarmi karaa. Maro-ku-dheg iyo marakudheg isku si ayaa ay u akhrismayaan. Waxaa iyaguna la mid ah qabyaaladdiid iyo qaaddiid.

Kala Soocidda Shaqallada

Jiitinta *waaya-arag* waa lamahuraan, oo la'aanteed dhawaaqa ayaa isbeddelaya: *waayaarag* waxa ay u akhrismi kartaa *waayaa-rag*. Dadka qaar ayaa hamse (') u adeegsada halkan oo kale, laakiin jiitinta ayaa ka habboon.

Kala Soocidda Shibbanayaasha

Shibbanayaasha qaarkood haddii ay israacaan waxaa ka dhasha shibbane kale, sida *s+h=sh*, iyo *d+h=dh*. Si taa looga badbaado, labada shibbane waxaa loo dhexaysiin karaa jiitin gaaban (-), iyada ayaana kaga habboon adeegsiga hamsaha ('). Tusaale ahaan: *hud-hud*, *mad-hab*, *mas-haye*, *As-har* (Azhar), *is-hiifid*, *is-haaraan*, *is-hayn*, *is-helid*, *is-hubin*, *is-haybsi*, iwm.

Dhowridda Dhawaaqa

Sida aan soo tilmaannay, *waayaarag* dhawaaqeedu ma saxmayo. Si dhawaaqii saxda ahaa loo dhowro waa in jiitinta la raaciyaa oo *waaya-arag* loo qoraa. Waxaa la mid ah *adadag* oo dhawaaqeeda saxda ahi ku soo baxaya adeegsida jiitinta gaaban: *ad-adag*. Sidaa oo kale *adadayg* waxaa ka saxsan *ad-adayg*, *isidhi* waxaa ka saxsan *is-idhi*.

Dhowridda Dhawaaqa iyo Macnaha

Ereyada *is-eeg* iyo *is-eegeen* waa ay ka dhawaaq iyo macnaba duwan yihiin *iseeg* iyo *iseegeen*.[1] Sidaa oo kale, ereyga

Fududaynta Kicinta Ereyga

Mararka qaar haddii shibbanayaal isku mid ahi ay israacaan waxaa adkaata kicintii iyo akhrintii ereyga. Tusaale ahaan, in kasta oo *xad-dhaaf* la qori karo jiitin la'aan (*xaddhaaf*), haddana -*ddh*- akhrinteedu ma fududa. Sidaas awgeed, waa in aan jiitinta laga tagin oo *xad-dhaaf* loo qoraa.

---

1 Garacad: ilmo dheddig oo aan meher ku dhalan. Degaanka gobolka Mudug ka tirsan magaciisa waxaa habboon in jiitin lagu daro si macnahan kale looga leexiyo: Gara-cad.

Ereyada Labo Dhaca

Ereyada labo dhaca waxaa habboon in la isugu qabto jiitin gaaban maadaama ay hal macne xambaarsan yihiin. Tusaale ahaan, *koox-koox, guri-guri, sheeg-sheeg, nooc-nooc, qunyar-qunyar, aayar-aayar, tallaabo-tallaabo, erey-erey, mid-mid.*

Ereyada isku dhisiddii ka baxay ee halka erey isku noqday, sida *cuncun, ruxrux, camcamin, yaryar, furfur, kolkol,* iyaga in jiitin la raaciyo ma aha oo waa laga maarmay. Waxaa la mid ah ereyada labadhacii keenay in xarfihii qayb qarsoonto sida *marar* (*marmar* waa loo qori karaa, laakiin *marar* ayaa ka habboon si aan loogu qaldin *marmar*ka guryaha lagu dhiso).[2]

※

"Aabbahay waxa uu ahaa nin ixtiraam badan, dad la dhaqan wacanna lahaa." — dad la dhaqan wacan lahaa… waa tilmaan ku socota aabbaha. Si loo muujiyo in saddexdaa erey ay hal macne wada sidaan, waxa aynu adeegsan karnaa jiitin isku xidha: dad-la-dhaqan wacanna lahaa…

Dooddiisii uu xaq-u-dirirka ka dhigayay waxa ay noqotay waxba-kama-jiraan, oo wax-kasoo-qaad ma laha. Wuxuba waxa ay ahayd ku-tiri-ku-teen!

Qoraa ahaan xor baa aad u tahay in aad ereyo isku lammaaniso haddii ay macne wax-ku-ool leh sidaa ku soo gudbinayaan. Qoraa Ibraahin-Hawd ayaa aan ku arkay

---

[2] Cismaan Cabdinuur Xaashi (Khaliifka) waxa uu labo dhacan oo qaabab kala duwan leh ku faahfaahiyay buuggiisa Af-dhaab (2018): Rakaadda, bb.74-87.

adeegsiga: 'Alle-u-naxariisayga' iyo 'Arbaca-bil-u-dambays'. Laakiin waa in aan laga badbadin jiitin-ku-lammaaninta ereyada.

Ma jirto sabab jiitin loogu adeegsado lammaaninta *af-Soomaali*. Ka warran haddii aan *af* ku beddelno erey kale: *aqal* Soomaali, *cunto* Soomaali, *shaah* Soomaali, *hees* Soomaali, *dhar* Soomaali, ... Ma u qori karnaa: *aqal-Soomaali, cunto-Soomaali, shaah-Soomaali, hees-Soomaali, dhar-Soomaali*? *Af* iyo *Soomaali* waa labo erey oo aan u baahnayn isku qorid iyo lammaanin midna. Ereyga *af* uma baahna in xarafka ugu horreeya la weyneeyo haddii aan joogsi ka hor marin, laakiin *Soomaali* mar kasta waa in *S*-da la weyneeyo.

NUUN 344

HAMSE

Hamsuhu waxa uu xisaabsan yahay shibbane, walow uu ka duwan yahay shibbanayaasha kale. Hamsuhu aad ayaa uu muhiim u yahay, macnaha ereygana saamayn weyn ayaa uu ku leeyahay, laakiin dad badani xaqiisa ma siiyaan, kuwo kalana waxa ay galiyaan meelo uusan shaqo ku lahayn.

Astaanta ama summadda ay Guddidii af Soomaaligu u qoreen hamsuhu waa tan: _'_.

Af Ingiriisiga oo ku qoran xuruufta Laatiinka ah ee afkeenna lagu qoray, waa *"apostrophe"* waxa ayna muujisaa lahaansho (*possession*: *Abdi's book* > buuggii Cabdi) ama in ereyga la soo gaabiyay oo ay xarfo ka maqan yihiin ama la xadfay (*contraction*: *don't*)

Hamsuhu afkeenna waxa uu ugu jiraa booska hamsuhu ugu jiro af Carabiga, gaar ahaan *hamzatul qadci*-ga reebban, waana sababta hamse loogu bixiyay. Tusaale ahaan:

يُؤْمِن، تُؤْتِي، بِئْس، جِئْت، لُؤْلُؤ، بِئْر، فَأْس،

yu'minu, tu'tii, bi'sa, ji'ta, lu'lu', bi'r, fa's,

Sida hamsahan reebban ayaa uu hamsaha af Soomaaliga ku jiraana u dhaqmaa oo waxa uu u taagan yahay oo uu muujinayaa halka codka ama dhawaaqu uu dhuunta ku go'o. Ereyga *go'o* haddaan u fiirsanno, *go-* marka la dhaho codkii dhuunta ayaa uu ku xidhmayaa oo waa uu kala go'ayaa. Halka haddii shaqal dheer ay ahaan lahayd codku sii socon lahaa *goooooooo*.

❦

Farqi weyn ayaa u dhexeeya macnaha (hurdo fiican buu) *leday* iyo (waa xoolo abaar ku) *le'day*.

U fiirso farqiga qoraal ee labada erey u dhexeeyaa waa hamsaha oo macnaha sidaa u kala duwan dhalinaya.

Leditaan waa hurdo fiican seexasho.
Le'asho-na waa dhimasho iyo baaba'.

Wargeys ayaa qoray: "*qaraxii lagu leday ee kismaanyo ka dhacay…*" Waxa aan hubnaa in aan qarax lagu *ledin* ee lagu *le'an* karo.

Haddaba hamsaha waxaa la adeegsanayaa marka hakad ama kalago' codeed uu galo ereyga dhexdiisa ama dhammaadkiisa, sida *le'day* iyo *baaba'*, haddii laga tagana macnihii in uu beddelmo ayaa ay u badan tahay.

Shaqal Dhexdii

Labo shaqal oo isku mid ahi haddii ay israacaan shaqal dheer baa ay sameeyaan. Hamsuhu waxa uu joojiyaa in shaqalkii gaabnaa uu isu beddelo shaqal dheer, si aan macnihii isu beddelin.

Tusaale ahaan:

Ba'an, sida *abaar ba'an*, haddii hamsaha laga saaro waxa ay noqonaysaa *baan*, sida *abaar baan arkaa*.

Di'in, sida *roob ma di'in*, haddii hamsaha laga saaro waxa ay noqonaysaa *diin*, sida *diin baa halkan maraya*.

Haddii ay labada shaqal kala nooc yihiin, sida *su'aal, go'ay, faa'iido*, iwm, akhris ahaan dhibaato ma laha macnihiina isma beddelayo, laakiin xeer ahaan waa in la qoro hamsihii si hakadka iyo kalago'a dhawaaqa qoraal ahaan loo muujiyo. Waa sidii Guddigii af Soomaaligu go'aamiyeen.

FG: ereyga *su'aal* dad baa u qora sidan: *su,aal*, oo booskii hamsaha galiya hakad, taasina sax ma aha. Hakadku erey dhexdii ma galo.

Shaqal iyo Shibbane Dhexdood

Qofku marka uu hurdo dhex galo ama seexdo waxaa la dhahaa *gam'id*. Hakad codeed ayaa u dhexeeya *m* iyo *i*, waana hamse, haddii laga tagana waxaa ka dasha erey kale oo ah *gamid* kaas oo qaamuusku ku macnaynayo: wax aad jeclayd ka xiisadhicis ama ka daalid. Waana labo macne oo kala fog.

Sax iyo Qalad

Sida aan aragnay waxaa jira meelo hamsaha la'aantii macnihii isbeddelayo, waana qalad in laga tagaa.

La'aan waxa ay noqonaysaa *laaan*. *Go'doomin* waxa ay noqonaysaa *godoomin* waana qalad. *Gobo'layn*: waa marka dareere hadba dhibici ka soo dhacdo; tifqamid. Haddii hamsaha laga saaro waxa ay noqonaysaa *gobolayn* oo ah gobol ka dhigid. *Go'naan* waxa ay noqonaysaa *gonaan*. *Ba'daa*, sida *xaajadu way ba'daa*, haddii aan hamsaha ka tagno waxaa soo baxaysa *badaa*, sida *qoralka xumi ciil buu ku badaa*.

Adeegsi Qaldan

Meelaha aan hamsuhu ku jirin ee qaladka loo galiyo waxaa ka mid ah: *ma'aha, la'isku, la'igu, la'isbeddelaa,* iyo kuwo kale.
ma waa qurub diidmo.
aha waxa ay u joogtaa fal ahaansho.
Waa labo qaybood oo qaybaha hadalka ka mid ah, sabab hamse la isugu kabaana ma jirto.
Sidaa oo kale: *la'isku* hamse ma galo ee haddii isku qoritaan la rabo *i* ayaa *y* isu beddelaysa oo waxa ay noqonaysaa: *laysku*, waxaana la mid ah *la'igu* oo noqota: *laygu*. Laakiin booskii hamsaha ma aha.
Waxaa jira meelo aan dhihi karno in hamse la galiyo *fiihaa qawlaani* oo dood baa ka taagan, ma hamsaa (') la galinayaa mise jiitin (-).

Hamse mise Jiitin Gaaban?

Asalka labo erey oo la israaciyay jiitin baa isu qabata, haddii aan laga maarmin. Tusaale ahaan,

Waayo+arag= waayo-arag.

Waxaase jirta in dadka qaar u qoraan: *waaya'arag*.

Waxaa la mid ah: *male-awaal* oo dad u qoraan *male'awaal*.

Waxaa jira dhawr erey oo asal ahaan af Carabi ah haddase Soomaaliyoobay, oo ay duruuftu qasabtay in hamse la galiyo iyada oo dhawaaqii uusan dhuunta ku go'ayn.

Ereyga مذهب Soomaali ahaan waxaa loo qori karaa: *mad'hab*. Sababtuna waa in hamsaha lagu kala basrinayo *d* iyo *h* isku xiga, kuwaas oo loogu dhawaaqo *dh*, si aan ereygii u noqon *madhab*.

Waxaa kale oo la samayn karaa in jiitin la galiyo oo sidan loo qoro: *mad-hab*. Jiintintu waxa ay isku xidhaa labo erey ee hal erey dhexdiisa ma gasho, waana foolxumo qoraal ahaan oo ereygii bay kala goynaysaa, badanaana marka labada erey ee ay jiitintu lammaaniso lala qabsado, waa laga maarmaa oo lama qoro, laakiin *mad-hab* waa in sidaa loogu daayo weligeed.

Jiitin iyo hamse kii la adeegsadaba, waa adeegsi ka baxsan xeerarkii guud ee ay lahaayeen hamsaha iyo jiitintu. Waa in qoraalka wixii erey sidan ah hal mid loo wada adeegsadaa ee aan la kala bedbeddelin.

Waxaa la mid ah *hud'hud/ hud-hud* oo hamse iyo jiitin

la'aantood noqonaysa *hudhud*.

Sidaa oo kale, الازهـر waxa ay u qormaysaa sidan: *Ashar*, laakiin *s* iyo *h* israacay *sh* baa loogu dhawaaqaa. Markaa hamse ama jiitin in loo dhexaysiiyo ayaa halkanna imanaysa; As-har ama As'har.

Ereyga هيئة Soomaali ahaan waxaa loo qoraa sidan: *hay'ad*, waayo hamsahaa la'aantiisa waxa ay soo baxaysaa *hayad* oo dhawaaqii ma saxmayo. Asal ahaantii Carabigana hamse ayaaba ay wadataa, oo halkaa qiil waa looga raadin karaa. Markaa kan in hamsaha loo daayo ayaa habboon.

In hamse loo adeegsado *hay'ad*, *mad'hab*, *hud'hud*, iwm., duruuf baa keentay xeerka guudna waa laga reebi karaa, laakiin hamsuhu meel kasta iskama gali karo.

Waaya-arag iyadu waa labo erey oo la lammaaniyay waana booskii jiitinta. Dhibta habqoraalkan *waayo'arag* ka iman kartaa waa in dhawaaqii hamsuhu soo galo meeshaa, oo loogu dhawaaqo *waayO* iyo *arag* halka *mad'hab* iyo *hud'hud* aysan suuragal ahayn in gefkaa lagu dhaco.

Hamse in la galiyo waaya'arag iyo ereyada la midka ah waxa ay dhalisay in kuwo kale oo looga tusaale qaatayna loo adeegsado, oo hamsihii lagu maqiiqo meel uusan gali karin.

Walow Yaasiin Cismaan Keenadiid uu ku doodayay in hamsuhu uusan labo shibbane dhex gali karin oo aysan saddex shibbane isku xigi karin, qaamuuskiisa waxa uu ku qoray sidan: Mad'hab.

Marka erey hamse ku dhammaada ay gadaal wax kaga darsamaan, ereyada qaarkood waa qasab in hamsihii la qoro, sida *lo'* (lo'da), *da'* (da'da), qaarna codkii hamsuhu waa uu ka lumayaa haddii aan la qorrinna dhib ma laha, sida *ci'* (eygu muxuu la ciyayaa), iwm.

        gu'   guga
        hu'   huga > hu'gani,
        si'   sina > isku si'na/ isku sina
        ri'   riyo

Laakiin dadka qaar hamsaha waa ay qoraan mar kasta iyaga oo asalkii raacaya, mararna waaba ay fiican tahay oo, tusaale ahaan wadarta *ri'* oo *riyo* ah ayaa ay ka duwaysaa riyada hurdada la socota. Sidaa oo kale, *rida* iyo *ri'da* waxaa hamsaha lagaga badbaadayaa fahanka oo adkaada; *qabriga rida* iyo *qabriga ri'da*.

NUUN 352

XARFAHA LABALAABMA (SHED)

Xarfaha labalaabmaa (shedan) saamayn weyn ayaa ay ku leeyihiin macnaha ereyga, waana lamahuraan in aan laga tagin marka ay ereyga ku jiraan, haddii aysan ku jirinna aan lagu darin.

Ereyada qaar ayaa asal ahaan u wata dhawaaq adag, qaarna waxaa adaygga ku keena isrogrogga naxweed. Kuwa asal ahaanta u wata xaraf dhawaaqiisu adag yahay waxaa loo qaybin karaa labo: kuwo xarafku uusan keli ahaantii u lahayn dhawaaq adag iyo kuwo uu xarafku asal ahaan leeyahay dhawaaq adag. Tusaale ahaan, xarfaha B, D, R, G, L, M, iyo N, marna dhawaaq fudud ayaa ay leeyihiin marna mid adag. Haddaba si qoraalka loogu muujiyo marka ay tahay in si adag loogu dhawaaqo, waxaa xarfahan loo qoondeeyay in la labalaabo (shedo). Tusaale ahaan: *Carab* oo ah sinji dad waxaa ka sooca xubinta afka ka tirsan in *r*-du adag tahay, sidaas awgeedna ay tahay in la labalaabo oo labo *r* la qoro: *carrab*.

Xarfo kale oo laga doodo ayaa jira, laakiin inta guddi cusub oo xalliya laga helayo, xarfaha B, D, R, G, L, M, iyo N, ayaa shedku ku kooban yahay. U fiirso *cadho* (caro/xanaaq) iyo *cadho* (cudur). Cadh-dho ayaa loogu dhawaaqaa cudurka. Laakiin hadda qoraalka af Soomaaliga ee rasmiga ahi xeer ahaan ma oggola *dhdh* in la israaciyo, oo waxa ay noqonaysaa in sida inan iyo inan loogu kala sooco hadba meesha ay ku jiraan qoraal ahaan.

Ereyada asal ahaan u wata dhawaaqa adag ee u baahan in xarafka la labalaabo waxaa ka mid ah:

B: Eebbe, aabbe, abbaan, abbaar, cabbaar, dabbaal, dubbe, gabbasho, kubbad, kabbasho, shibbane, suubban, xabbad.

D: adduun, addoon, caddaan, caddaalad, dheddig, eeddo, guddi, guddoomiye, muddo, saddex, siddeed, toddoba, waddan, waddo, xiddig, xuddun.

R: arrin, Barre, berri, carrab, carro, cirrid, cirro, curri, dhiirri, dhiirran, diirran, farriin, gurran, harraad, Hurre, irrid, jirrab, jirri, qorrax, surrad, xarriiq, gurrac, warran.

G: eegga, higgaad, higgo, hoggaamiye, hoggaan.

L: Alle, ballaadh, ballac, ballan, balli, Cabdalle, Cabdillaahi, cillaan, dhallaan, dhallin, dheelli, dhiillo, dillaal, doolli, Doollo, dulli, duullimaad, faallo, fallaadh, falliidh, gallad, heello, illin, jillab, kallahaad, kalluun, kelli, loollan, qallad, qallayl, qoolley, raalli, sallaan, sallax, shillal, xilli.

M: ammaan, ammaano, dhammaan, dummad, hummaag, lammaane, qummaati, ummad.

N: bannaan, cunnaabi, cunno, doonni, gunno, hannaan, janno, jinni, sannad, shinni, sinnaan, sunne, xannaano, xinne, xinnif. Gooni ma shedna.

...iyo kuwo kale oo badan. Haddii aadan hubin, qaamuusyada tayada leh ka eeg.

Caadi	Labalaaban (shedan)
Aabe (tixgalin: aabayeelid)	**Aabbe** (waalidka qof dhalay)
Aduun (adiga uun [aduun baan rabaa])	**Adduun** (adduunka aynu ku nool nahay)
Bare (macallin)	**Barre** (qof bar leh)
Beri (beri hore waxaa jiray)	**Berri** (berri ayaan kuu imanayaa)
Carab (jinsiyad)	**Carrab** (xubin jidhka ka mid ah)
Caro (/cadho/ xanaaq)	**Carro** (ciid, cammuud)
Cidi (cidi ma joogto)	**Ciddi** (ciddiyaha faraha)
Cuno (ma cuno shimbiraha)	**Cunno** (waxa la cuno)
Dhamaan (caano dhamaan)	**Dhammaan** (aan waxba ka maqnayn)
Diiran (la diiray)	**Diirran** (yare kulul)
Eedo (in uu eedo go'aankiisa)	**Eeddo** (aabbe walaashii)
Eega (bal eega...)	**Eegga** (hadda)
Gabal (qayb)	**Gabbal** (gabbalkii wuu dhacay)

Caadi	Labalaaban (shedan)
Gaban (/gibin: da'yar)	**Gabban** (kama gabban karo...)
Gudi (ma gudi karo abaalkaaga)	**Guddi** (Guddiga doorashooyinka)
Heelo (wax ku dhowaansho)	**Heello** (nooc heesaha ka mid ah)
Kabo (wadarta kab)	**Kabbo** (shaaha kabbo)
Quman (qanjidhada daamanka ka hooseeya ee ay barariyaan xanuunnada qaarkood)	**Qumman** [magac] mid ka mid ah magacyada dumarka. [tilmaame] toosan, sax ah, ...
Salaan (nabdaadin)	**Sallaan** (jaranjarro)
Surad (jaad geedaha ka mid ah)	**Surrad** (alaabta guriga ee duubmi karta/ gogol...)
Wadan (adiga oo aan wadan ... [sidan])	**Waddan** (dal)
Waran (qalab dagaal) ama [tilmaame] kala fidsan/ baxsan; wax la waray/ wadhay	**Warran** (ii warran/ war sheeg)

Falalka sifo ee ku dhisan -*an*, ma laha shed qoran xitaa haddii ay leeyihiin dhawaaq adag. Tusaale ahaan, *fur* haddii aan raacinno -*an*, waxa ay noqonaysaa *furan*— albaab furan. *Dhis+an* —*dhisan*. *Mil+an* — *milan*. Midabka casaanka xiga ee *cawl*, haddii *-an* raacdo, waa *cawlan*. Laakiin dhawaaqiisa waxaa laga dareemayaa in *l* labalaaban tahay: *cawllan*. Waxaa la mid ah *hawl+an* > *hawlan*, oo iyadana *hawllan* loogu dhawaaqo. Dhawaaqoodu ha adkaado laakiin ma jirto sabab loogu qoro xarfo lababaalan ee u qor: *cawlan*, *hawlan*, ... Ha uga tusaale qaadan ereyada asal ahaan u shedan ee *heellan*, *loollan*, iwm.

Qodobbada (-da iyo -ga)

Qodobku waxa uu ka mid yahay qaybaha hadalka, waxa uuna cayimaa magaca. Sidaas awgeed, magacii qodob wataa waa mid la isla garanayo. Tusaale: *guri* — *guriga*. *Guri* marka la dhaho lama yaqaan midka loo jeedo, laakiin *guriga* waxaa loo jeedaa mid cayiman: *guriga i tus*.

Maadaama barashada naxwaha afkeennu innagu yar tahay, oo aynu wax badan ka naqaanno kuwa afafka kale, aan sheego qodobbada Carabiga (ال) iyo Ingiriisiga (*a, an, the*).

Haddaba, ereyga ku dhammaada *d* ama *g* (labo ka mid ah xarfaha labalaabma) ee ay la socdaan qodobbada *-da* ama *-ga*, waxaa ka dhalanaya in la qoro *-dd-* ama *-gg-*, waxa ayna ka mid tahay mararka xarfuhu labalaabmaan.

Qodobka -da

Ereyga *wasaarad* waxaa ugu dambeeya xarafka *d*, lamana garanayo mid loo jeedo. Haddii aan rabno in aan mid gaar ah ka hadalno (cayinno), waxa aan raacinaynaa qodobka

-*da* oo raaca magacyada dheddigga ah. Sidaas awgeed:
wasaarad + -*da* > *wasaaradda* (waxbarashada)
wasiirad + -*da* > *wasiiradda* (waxbarashada)

Tusaalayaal:
Badda, caaradda, ciddii, colaadda, daacadda, daaqadda, daasadda, dalladda, dawladda, diyaaradda, doodda, dimuqraaddiyadda, durriyadda, jamhuuriyadda, laambadda, maaliyadda, madbacadda, maddiibadda, majarafadda, malqacadda, nabadda, nadaafadda, niyadda, qaafiyadda, qabyaaladda, shirkadda, siyaasadda, waddaniyadda, warqadda, xawaaladda, xukuumadda, iwm.

Xabbad iyo kubbad oo *b*-du labalaabanto *d*-na ku dhammaada, marka qodobka -*da* raaco, labo shed ayaa galaya: xa*bb*a*dd*a, ku*bb*a*dd*a, walow ay kakan tahayna, waa qasab in sidaa loo qoro.

※

Labalaabidda shibbanaha *d* mararka qaar waxa ay ku xidhan tahay lab iyo dheddig midka ereygu ku saabsan yahay.
Gaadhiga uu Cabdi wado iyo *gaadhiga ay Caasha waddo.*
Gaadhigii uu Cabdi waday iyo *gaadhigii ay Caasha wadday.*
Cabdi alaabta muu qaado iyo *Caasha alaabta may qaaddo.*
Alaabtii Cabdi siday iyo *alaabtii Caasha sidday.*

Qodobka -ga

Ereyga *buug* waxa uu ku dhammaadaa *g*, lamana garanayo mid loo jeedo. Haddii aan rabno in aynu mid gaar ah ka hadalno (cayinno), waxa aan raacinaynaa qodobka -*ga* oo raaca magacyada labka ah. Sidaas awgeed:

buug + -*ga* > *buugga*
bog + -*ga* > *bogga*

"Taliska Ciidanka Xooga dalka oo…" sidan waxaa qortay warbaahin Soomaaliyeed, macnuhuna waa in Taliska Ciidanku xoogo dalka! Dhibtaa waxaa keenay in laga tagay shedkii *g*-da oo ka dhigi lahaa in aan xoogid laga hadlayn e, laga hadlayo xoog la cayimay; Xoogga.

Tusaalayaal:
Aagga, adeegga, dheegga, dhiigga, dhuugga, diigga, doogga, duugga, edegga, gundhigga, laagga, maragga, mugga, ragga, ruugga saldhigga, taagga, togga, tuugga, udugga, unugga, iwm.

Dibkabaha -nimo

Dibkabahani waxa uu ka mid yahay xaaladaha keena labalaabka xarfaha.

Labo mar ayaana uu keenaa labalaabmidda *n*-da.

1. Marka uu raaco erey ku dhammaada shibbanaha *n*, sida:

nin + -*nimo* = *ninnimo*,
macallin + -*nimo* = *macallinnimo*
doqon + -*nimo* = *doqonnimo*

qaran + -nimo = qarannimo
Muslin + -nimo = Muslinnimo
islaan + -nimo = islaannimo
hodan + -nimo = hodannimo
gun + -nimo = gunnimo

2. Marka uu raaco magac ku dhammaada shaqal, sida:

rag[a] + *-nimo* = *ragannimo*
Soomaali + -nimo = Soomaalinnimo
waddani + -nimo = waddaninnimo
walaal[ti] + *-nimo* = *walaaltinnimo*
qani + -nimo = qaninnimo
geesi + -nimo = geesinnimo
gob[a] + *-nimo* = *gobannimo*
qoraa + -nimo = qoraannimo
caasi + -nimo = caasinnimo
qaxooti + -nimo = qaxootinnimo

Qaybtan labaad haddii caadi ahaan loogu dhawaaqo carrabka ayaa ku dhegaya dhabxanagga xiga foolasha sare dhabarkooda, taas oo dhalinaysa in shed galo oo ay *n*-dii labalaabanto. Haddii shedka loo diido waxaa meesha soo galaya hakad codeed oo halkii erey labo u kala goynaya: *raga nimo, walaal(ti) nimo, geesi nimo*, iwm., taasina ma aha mid qumman. Sidaas awgeed, *n*- dheeraad ah in la raaciyaa waa qurxin ee ma aha asaasi.

Waxaa jira ereyo aan isku si loo adeegsan oo marna xarfuhu labalaabmaan marna aysan labalaabmin. Qofka adeegsada *jumlo* ma qori karo *jumladda*, laakiin qofkii adeegsada *jumlad* waa laga rabaa in uu u qoro *jumladda*. Waxaa la mid ah *dacwo* (dacwada) iyo *dacwad* (dacwadda), *marxalo* (marxalada) iyo *marxalad* (marxaladda), *maslaxo* (maslaxada) iyo *maslaxad* (maslaxadda), *khudbo* (khudbada) iyo *khudbad* (khudbadda).

Shedka iyo wadarta

Waxaa jirta mar xarfkii labalaabmayo wadarayn awgeed. Tusaale ahaan, *waxaan xoojin doonaa* waxa ay ka hadlaysaa hal qof. Laakiin *waxaan xoojin doonnaa* waa wadar. *Saaxiibad* iyo *saaxiibbo* aan eegno. *Hodan waxa ay aadaysaa saaxiibaddeed* iyo *Hodan waxa ay aadaysaa saaxiibbadeed*. Marka hore waa *saaxiibad* keli ah, marka labaadna waa *saaxiibbo* oo wadar ah.

Ereyga *eed* oo wadartiisu ay tahay *eedo*, ma laha shed, saxna ma aha in *eeddo* loo qoro. Eeddo waa aabbe walaashii. Waxaa la mid ah *kab* oo wadarteedu tahay *kabo*. *Kabbo* waa erey kale (caanaha kabbo).

Tababbar marka ay keli tahay *bb* ayaa ku jirta, marka ay wadar noqotana waxaa kale oo la shedayaa *r*-da: orod oo tababbaro oo ka qaybqaado tababbarrada socda. *Tababbar* waa lammaane ka dhisan *tabo* (wadarta *tab*) iyo *bar*. Sidaas awgeed jiitin waa la adeegsan karaa: *tabo-bar*. Markan looma baahanayo shedkii oo hakadka jiitintu keenayso ayaa meesha ka saaray.

Ha dhayalsan xarfaha labalaabma.

Tusaalayaal badan oo halkan ku jira, iyo qaybaha shedka, waxa aan ka soo xigtay Maxamed Baashe X. Xasan iyo buuggiisa *Afka Hooyo Waa Hodan*.

NUUN 362

WADARAYN

Magacyada tirsama ayaa wadar noqda iyada oo qaabka ay isu beddelayaan uu ku xidhan yahay qaabdhismeedka magaca.

Magacyada halka alan ka dhisan, sida *mas* ama *qoys*, waxa ay ku wadaroobayaan shibbanaha ugu dambeeya oo la soo celiyo iyada oo shaqalka *a* laga hormarinayo: ma<u>s</u>as, qoy<u>s</u>as.

Koob	koobab
Af	afaf
Miis	miisas
Wiil	wiilal
Cir	cirar
Raad	raadad
Ceel	ceelal
Daab	daabab

Suul	suulal
Cod	codad
Baal	baalal
Xoog	xoogag
Baaf	baafaf
Bog	bogag
dab	dabab
jid	jidad
war	warar
nal	nalal
Diig/Diiq	diigag/diiqaq
wan	wanan

Waxaa xeerkan ka soo hadhaya eryada ay ka mid yihiin: *reer* (reero), *gu'* (gu'yaal), *go'* (go'yaal).[1]

-O

Magacyada ku dhammaada -*y*, waxaa la raacinayaa -*o*:

gabay	gabayo
kuray	kurayo
erey	ereyo
odayo	odayo

Haddii uu magacu ku dhammaado *s, q, c, f, x, i*, waxaa -*o* laga hormarinayaa -*y*-:[2]

---

1 Asaaska Naxwaha af Soomaaliga, b.6.
2 Barashada Naxwaha af Soomaaliga, b.32.

Kurus	kurusyo
Kursi	kursiyo
Dariiq	dariiqyo
Magac	magacyo
Wadhaf	wadhafyo
Libaax	libaaxyo
Ubax	ubaxyo
Dugsi	dugsiyo
Ciddi	ciddiyo
Mindi	mindiyo
Ri'	ri'yo (ama riyo)
Ugaas	ugaasyo
Heshiis	heshiisyo
Aroos	aroosyo
Meeris	meerisyo

Laakiin meelaha qaar *i*-dii ayaa laga reebayaa inta aan -*yo* la raacin:

Guri	guryo
Dheri	dheryo
Qori	qoryo
Beri	beryo[3]

Taas waxaa la mid ah, oo shaqal la luminayaa:

Jilib	jilbo
Garab	garbo

---

3 Af-dhaab, b.102.

Ilig	ilko
Habar	habro
Gacan	gacmo
Nirig	nirgo
Cidhib	cidhbo
Qanjidh	qanjo[4]
Faras	fardo[5]

Ereyga *haweeney* kelinnimadiisa ayaa ka dheer wadartiisa: *haweeny*.

Magacyada lab ee ku dhammaada shibbanayaasha labalaabma ee *b*, *d*, *n*, *l*, *r*, waa ay labalaabmaan marka ay *-o* ku wadaroobaan.[6]

Wadaad	wadaaddo
Sacab	sacabbo
Shabeel	shabeello
Dabar	dabarro

Cabdalla Mansuur iyo Annarita Puglielli (Barashada Naxwaha, b.32) waxa ay leeyihiin ereyada oo dhan waa la labalaabayaa shibbanaha ugu dambeeya, laakiin ereyga *dameer* > *dameero*, ma laha *r* labalaaban.

Cismaan Cabdinuur[7] ayaa isna qaacidadaa Mansuur iyo

---

4 Af-dhaab, b.103. Waxaa kale oo jirta: qanjirro.
5 Naxwaha af Soomaaliga, b.14.
6 Barashada Naxwaha af Soomaaliga, b.32.
7 Af-dhaab, b.104.

Puglielli oo kale tilmaamaya, walow uusan labka ku koobin. Waxa uu u bixiyay "Laandabar" tusaalayaashiisana waxaa ka mid ah:

Daloollo, dagaallo, dhoollo, (haddii shedka laga reebo: koobkaasi in uu *daloolo* eeg [tilmaan]; ninkaasi in uu i *dagaalo* wax aan ahayn ma jecla! [fal]).

Dareenno, marinno, habeenno.

Qodobbo, albaabbo, carrabbo.

Ururro (shed la'aan: ciidanku halkaa ha isugu *ururo* [fal]), cudurro, nabarro.

Qaarka dheddig sidooda ayaa ay u qaataan *-o*:

Beer	beero
Naag	naago
Dabayl	dabaylo
Bad	bado
Geed	geedo
Beel	beelo
Meel	meelo
Ul	ulo
Hal	halo
Lax	laxo
Kab	kabo
Dheg	dhego
Far	faro
Daruur	daruuro

-Yaal

Magacyada ku dhammaada *-e* waxa ay ku wadaroobaan in *-yaal* la raaciyo.

Aabbe	aabbayaal
Tuke	tukayaal
Bare	barayaal
Gole	golayaal
Fure	furayaal
Qore	qorayaal
Waraabe	waraabayaal

Magacyada lab ee *-y* ku dhammaada, waxaa kale oo lagu wadarayn karaa in *-yaal* la raaciyo: *odayaal, fulayaal*[8]. Ka reeb ereyga *arday* oo sidiisa wadar ku noqda (ardaydu waa boqol) ama ku wadarooba *ardo* (ardo Quraan).

Waxaa soo raaca *go'yaal* iyo *gu'yaal* oo aan *-e* ku dhammaan.

-ooyin

Magacyada dheddigga ah ee *-o* ku dhammaada, waxaa lagu wadareeyaa in lagu daro *-oyin*:

Dawo	dawooyin
Hooyo	hooyooyin
Waddo	waddooyin

---

8 *Fulayo* iyaduna waa ay jirtaa.

Dhalo	dhalooyin
Sheeko	sheekooyin
Magaalo	magaalooyin
Maanso	maansooyin
Qaanso	qaansooyin
Tuulo	tuulooyin
Eeddo	eeddooyin

Waxaa jira magacyo lab oo aan waxba la raacin e, codkacu isbeddelo marka la wadareeyo. Marka magacu keli yahay, qodob lab ayaa la socda codkucuna waa shaqalka hore. Laakiin marka uu wadaroobo, codkucu waxa uu u wareegayaa shaqalka dambe, qodob dheddigna waa uu qaadanayaa.

Keli	**Wadar**
Awr(ka)	awr(ta)
Carab(ka)	Carab(ta)
Dibi(ga)	dibi(da)
Orgi(ga)	orgi(da)
Madax(a)	madax[9][10]

Magacyada ku dhammaada -*n* waxaa shibbanahaasi isu

---

9 Barashada Naxwaha af Soomaaliga, b.33.
10 *Madaxyo* iyaduna waa ay jirtaa.

beddelaa -*m* ama -*mm*.

Nin	niman
Jin	jiman
Kun	kuman
Suun	suuman
Haan	haamo
Laan	laamo
Inan	inammo
Ciidan	ciidammo
Qalin	qalimmo

Ereyada -*n* ku dhammaada qaarkood waxa ay lumiyaan shaqal inta aan -*m* loo beddelin lana raacin -*o*.

Maalin	maalmo
Qaalin	qaalmo
Kaalin	kaalmo[11]

Ereyada asalkoodu Carabiga yahay, qaarkood waxa ay u wadaroobaan qaabkii af Carabiga.

Macallin	macallimiin
Muslin	Muslimiin
Daallin	daallimiin
Mulxid	mulxidiin
Dersi	duruus

[11] Af-dhaab, b.103.

Weli	awliyo
Sheekh	shuyuukh/ mashaayikh
Shariif	Ashraaf
Munaafaq	munaafaqiin

Ereyo kooban ayaa qaata -*an* iyaga oo hal shaqal luminaya: *dhagax* > *dhagxan*, *ugax* > *ugxan*.[12]

Ereyada qaar dhawr siyaabood ayaa loo wadarayn karaa. *Oday* waxa uu noqdaa *odayo* ama *odayaal*. *Maro* waxa ay noqotaa *maryo* iyo *marooyin*. Ereyga *buug* keli iyo wadarba waa uu noqon karaa. Sidaas oo kale waxaa lagu wadarayn karaa *buugag* ama *buugaag*.

Wadartii haddii ay sii wadarowdo, waxaa lagu dhisi karaa -*ow* ama -*yow*.

Geel	geelal	geelalyow
Naag	naago	naagayow
dhul	dhulal	dhulalyow
geed	geedo	geedayow[13]

---

12 Naxwaha af Soomaaliga, b.11.
13 Naxwaha af Soomaaliga, b.13.

Koox Kadinley

Naxwaha af Soomaaliga[14] ee Shire Jaamac waxaa ku jirta qayb uu ku magacaabay Koox Kadinley oo loo adeegsado in la tilmaamo koox iyada oo aan magicii la wadarayn: *raxan* (libaax/maroodi ah), *kadin* (geel ah), *tiro* (adhi ah), *fadhi* (lo' ah), *guuto* (dad/rag; ciidan ah), *horin* (lo', geel, adhi ah), *xayn* (adhi ah). Waxa uu intaa raacinayaa: *illin, ciidan, madax, tuulo, duddo, dhawr,* iyo *qaar*. U fiirso in ay wataan *ah* oo gadaal ka raacaysa. *Koox* ayaa iyaduna soo galaysa.

Marar badan waxa aad arkaysaa weedh qayb ka mid ahna wadar tahay qaybta kalana hal qof ka hadlayso: "*Dadkuna ka adeegan jirtay*", taasina waa qalad. Iska hubi in aad si qumman u adeegsatay wadaraynta.

---

14 bb.16-17.

XASILINTA HIGGAADDA

Dhihid iyo Dhigid

Hadalka iyo qoraalku waa ay kala duwan yihiin, af Soomaaligana kuma koobna e afafka kalana waa sidaas.

Summadaha dhigaalka loo adeegsadaa waxa ay u taagan yihiin dhawaaqii, laakiin waxaa jira marar aysan 100% u buuxin karin kaalintaa. Ma jiro habqoraal 100% daboola baahida dhawaaq ee af leeyahay. Codadka qaar ayaa ay noqonaysaa in la soo dhoweeyo oo aan sidoodii loo abbaari karin. Sidaas awgeed, in 100% saxnaanta dhawaaqa la isku taxallujiyaa waa iskallifid aan laga bixi karin. "Sideedaba, way adagtahay in, guud ahaan, afafka adeegsada alifba'da laga dhex helo af alafba'diisu ay wada koobayso dhammaan codadka uu afkaasu leeyahay, Af-Soomaaliguna waa la mid." Ayaa uu leeyahay Barasare Cabdalla Mansuur.[1]

---

1 Cabdalla Cumar Mansuur, Midaynta iyo Horumarinta Af-soomaaliga, Afmaal 1, b.24, 2015.

Taasina waa sababta Guddigii Af Soomaaligu, iyaga oo og in farta Laatiinku aysan wada dabooli karin dhawaaqyada afkeenna oo ilaa toban shaqal dhawaaqoodii maqan yahay, ay haddana uga leexdeen farihii kale ee baahidaa dabooli karay, iyaga oo duruufo kale tixgalinaya. Codadka maqan intooda badan in la qoraa wax badan ma soo kordhinayso. *Dhal* iyo *badh* labada *dh* ee ku jiraa waa ay kala fudud yihiin, laakiin uma baahna in labadaa dhawaaq lagu kala sooco qoraalka ama labo xaraf loo kala sameeyo.

Afafka qaar waxa ay adeegsadaan xuruuftii oo summado dheeraad ah loo yeelay si loo kala sooco dhawaaqyada xarafkaasi u taagan yahay. Summadahan waxaa diiday Guddigii Af Soomaaliga, ka dib markii ay qiimeeyeen dhibta iyo dheefta ka dhalan kara.

Midda kale, dhawaaqu waa uu isbeddelaa sida ereyada afkuba isu beddelaan. Codad cusub baa dhasha, ereyo ayaa sidii loo dhihi jiray ka beddelma, lahjad ahaan ayaana dhawaaqa dadku u kala beddelnaan karaa...

Kala duwanaanta lahjadeed iyo "sida loo dhahaa loo dhigaa" waxa ay keeneen in meelaha qaar qoraalkii aad u kala duwanaado. Tusaalahan oo aan ka soo qaatay Barasare Cabdalla Mansuur aynu eegno:

Waan qaadanayaa
Waan qaadanaayaa
Waan qaadana hayaa
Waan qaadan hayaa
Waan qaadanaa
Waan qaada haa
Waan qaadanooyaa

Waxaad arkaysaa:

Waxaan idhaa/ nidhaa/ la yidhaa...
Ma jidho.
Maxaad qoraysaaniin?
qalbi laabe
Dhiwan rawaa

Dhihiddu waxa ay keentaa in dhawaaqyadii xarfuhu isdhexgalaan ama isku milmaan ama qaarkood doorsoomaan, sidii aynu ku soo marnay isku qoridda iyo kala qoridda.[2]

Niyoo waaxay dee! [Ninyahow waa maxay dee!], Anaa layga [la iiga] fadhiyaa, "Madal laysu [la isu] soo baxay", "Haygu [ha iga] dhega hadlin," anoon [aniga oo aan] hadlin, isagoon [isaga oo aan] bixin. Waanigaa [waa anigaa]. "Maxaa kaloon [kale oo aan] dhahaa?", "In loo qoray [qoro ayaa ay] ahayd".

Af Soomaaliga sida loo dhahaa loo dhigaa macnaheedu ma aha in qofba sida uu ugu dhawaaqo u qoranayo ama ereygu sax ku yahay, ee waa in uusan lahayn higgaadinta wareersan ee afafka ay ka mid yihiin Ingiriisiga, Faransiiska, Jarmalka, iwm. Macnaheedu waa inuusan lahayn xarfo dheeraad ah, xarfo marba si loogu dhawaaqo, ereyo dhihiddooda aan laga garan karin dhigaalkooda, iwm. Waana mid uu af Soomaaligu la wadaago af Carabiga iyo

---

2 Maansadu maadaama ay cod ku salaysan tahay, waa in sidii loo dhahay loo dhigo oo cod ahaan loo qoro ee aan ereyadii la kala dhigdhigin.

afaf kale.

U fiirso eryadan Ingiriisiga ah:

1) Rough
2) Light
3) Ghost

Saddexduba waxay wadaagaan *gh* laakiin saddex dhawaaq bay leedahay.

1) *Rough* - Raf - F ayaa ay noqotay
2) *Light* - Laayt - Y ayaa ay noqotay
3) *Ghost* - Gowst - G ayaa ay noqotay

Dhawaaqa *oo* siyaabaha loo dhigi oo siyaabood baa loogu dhawaaqi karaa:

foot, good, hood, look = u
boom, doom, soon, noon = uu
floor, door = oo
flood, blood = a

Af Soomaaligu ma laha qaabkan, si arrintaas loo tilmaamo ayaa loo yidhi: sida loo dhahaa loo dhigaa, oo sidan Ingiriisiga *oo* ay afarta dhawaaq u leedahay ma aha e, af Soomaaliga hal meel baa loogu soo hagaagayaa, meel kasta oo aad ku aragtid *oo* isku si baa loogu dhawaaqayaa, marka aad dhawaaqaa maqashidna isku si ayaa uu u dhigmayaa, ee weydiin maysid: sidee loo qoraa ama *how do you spell that!*

XASILINTA HIGGAADDA 377

Af Soomaaliga qoraalkiisu waa *phonetic*—dhawaaq kastaa waxa uu leeyahay hal si oo loo dhigo qoraalkiisa, xaraf kastaana waxa uu u taagan yahay hal dhawaaq oo keli ah.

Haddii aad doonaysid in qoraalkaagu tooso, madaxaaga ka saar in qof walbaa u dhigi karo sida uu u dhaho.

Ingiriisigii hore iyo midka maanta farqi weyn ayaa u dhexeeya dhawaaq ahaan iyo dhigaal ahaanba. Waqti aan sidaa u fogeyn, lahjadaha kala duwan higgaadda iyo ereyadaba waa ay ku kula tagsanaayeen. Halka aynu maanta joogno, ee ereyo badan qofba si u qoro, ama qofku isla ereygii dhawr siyaabood u qoro, ayaa ay soo mareeen.

Waxaa la yidhi Ingiriisigu waxa uu leeyahay 40 cod, laakiin waxaa loo qori karaa ilaa 200 oo qaab. Qaar ka mid ah oo *gh* iyo *oo* leeyihiinna kor ayaa aan ku soo marnay. Codka *sh* waxaa loo qori karaa 14 siyaabood: *shoe* (shuu), *sugar* (shugar), *passion* (paashan), *ambition* (ambishan), *ocean* (oshan), *champagne* (shaambayn), iwm. Waxaa jira ilaa 38 dhigaal oo uu leeyahay codka *eer*: *air, aire, ayr, heir, e'er, ere, eyre, err,...* Ereyga *where* waxa uu u qormi jiray: *wher, whair, wair, wheare, were, whear,...* Codka *siidh* siyaabaha uu u dhigmo waxaa ka mid ah: *seed, se<u>cede</u>, <u>proceed</u>, super<u>sede</u>.*

Xitaa magacyada qofka siyaabo kala duwan baa loo qori jiray oo magaca *Shakespeare* waxaa jira ilaa 80 higgaadood oo loo qoray. Muddo ilaa labo boqol oo sano laga joogana, ereyo badan baa lahaa dhawr qaab oo loo qoro, laakiin immika waa la xalliyay waxaase dhiman dhawr erey oo weli leh labo higgaadood: *ax/axe, gray/grey, inquire/enquire*... [3]

※

Higgaadda oo la xasiliyaa ma qasbayso in qofku dhawaaqiisa beddelo. Af Carabigu waxa uu leeyahay qoraal sugan halka degaan walbaa leeyahay lahjaddiisa. Masriga, Maqribiga, Suudaaniga, Shaamiga, Ciraaqiga, iyo Khaliijigu waa isku qoraal, laakiin dhawaaqii waa uu u kala soocan yahay. Qaafkii ayaa la wada qorayaa iyada oo Shaamigii u akhrinayo sidii alif, Khaliijigiina G u beddelayo. Jiimkii baa G qaar u beddelayaan, qaar ڎ/ڟ waa ژ. Qaar ث waxa ay ugu dhawaaqaan س ama ت.

Ingiriiska lahjadihiisu waa isku wada qoraal laakiin dhawaaq ahaan meelaha qaar aad baa ay ugu kala duwan yihiin. Maraykanka Ingiriisi ku hadlayaa waa uu ka duwan yahay kan Ingiriiska jooga ama Ustaraaliya jooga ama Naayjeeriya iyo Koonfur Afrika jooga. Haddana qoraalku waa qoraalkii, waxa aan ka ahayn ereyo kooban oo Maraykanku fududaysteen. Maraykanku meelo badan oo *t* ah *d* bay ugu dhawaaqaan, laakiin uma qoraan *d* (*metal > medhal*), meelaha qaarna *t*-diiba waa ay qariyaan: *frontal > frunnal*. Meelo Landhan ka tirsan *t*-du dhawaaqa in badan waa ay ka maqan tahay oo *what* waxaa loogu dhawaaqaa *wha*, *party > paa'i*, iwm. Ereyga *girl* (gabadh) isku si uguma dhawaaqaan Maraykan, Landhan, Sidni, Aayrlaan, Iskotlaan, iyo Koonfur Afrika.

Af Soomaaligu waxa uu taagan yahay heerkii sugnaan

---

3 Bill Bryson, Mother Tongue, The Story of The English Language, pp.120-132.

la'aanta ee qof kastaa lahjaddiisa qoranayay, waana marxalad ay afafku maraan kana gudbaan marka ay horumar sameeyaan. Marka qofku hadlayo, lahjaddiisa ha adeegsado, marka uu asxaab la sheekaysanayo ha qoro lahjaddiisa, laakiin marka ay noqoto qoraal rasmi ah ama buug. iwm., waa in qoraalku noqdaa mid bulshada ka dhexeeya. Meel aad *kh* ugu dhawaaqdid lahjaddaada, ayaa la rabaa in aad *q* u qortid ama caksigeeda, iwm. Hadda anigu *wakhti* ayaa aan dhahaa, laakiin qoristeeda waxa aan u beddeshay waqti. Haddii aan sidaa la samayn, weligeed qoraalkeennu saldhigan maayo.

Markii ereybixinta aqooneed la samaynayay, erey Soomaaliyeed ayaa la raadinayay ee lahjad iyo degaan laguma koobayn. Sida la sheegay, markii ereyga *osmosis* ereybixin Soomaali ah loo raadinayay, ereyga *siimow* oo laga adeegsado degaannada webiyadu maraan ayaa loo helay.

Afka qoraalkiisa in la xasiliyaa ma aha in cid gaar ah lahjaddeeda la isku qasbayo, ee waa in meel dhexe la isugu yimaaddo iyada oo la eegayo asalka ereyga, naxwaha, badnaanta iyo yaraanta adeegsiga, hirgalidda, iwm.

Tusaalahan aynu soo marnay ayaa muujinaya in aysan suuragal ahayn in qofba sidiisa u qorto afka.

Waan qaadanayaa
Waan qaadanaayaa
Waan qaadana hayaa
Waan qaadan hayaa
Waan qaadanaa
Waan qaada haa
Waan qaadanooyaa

Waan qaadanowhaayaa
Waa qaada hooyaa
Aa qaadanayaa
Aa qaadayaa

Bino aadan
Binu aadan
Bili aadan
Billi aadan
Banii aadan
Bilow aadan
Binow aadan

Intaas oo qaab iyo ka badanba Soomaalidu waa ay adeegsadaan, waana asalkii oo cidiba ugu dhawaaqday sidii ay u maqashay ama u dhihi kartay. Markaa miyaanay ka habboonayn in asalkii loo celiyo oo loo qoro banii Aadan? Banii-aadan iyaduna waa ay innoo furan tahay, si ay u fududaadaan: banii-aadannimo, banii-aadannimadarro...

Kh iyo Q

Meelaha degaanku saamaynta badan ku leeyahay dhawaaqa waxaa ka mid ah adeegsiga isweydaarsan ee xarfaha kh iyo q, taas oo markii qoralka la yimaaddo, saamaysa higgaaddii. Ereyadan badankoodu asal ahaan waa af Carabi, laakiin innagu marna meeshii *kh* ahayd ayaa aan *q* ka dhignaa, marna *q* ayaa aan *kh* ka dhignaa.

Ereyga *shakhsi* asalkiisu waa *kh*, laakiin dad badan (koonfur) ayaa ugu dhawaaqa *shaqsi*. Halka ereyga *waqti* oo asalkiisu *q* yahay ay dad badan (waqooyi) u beddelaan *wakhti*.

Degaannadu kama wada sinna adeegsigan aan u sheegay ee waa sida ay badanaa tahay. Isla degaan ayaa lahjaduhu kala duwanaan karaan, ilaa ay arrintani saamayso akhrintii Qur'aanka oo dadka qaar *qul* u beddelaan *khul* ama *khaalidiina* ugu dhawaaqaan *qaalidiina*.

Asalka	1	2	Habboon/ Qumman
Khilaaf	Qilaaf	Khilaaf	Khilaaf
Shakhsi	Shaqsi	Shakhsi	Shakhsi
Waqti	Waqti	Wakhti	Waqti
Qalad	Qalad	Khalad	Qalad
Dawq	Dooq	Dookh	Dooq/ Dawq
Khariba	Qarrib(an)	Kharrib(an)	Kharrib(an)
Rakhiis	Raqiis	Rakhiis	Rakhiis
Khasaarah	Qasaare	Khasaare	Khasaare
Khiyaanah	Qiyaano	Khiyaano	Khiyaano
Khabiir	Qabiir	Khabiir	Khabiir
Khudbah	Qudbad/ Khudbad	Qudbad/ Khudbad	Khudbad
Khayraat	Qayraad	Khayraad	Khayraad
Khamiis (maalin)	Qamiis	Khamiis	Khamiis

Asalka	1	2	Habboon/ Qumman
Qamiis (maro)	Qamiis	Khamiis	Qamiis
Laylatul Qadr	Laylatul Qadar	Laylatul Khadar	Laylatul Qadar/ Qadri
Khadir (magac nin)	Qadar	Khadar	Khadar
(Khadir oo magac dumar laga dhigay)	Qadro	Khadra	Khadra
Shaykh	Sheeq/Shiiq	Sheekh/ Shiikh	Sheekh/ Shiikh
Iqra'/Aqra'	Aqri	Akhri	***
Khaatimah	Qaatumo	Khaatumo	Khaatumo
Faqr	Faqri	Fakhri	Faqri
Dawwakha	Dawaq	Dawakh	Dawakh
Khalal	Qalqal	Khalkhal	Khalkhal
Qasb	Qasab	Khasab	Qasab
Khayr	Qayr	Khayr	Khayr
Qayr (غير)	?	Qayr (sida: qayrkaa)	Qayr
Dakhl	Daqli	Dakhli	Dakhli
Khassa (خصّ)	Quseeya	Khuseeya	Khuseeya

Asalka	1	2	Habboon/ Qumman
Maqhaa	Maqaayad	Makhaayad	Maqaayad/ Maqaaxi
Khuraafaat	Quraafaad	Khuraafaad	Khuraafaad
Khushuuc	Khushuuc	Qushuuc	Khushuuc
Khazaanah	Qasnad	Khasnad	Khasnad
Maqrib (ع)	Maqrib	Makhrib	Maqrib

*** Haddii aan habkaa kore ku soconno, ereyga *akhri* asal ahaan waxaa ka qumman ereyga *aqri*. Laakiin waxa uu ku hirgalay akhri oo la adeegsanayay ilaa bilowgii qoraalka af Soomaaliga. Maadaama ujeedku yahay midaynta ereyo siyaabo kala duwan loo qoro, mid isagu hirgalay in dib loogu noqdaa waxba soo kordhin mayso.

Waxaa jira ereyo aanan asalkooda hubin, sida baqti/ bakhti, dakhar/daqar, dhaqso/dhakhso, Ereyga qadhaadh (qaraar)/ khadhaadh, waxa uuba leeyahay dhawaaq kale oo xaraar ah! Dareeraha wax lagu qoro waa khad ee ma aha qad. *Yaakhay/ yaaqay* (yaa akhii?) waa ereyo hadal oo aan caadi ahaan la qorin, sida aan filayo.

Maansayahanka Soomaaliyeed *q/kh* waa ay isku beddelaan, iyaga oo aan lahjaddooda isku koobayn, haddii qaafiyaddu ku qasabto.

A iyo E

Meelaha ugu daran higgaaddeenna waxaa ka mid ah adeegsiga *a* iyo *e*, oo degaanno iska daa e, halka qof intaas oo qaab u qoro. *Goostay* iyo *haystey* maxaa marna *-tay* ka dhigay marna *-tey*? *Guursaday* iyo *wadey* maxaa marna *-day* ka dhigna marna *-dey*?

U fiirso falka salkiisu yahay *tag* iyo sida isrogroggiisa loo qoro: *tago, tego, tagey, tegay, tegey.*

Qoslay, haleelay, kaftamay, sheegtay, dhacay, go'aansaday, waa ay yar tahay cid *-ey* u qorta dhammaadkooda. Laakiin *dhexeeyey, hayey, weydiiyey...* marka *y* ka hor marto, badanaa *-yey* ayaa la qoraa sababtuna waa in *-yay* tahay dhawaaq adag, sida ardo Qur'aan badani ay ka marag kacayaan. *Qoslay, diray, baxay,* iyo *jirey* waa isku mid oo waa fal marka la hadlayo ka hor <u>dhacay</u>. Eeg *dhacey* cid qortaa waa ay yar tahay, haddiiba ay jirto. Laakiin *jirey* maxaa *-ey* ka dhigay?

In *a* loogu dhawaaqo *e* oo codkii beddelmo, ma aha wax ku kooban af Soomaaliga, oo af Carabiga iyo af Ingiriisiguba waa ay leeyihiin. Mana aha isbeddel hore u dhacay oo dhammaaday e, waa wax socda.

Bayt waxa uu noqday *beet, shaykh*-na *sheekh*. Innaguna *sheekh* iyo *shiikh* ayaa aan kaga leexannay dhawaaqa *-ay*. Sidaa oo kale, *dayn*, Carabta qaar waxa ay ugu dhawaaqaan *deen*, innaguna *deyn* iyo *deen* baa aynu adeegsannaa. Dhanka Ingiriisiga, ereyada dhawaaqa *-ay* ku dhammaada ama ay ku jirto, dad baa iyaguna u beddela codka *-ee*, sida *pay* (pee), *say* (see), *face* (fees) ...

Qur'aanka akhriskiisa ayaaba ay saamayn ku leedahay arrintani. Tusaale ahaan, *calayhim* dad baa ugu dhawaaqa *caleehim, qayri*-na *qeeri*.

صِرَاطَ الَّذِينَ أَنْعَمْتَ عَلَيْهِمْ غَيْرِ الْمَغْضُوبِ عَلَيْهِمْ وَلَا الضَّالِّينَ

XASILINTA HIGGAADDA 385

Qiraa'adii hore ee Soomaalidu u badnayd, Duuri, meelo badan oo *a/aa* ah waxaa loo akhrinayay *e/ee*, sida *duxaa, sajaa, qalaa, annaaas* > *duxee, sajee, qalee, annees*, iwm.

In la kala basriyo labadan shaqal waxa ay qayb weyn ka qaadanaysaa xasilinta iyo in ay salka dhigato higgaadda af Soomaaligu. Meelaha *a* iyo *e* isweydaarsi loo adeegsado in midka ugu habboon loo daayo, meelaha labo macne ka dhalanayaan in lagu kala sooco, ... ayaa habboon.

Ereyga *shay* ee aynu Carabiga ka soo qaadannay, qaarkeen waxa ay ugu dhawaaqaan *shey* qaarna *shay*. Maadaama *shay* yahay asalkii, sidaa in loo wada qoro ayaa habboon.

Ah (ahayn) iyo *ay* (ayna, ay cunto) adeegsigooda ayaa ka badan *eh* (eheen) iyo *ey* (eyna, ey cunto). Waxaa iyaguna jira kuwo u dhexeeya: *aheyn, aheen*. Sidaa oo kale waxaa ah: ma *haysaa*? Ma *heysaa*? Ma *heesaa*?—Oo asalku ahaa: *hayn/ heyn/ heen*.

Wax—ereyada ku dhisan ee *waxay, waxey, wexeey*, asalkoodu waa *wax+ay/ey*. Haddii aan qaadanno *ay*, waa in aan qornaa *waxay*.

    Wayso, weyso, weeso,
    Jacayl, jecayl, jaceyl, jaceel,
    Qayb, qeyb, qeeb
    Qayr, qeyr, qeer
    Khayr, kheyr, kheer,
    Dhammaystir, dhammeystir, dhammeestir
    Midaysan, mideysan, mideesan,
    La isku la, laysku la, leeskula
    Malahayga, malaheyga, malaheega,
    Shaydaan, sheydaan,
    Dadaal, dedaal

iwm...⁴

Kala duwanaantan cod ee marna codkii adkaa ee -*ay* joogo, marna la khafiifiyay, marna meeshaba laga saaray oo *ee* loo beddelay, waxa ay ku fiican tahay in qoraal ahaan meel la isugu geeyo.

۞

Halkii aynu *weli* siin lahayn labo macne, ee aynu odhan lahayn '*wali*-na waa loo qoraa', maxaa diidaya in aan *wali* (qof wali ah/ ninka masuuliyadda reerka haya...) asalkii u celinno (ولي, wali), *weli*-na u adeegsanno macnaha labaad (ilaa hadda - weli ma dhammayn; weligay: abidkay.)

Halkii aynu labo siyaabood u qori lahayn *weji/ waji*, maxaa diidaya in aan midka asalka ah (wajhi>waji...wajahad) wada qorno si ay isu la jaanqaadaan *wajahad*? Sidaa oo kale, *warshad/ wershad/ wershed* waxa aan ku xallin karnaa in aan isku koobno midka asalka ah (*warshad*). Warka qofka ku shaqo leh sow ma aha *war-iye*, maxaa keenaya in aynu *weriye* iyo *wariye* kala qorno? *Jab* ereyada ka dhambalma, sida qofkii wax jabiyay, sow kama fiicna in *Jabiye* loo qoro halkii *Jebiye* iyo *Jabiye* la kala qori lahaa?

Furihii waan waynay/ weynay iyo *guri weyn/ wayn* labadaa macnana waxaa innoo kala saari kara in *e* loo daayo *weyn* (guri weyn, badweyn, dadweyne, madaxweyne...), furahana lagu celiyo <u>waa</u>yiddii asalka ahayd oo a loo qoro: *furihii*

---

4 -*ay* in -*een* loo wada beddelo waxaa laga helaa lahjadaha 'koonfurta'. Laakiin lahjadaha 'waqooyiga' waxaa ku jira *habeen*, oo koonfurta qaybo ka mid ah noqonaya *habayn/ hamayn*, halka ereyga *habayn* (hagaajin) dadka qaar ugu dhawaaqaan *habeen*—waa ay isdabo mareen lahjaduhu.

waan waynay.

Tab iyo *teb* labo macne ayaa ay innoo kala buuxin karaan, halkii aynu odhan lahayn midkiiba labo siyaabood baa loo qoraa. *Tab* waa hab iyo xeelad wax lagu qabto. *Teb* waa dareemidda wax maqan, laakiin qoraal ahaan *waan tabayaa* iyo *waan tebayaa* labadaba waa la qoraa. Waxaa ka habboon in la qoro *waan tebayaa*.

Ereyada ku dhisan *dag-* (in cid la gaadhsiiyo dhibaato aysan filanayn) iyo *deg-* (sida hoos u deg) qoraalkooda aad ayaa la isugu qasaa. *Deg-* waxaa ka dhalanaya degmo, dejin, deggan, degaan[5]. *Dag-* waxaa ka dhalanaya dagan, dagnaan, iyo macnayaal kale oo dayacnaan ka tarjumaya. *Dagan* waa gabadh dayacan oo halis ugu jirta in dhibaato loo geysto. *Deggan* waa gabadh qoyskeedu ku degay dhalashadeeda ama iyadu deggan/ xasilloon oo aan fududayn.

Degdeg weeye marka laga hadlayo wax muddo yar lagu qabtay ee ma aha *dagdag*.

Ereyada ka dhasha salka *gal-* waxaa habboon in *a* lagu wado oo aan *e* loo beddelin: *galaya, gudagal, hirgalin, suuragalin, dhaqangalin*, iwm. *Tag-* iyaduna waa sidaas oo kale: *tagay, tageen, tagaysa... Daa-* lama daysan karo waxan... halkii *deysan* la qori lahaa.

Xirfadaha *-le* ku dhammaaday iyaga lama beddeli karo: *qalinley, bajaajley*, iwm.

Baddal/ beddel, darajo/ derejo, rajo/ rejo, matalaad/ metalaad/ metelaad, midba labo siyaabood baa loo qoraa. Saddexda hore ayaa asalkii Carabiga waafaqsan, haddii meel la isugu tagayana, cidda sidaa u qorta ayaa doodda leh. *Rajo/ rejo* labo

---

5 Deegaan waxa ay leedahay labo macne oo kale, ee kuwaa aynu u dayno, degaanna ku koobno macnahan.

macne ayaa ay innoo leeyihiin. Mid waa Carabi asalkiisu oo waa filasho (rajaa'), midna waa macne Soomaali ah: gabadh yar oo hooyadeed dhimatay. Dhawaaqa *rajo*, inta aan arkay, waxa uu u badan yahay gabadha yar ee hooyadeed dhimatay, halka filashadu *rejo* ay u dhowdahay. Laakiin degaannada kale in ay *rajo* wada yihiin waa suuragal. Haddaba, sow kuma kala soocan karno in inanta *rajo* loo qoro filashadana *rejo*?

Ereyada *ergey, webi, welwell werwer, halyey, geyn* (alaab baan guriga geynayaa), *dhereg*, iwm., iyagu waa *e*. Laakiin *kayd* ma aha *keyd*.

Nebi sidaas ayaa loo badan yahay oo uu ku hirgalay, haddii *Nabi* la qorana wax uu madaxa la galayaa ereyga *nabid*. Sidaa oo kale *Beder* (dagaalkii/goobta) haddii *Badar* loo qoro, dad badan waxa ay u akhrinayaan badarkii cuntada ahaa. Anigaa wareerkaa mar lugta la galay oo ka tawbad keenay! *Nebi* iyo *Beder* (Bedr) waxba kama duwana dhawaaqa Carab badani hadda adeegsadaan, gaar ahaan Khaliijka. *Edeb* ayaa isna in sidiisa laga beddelaa ay adag tahay. Asalku waa *adab*. *Maxamed* iyo *Axmed* iyaguna sidooda ayaa ay ku hirgaleen. *Ehel* oo asalkiisu yahay *ahl* ma jirto sabab aynu Carabi ugu celinno. *Beled* ayaa ka awood badatay asalkii ahaa *balad*.

Ujeedku ma aha in Carabiga la waafajiyo ereyo Soomaaliyoobay, ee maadaama qaarkeenba si u qorayaan, xalka innoo furan waa in aan meel isugu tagnaa, waxa ugu mudan ee lagu salayn karaana waa asalkii ereyga ee qaarkeen adeegsanayeen. Ereyada *malqacad, jaamacad, seben*, iyo kuwa la midka ah ee aynu beddelnay, baa laga hadli lahaa haddii Carabiyayn loo jeedo.

Ereyada labada qaab loo dhaho ama qoro[6], sida: *werwer, welwel, erey, eray, tacab, tabac, naftiisa, laftiisa, lacnad, naclad, nimco, nicmo, nafci, nacfi, tabar, tamar, xayawaan, xawayaan, dawaco, dacawo, suxul, xusul...* kuwa dh/r la kala adeegsado, arrintooda hadda madaxa isku xanuujin mayno, laakiin waa in halkii qoraal mid uun ku socdaa.

Marka la kala qorayo ereyada, wixii aan isrogrogitaanka sarfeed ee ereyga ku iman, waxaa habboon in dhigaal ahaan laga kaaftoomo.

Caano> caanaha... Waa isbeddel ku imanaya sarfaha afkeennana, mana jiro dhawaaqa *caanoha*. *Caano+nuug* haddii la isku qoro oo erey cusubi ka dhasho labadii erey ee isku darsamay, *caananuug* waa la qori karaa. Laakiin haddii la kala qoro ma aha in *caana nuug* la qoro. Maxaa yeelay, *caano* ayaa asalka, maadaama aysan jirin wax ku xidhiidhsan oo asalkii ka leexiyaana, waa in sidii ereygu ahaa loo qoraa.

"*Ha igu dhega hadlin,*" waxaa ka qummman: "*Ha igu dhego hadlin.*" Marka la hadlayo, *ha igu* waxa ay isu isugu ururtaa: *haygu.*

Shaqalka *o* marar badan hadalka ayaa jiita oo dad badani waxa ay ugu dhawaaqaan *a*. Mararka qaarna isrogrogga ereyga ayaaba qasbaya in *a* la beddelo, sida: *labo > labaatan, dhego > dhegaheeda/ dhegihiisa.*

---

6 Cismaan Cabdinuur Xaashi (Khaliifka) waxa uu eryadan ku tilmaamayaa: Ereyada Wadhafaysma. Eeg Af-dhaab (2018), bb.87-89.

Shaqaan aadayaa. Talaan kuu hayaa. Immisaad aragtaa? Labaan arkaa. Asalku waa: *shaqo ayaa aan aadayaa; talo ayaa aan kuu hayaa; labo ayaa aan arkaa.*

Shaqallada *o* iyo *a* marka ay kulmaan, haddii aan hamse u dhexayn, meelaha qaar waxaa dhacda in *o*-da la jiito, maxaa yeelay waa ay ka dhawaaq culus tahay *a*-da oo carrabkaa dhibsanaya. Laakiin marka la qorayo waa in asalkii ereyga la qoraa.

Warkii oo kooban, sidii aad doontid ugu dhawaaq e, u qor: *shaqo, talo, labo, caano, toddobo, ilmo*—marka ay keli yihiin. Ma jirto sabab loo qoro *shaqa kuma lihid, tala qaado, laba erey,* iwm.

Labada erey ee af Carabiga ah ee *ilaa* (الى) iyo *illaa* (الّى), waxa aynu af Soomaaliga ku adeegsannaa *ilaa* oo aan shed lahayn: *Ilaa shalay ayaa aan sugayaa*... Sax ma aha in loo qoro: *Illaa shalay ayaa aan sugayaa.*

Ereyada *hawl* iyo *dawlad* sidan ayaa ay rasmi ku yihiin e, *howl* iyo *dowlad* ma aha.

Dhawr qof (tiro); iga war *dhowr*; ilmaha dhibaato ka *dhowr*,...—waxaa habboon in *dhawr* loo adeegsado tirada, *dhowr*-na sugidda iyo ilaalinta. Sidaa oo kale in *dhow* iyo *dhaw* (garaacid, iwm.) la kala saaro: meel *dhow* baa aan ka imid; soo dhowoow.

Ereyada iyo magacyada shisheeye u qor qaab uu akhrisan

karo qofka af Soomaali keli ah akhrin karaa. Haddii aad rabtid raaci qoraalkii shisheeye oo labo qaws ku dhex jira.

Isu mise Isku

Farqi weyn baa u dhexeeya adeegsiga *isu* iyo *isku*. Laakiin waxa aad mooddaa in dad badani ay u adeegsadaan sidii ay isku mid yihiin (eeg ma noqon karto: isu mid yihiin).

Imtixaanka *isu* diyaari oo qolkaa *isku* diyaari.
Waxay *isu* raaceen suuqa.
Waxay *isku* raaceen go'aankan.
Wuxuu *isku* arkay nabar.
Wuxuu *isu* arkay nin macne leh!

Tusaalayaashan hoose waxa aan ka soo qaatay qoraal uu Maxamed Aadan Ciiraale kaga hadlayay farqiga u dhexeeya *isu* iyo *isku*.

Tusaale (1):
a) Bile iyo Mire waa isku maragfureen.
b) Bile iyo Mire waa isu maragfureen.

Sida muuqata labada oraahood ujeeddooyinka ay gudbinayaan waa kuwo aad u kala fog. Oraahda (a) waxay sheegeysaa in Bile iyo Mire ay liddi isku yihiin oo markii maxkamadda la soo taagey uu midiba isku deyey in uu kan kale dembiga dusha ka saaro ama ku caddeeyo. Laakiin, oraahda (b) waxay sheegeysaa in Bile iyo Mire ay istaageerayaan oo markii maxkamadda la soo taagey uu midiba kan kale hadalkiisii in uu run yahay ka marag kacay. Kolkaas, haddaad 'isku' adeegsato adigoo raba in aad gudbisid ujeeddada (b) waxaa caddaaneysa in oday Naxwe la yiraahdaa uusan kula socon ujeeddadaadana fahmeyn.

Tusaale (2):
a) 'Macallinkaaga isu taag.'
b) 'Macallinkaaga isku taag.'

Oraahda (a) waxay fareysaa qofka lala hadlayo in uu macallinkiisa u istaago, ixtiraam ahaan. Laakiin, oraahda (b) waxay fareysaa tan kore liddigeed oo ah in uu macallinkiisa 'lig' isku siiyo, oo uu hadallada iyo amarrada uu siinayo dib ugu celiyo. Kolkaas, haddii aad arday fareysid in uu macallinkiisa u istaago, ma adeegsan kartid 'isku taag'.

QAABAYNTA QORAALKA

NUUN 394

FARTA QORAALKA

Ujeedka qaabaynta qoraalku waa in akhristaha loo fududeeyo akhrinta qoraalka iyo fahanka farriinta uu xambaarsan yahay qoraalku.

Waana in uusan akhristuhu ku dhibaatoon akhriska ee uu si fiican oo fudud uga bogan karo nuxurkii qoraalka ulana socon karo farriintii uu qoraalku xambaarsanaa ee la rabay in akhristuhu ka qaato qoraalka.

Waxyaalaha aan halkan kaga hadli doonaa waxa ay inta badan la xidhiidhaan qoraalka buug, weliba buug aan ahayn kuwa ardayda loogu talagalay ama buug dugsiyeed.

Maadaama qoraaga Soomaaliyeed aan inta badan buugga looga dambayn e sidaa lagu daabaco, waa muhiim in qoraagu xil iska saaro arrimahan. Haddiise shirkad faafin ama madbacad ay hawshan qabanayso, waxba yuusan isku dhibin qoraagu. Waxaana jira barnaamijyo, sida Adobe

InDesign ay adeegsadaan oo hawshan loogu talagalay.

Aan sii afeefto.

Wax badan oo aan sheegi doono waa dooq iyo doorasho tijaabo ku salaysan e ma aha sharci aan laga tallaabsan karin. Waa wax la tijaabiyay laguna caamalay.

Xulashada Farta Qoraalka

Xulashada fartu waxa ay ka mid tahay waxyaalaha ugu muhiimsan qaabaynta qoraalka. Far kastaa macne ayaa ay leedahay, farriin ayaa ay xambaarsan tahay, 'shakhsiyad' u gaar ahna waa ay leedahay.

Labadan farood ee ay *Mudane* iyo *Marwo* ku kala qoran yihiin, tee baa aad isleedahay waa ay ku habboon tahay in *marwo* lagu qoro? Tee baa ku habboon ereyga *mudane*?

Marwo **Marwo**
Mudane *Mudane*

Buug Hebel ku saabsan ma habboona in lagu qoro far dheddig xisaabsan. Sidaa oo kalana far labnimo xisaabsan ma aha in loo adeegsado qoraal Heblaayo ku saabsan. Buug sayniska mala-awaalka ah ku saabsan iyo buug jacayl ku saabsan isku far kuma qormaan, haddii aan ujeeddo kale jirin.

Barnaamijyada wax lagu qoro, sida MS Word, Google Docs, Pages (Mac), Open Office, waxa ay ku yimaaddaan faro badan oo kala nooc ah. Badanaana marka aad qoraalka diyaarinaysid, midda uu barnaamijku ku yimaaddo ayaa aad adeegsan kartaa ama waxa aad dooran kartaa fartii ku cajabisa. Laakiin marka aad dadka la wadaagaysid, waa in aad akhristaha baahidiisa hormarisaa: xulo far qurux leh, aysan ishu ku daalayn kana boodayn.

'Serif' iyo 'Sans Serif'

Guud ahaan noocyada farta waxaa loo qaybin karaa labo: 'serif' (sida farta buuggani ku qoran yahay: Adobe Caslon Pro.) iyo 'sans serif' (sida arial).

Waxa aad arkaysaa in 'serif' ay leeyihiin qaybo aysan 'sans serif' lahayn, sida A oo leh cago, g oo leh dheg, iwm. Badanaa serif-ku ma laha af ama gees dhuuban ama fiiqan, sida sans serif-ka.

Serif waxaa ka mid ah kuwan: Minion Pro, Adobe Caslon Pro, Cardo, Sabon, Adobe Jenson Pro, Baskerville, Book Antiqua, Garamond, Adobe Garamond Pro, ikk.

Sans serif waxaa ka mid ah kuwan: **Gotham**, Helvetica, **Futura**, Franklin Gothic, Myriad Pro, ikk.

Sans serif waxa ay ku fiican yihiin cinwaannada ee kuma wacna qoraal dheer. Sidaas awgeed, qoraalka buuggu waa in uu ku qornaadaa far serif ah.

Marka aad far dooranaysid waa muhiim in aad isweydiisid: fartan aad dooranaysid ma daboolaysaa baahida buugga? Farta janjeedha ee *itaaligga* ma leedahay? Farta culus ee **bold** ma leedahay? Far xarfaheedu isu dhow yihiin oo isku cuban miyaa mise waa mid ay kala f o g yihiin?

Waxaa jira kuwo la daaliyay aadna loo isticmaalay oo ay dadku ka xiise dhaceen. Adeegsigooda batay ayaa ay ku qiime dhaceen. Maro magaaladoo dhani ku daatay baa ay noqdeen oo meel kasta loo adeegsado. Haddii aysan jirin sabab kugu qasbaysaa, ha u adeegsan buuggaaga. Waxaa ka mid ah: Times New Roman, **Georgia**, Arial, ikk.

Qaarkoodna looma dhowaado, oo waxa ay ka dhigan yihiin adiga oo aroos lagaa casuumay ku tagay macawistii hurdada ama diricii shiidka/ baatiga ahaa ee guri-ku-joogga. **Comic sans** ayaa ka mid ah oo gaadhay heer dadka qaar ay u ololeeyaan in la mamnuuco! Waxa ay u eg tahay qoraalka ilmo farbarad ah. Laakiin adeegsigeedaa la qaldaye ilmaha iyo dadka akhrisku dhibo waa ay u fiican tahay. Qoraal la daabacayo looguma talagalin markii horaba.

Marka aad qoraalkaaga far u dooraysid, waxa aad samayn kartaa qayb qoraalka ka mid ah in aad marba far nooc ah ku tijaabisid, ka dibna ka dooro midda aad isleedahay waa ay ku fiican tahay oo waa uu ku soo baxayaa qoraalku, farriintii iyo mawduucii qoraalkana la jaanqaadi karta oo lagu gudbin karo. Fartu waa labbiskii qoraalka. Labbis kastaana goob iyo goor uu ku habboon yahay baa uu leeyahay.

Haddii nooca farta aad adeegsanaysid aysan ujeeddo gaar ahi ka dambayn, kuwan baa aad isku koobi kartaa. Waa faro taariikh dheer leh, qurux badan, akhriskana ku fiican, tijaabo badanna maray.

Buugaagta shirkadaha faafinta waaweyni soo saaraan, in badan kuwan iyo wax u dhow baa ay ku qoran yihiin: Adobe Caslon Pro (buuggan ayaa ku qoran), Bembo, Sabon, Adobe Jenson, Baskerville, Garamond, Adobe Garamond, iwm. Doorashada adigaa leh ee intani waa aragti iyo talo uun.

Farta qaar baa nis yar oo aan boos badan qaadan, qaarna waa kuwo feedho weyni u dhashay oo meeshaba waa ay isku ballaadhiyaan. Minion Pro waa far nis yar oo qurux badan, halka Bookman Old Style ay boos badan qaadanayso.

Ka taxaddar in aad qoraalkaaga u adeegsatid in ka badan saddex nooc. Labo ayaa kaa badan. Mid ayaana ku filan asalkeedaba.

Jimidh/ cabbir

Markaan eegno cabbirka fartu intee baa uu le'ekaanayaa, farta qoraalka caadiga ah ee buuggu waa inaysan ka yaraan 10pt, laakiin waxa aad mooddaa Soomaalidu in ay dhibsato wixii 12 ka yar. Buuggani waxa uu ku qoran yahay cabbirka 12. Meelaha qaar la soo xigtay waa 11.

Cinwaannada 14–24 waa laga dhigi karaa. Hadba warqaddu inta ay le'eg tahay ayaa ay ku xidhan tahay.

Faallada sawir la socota ama hoosqorka (footnote) ka dhig 7–8 haddii qoraalka caadiga ahi yahay 11/12.

Farta qaar ayaa sideeda u qaro weyn, sida Bookman, haddii aad adeegsatid oo aad 12 ka dhigtay, waa ay ka weynaanaysaa Minion Pro isla 12 ah.

Far weyn iyo far yar

Waxyaalaha akhriska innoo fududeeya waxaa ka mid ah garashada qaabka ereyga iyada oon xaraf-xaraf loo akhrin ereygii. Laakiin haddii far waaweyn lagu qoro, ereyadu isku qaab baa ay noqdaan. Sidaas awgeed, farta waaweyn akhrinteedu waa dhib—wixii aan cinwaan iyo qoraal kooban ka ahayn.

Qoraalka guud ee buugga ka dhowr farta waaweyn. Haddii aad xiganaysid qoraal far waaweyn ku qoran waa meesheeda.

Mararka qaar waxaa loo adeegsan karaa in lagu muujiyo qaylo iyo cod dheer. Sida dad hadlaya haddii uu mid qayliyo, far WAAWEYN waa lagu muujin karaa.

Ereyada la soo gaabiyay, sida BBC, CNN, NATO, AU, USA, UK, UAE, UN, UNESCO, waa in far waaweyn lagu qoro. Magacyada la soo gaabiyayna waa sidaas oo kale oo waa in far waaweyn lagu qoraa, sida: M.Y. Jaamac.

Itaalig

Farta *janjeedha* iyadana akhrinteedu waa y adag tahay. Waa in aan qoraalka lagu badin. Meel la rabo in xoogga la saaro ama si gaar ah farta loogu fiiqo ayaa loo adeegsadaa, sida habboon. Ha u adeegsan xigashooyinka, laakiin maansooyinka waa aad kaga sooci kartaa qoraalka intiisa kale.

Sidaa oo kale ereyo la rabo in qoraalka kale laga sooco ayaa loo adeegsadaa, sida erey laga hadlayo ama la sharxayo, ama magac ahaan loo adeegsanayo, ama tilmaan ahaan loo adeegsanayo. Adeegsigani aad ayaa uu buuggan ugu badan yahay, gaar ahaan qaybta higgaadda.

Ereyada aan af Soomaaliga ahayn ee macnahooda laga yaabo in aan dadka qaar aqoonna waa lagu muujin karaa. Sidaa oo kale ayaa lagu samayn kartaa kuwa la yaqaanno laakiin la rabo in af Soomaaliga laga sooco—*bacdamaa*, *alxaasil*, iwm.

Waxaa kale oo loo adeegsadaa magacyada buugaagta, magacyada maansooyinka, iwm., ee qoraalka lagu dhex xusay.

Farta culus

Mararka qaar halkii farta *janjeedha* ayaa farta **culus** la adeegsadaa si erey gaar ah farta loogu fiiqo, sida erey laga hadlayo ama la sharxayo ama magac ahaan loo adeegsanayo, ama tilmaan ahaan loo adeegsanayo. Adeegsigani waxa uu ku badan yahay buugaagta akadhemigga ah iyo buugaag dugsiyeedka. Haddii aadan soo xiganayn qoraal asal ahaan far culus ku qoran, ama aadan cinwaan u adeegsanayn, ama aadan qoraal akadhemig ah u adeegsanayn, iska daa, kumana qurxoona buugaagta caadiga ah, sida sheekada, iwm.

NUUN 402

TUDUCAYN

"Waa in uu hadallada kala sooco ... mana aha in uu qoraalka isu bixiyo, maxaa yeelay waxaa fahankii baa adkaanaya waqtiguna waa uu ku lumayaa, doqon xun uun baa sidaa yeela!"

—Ibnu Jamaacah.[1]

❦

Qaybtii hore waxa aan kaga soo hadalnay ahmiyadda ay leedahay doorashada far ku habboon qoraalka, adeegsiga farta janjeedha ama *itaaliga* ah, adeegsiga farta culus ama **bold** ah, adeegsiga farta WAAWEYN iyo farta yaryar.

Qaybtani waxa ay ku saabsanaan doontaa tuducaynta qoraalka (*paragraph*), iyo qaabaynta tuducyada.

---

[1] تذكرة السامع والمتكلم في أدب العالم والمتعلم, b.134.

Caadi ahaan, tuduc kastaa waa in uu xambaarsan yahay hadal ama fikrad isleh, marka wax kale loo gudbayana waa in tuduc cusub la bilaabaa. Tuducu waxa uu ka kooban yahay weedho ama jumlado la isu geeyay.

Maansayahanka Soomaaliyeed aad ayaa ay tuducaynta u adeegsadaan, waxaana mararka qaar kala sooca bayd ama baydad soo noqnoqda oo dhextaal ah.

Tuducu waxa uu ka dhigan yahay hal hudhmo, oo haddii saxankiiba la isku foorariyo, in uu qofku ku mergado ayaa ay u badan tahay. Tuducayntu waa qaybin iyo yaryarayn si aan loogu mergan qoraalka ee akhrintiisa iyo fahmiddiisu ay u fududaadaan.

Imika buugaagta Soomaalidu badanaa waxa ay labo tuduc ku kala saaraan in sadar bannaani u dhexeeyo. Waa mid habboon haddii qoraalku maanso yahay ama qoraal akadhemic ah oo cinwaanno hoosaad leh, akhristuhuna uusan iskubixis u akhrinayne ay u badan tahay in uu marba in ka bogto.

Laakiin marka qoraalku yahay sheeko, jiraal iyo mala-awaal kii ay doonto ha noqoto e, haddii sadar bannaan loo dhexaysiiyo labadii tuducba, waxaa soo baxaya qoraal aan xidhiidhsanayn iyo sheekadii oo kala googo'an ayna ishu u baahan tahay inay marba tuduca xiga u booddo.

Markaa xalku waxa uu noqonayaa in tuducyadii isku xigaan laakiin la helo qaab kale oo loo calaamadiyo bilowga tuduca cusub. Taasina waa in sadarka koowaad ee tuduca bilowgiisa hore loo yara durkiyaa (sida tuducan), taas oo calaamad u noqonaysa bilowga tuduca cusub. Waxaa la dhahaa indhent (indent).

Safidda sadarrada (alignment)

Afar siyaabood ayaa aad sadarrada u safi kartaa:

In ay dhanka bidix ka siman yihiin laakiin dhanka midig ay kala dheer yihiin;

in ay dhanka midig ka siman yihiin laakiin ay dhanka bidix kala dheer yihiin;

in badhtankoodu la siman yahay badhtanka bogga laakiin midig iyo bidix ay kala dheer yihiin;

... iyo in ay si siman ugu fidsan yihiin bogga, sida tuducyada buuggani u qaabaysan yihiin.

Cinwaannada bidix, midig, iyo dhexdaba waa lagu simi karaa. Laakiin qoraalka caadiga ah ee buugga haddii midigta ama badhtanka laga simo akhrintiisa ayaa dhib noqonaysa oo mar kasta waa in ay ishu raadisaa bilowgii sadarka xiga. Bidixna ma qurux badna oo sadarro dhanka midigta ka kala dhaadheer ayaa ka dhalanaya. Markaa waa in uu qoraalku bogga ku fidsan yahay, oo intii suuragal ah ay sadarradu bidix iyo midigba ka siman yihiin (sida tuducan). Tuduc cusub marka uu bilowdana durkinta safka hore ama *indentation* baa lagu garanayaa.

Mararka qaar erey dheer baa sababaya in aan sadarradii sinnaan. Markaana waxaa la samayn karaa in ereyga la kala jabiyo iyada oo jiitin la dhexgalinayo, ama *hyphenation*. Sababta sidan loo yeelayaana waa in aan qoraalka dhexdiisu yeelan meelo bannaan oo ereyadu ay kala durugsan yihiin si sadarradu midig iyo bidix uga sinmaan. Inta aad awooddid iska daa adeegsiga *hyphenation*. Haddii aad ku qasbanaatidna, ereyga aad rabtid in aad jiitin galisid meesha aad rabtid in uu ka kala jabo dooro.

※

Dhanka qaabaynta iyo dejinta qoraalka, sadarkiiba 9–12 erey baa uu ku fiican yahay. Boggiina waxa uu noqonayaa 30 (warqadda yar) ilaa 35 sadar (marka warqaddu weyn tahay).

Haddii aad cabbirkii bogga haysatid, cabbirkii farta aad adeegsanaysidna aad dooratay, cabbirka hareeraha ama *margins* waxa aad ku salayn kartaa inta sadar ee aad bogga ka rabtid iyo inta erey ee sadarkiiba qaadayo.

QAYBAHA BUUGGA

Guud ahaan buugaagta waxaa loo qaybin karaa kuwo ka hadlaya wax jira (Jiraal: *non-fiction*) iyo kuwo male-awaal iyo sheeko-faneed ah (*fiction*). Qaybahan hoos ku xusan intooda badan lagama helo buugaagta male-awaalka/sheeko-faneedda ah (*fiction*).

Marka aad buug qoraysid, ku dedaal qaybahan in aad qoristooda ku bilowdid bogga midigta xiga, xitaa haddii bidixda aysan waxba ku qornayn.

Cinwaan-dhiman: Half-title page

Bogga ugu horreeyaa waa cinwaanka buugga oo keli ah. Haddii cinwaanku dheer yahay, qaybta ugu muhimsan baa halkan lagu qoraa. Haddii uu cinwaan-yare la socdo, lama qoro. Magaca qoraaga halkan laguma qoro.

Bogga bidix badanaa waxba laguma qoro.

Cinwaan-dhan: Title page

Boggan waa in lagu qoraa cinwaanka buugga oo dhammaystiran. Magaca qoraaga, magaca tifaftiraha (haddii uu jiro), magaca tarjumaha (haddii uu jiro), magaca madbacadda/ faafiyaha. Haddii uu buugga qayb ka yahay taxane, waa in lagu daraa. Waxaa kale oo la raaciyaa meeshii lagu daabacay iyo sannadka la daabacay.

Bogga bidix ee xiga waa bogga xuquuq-dhowrka (*copyright page*). Waxaa lagu qoraa cidda xuquuqda iska leh iyada oo la raacinayo astaanta ©. Sidaas oo kale waxaa la tilmaamaa sannadkii la daabacay, waxyaalaha akhristaha loo oggol yahay ama aan loo oggolayn (xuquuq ahaan), madbacadda, meeshii lagu daabacay, tirada caalamiga ah ee buugaagta lagu sunto (ISBN), tirada dabaacaadda waa in la muujiyaa (1aad, 2aad,...), iwm.

Hibeyn/Maamuus: Dedication

Waxaa dhacda in qoraagu buugga u hibeeyo cid uu aad u tixgalinayo oo naftiisa ku weyn. Waxa ay noqon karaan waalid, ehel, qaraabo, macallin, iwm.

Tusmo: Contents

Tusmada buuggu waxa ay muujisaa qaybaha iyo cutubyada uu buuggu ka kooban yahay. Haddii uusan buuggu ahayn akadhemig waa laga habboon yahay in aad loo faahfaahiyo tusmada. Inta badan akhristuhu xog ku filan waxa uu ka heli karaa cinwaanka cutubkta, oo ay tahay in aan la maldihin balse si cad loo qoro.

Ereyo la soo gaabiyay: Abbreviations

Haddii buugga ay ku badan yihiin ereyo la soo gaabiyay, waa in dhammaan ereyadaas bilowga buugga lagu ururiyaa oo mid walba la raaciyaa waxa uu u taagan yahay. Tusaale ahaan, buugaagta taariikhda Soomaaliya laga qoray qaarkood waxa aad ku arkaysaa CQS, XDS, GSK, iyo kuwo kale oo badan oo aan waxa ay u taagan yihiin la raacinnin. CQS: Ciidamada Qalabka Sida. XDS: Xoogga Dalka Soomaaliyeed. GSK: Golaha Sare ee Kacaanka.

Gogoldhig: Forward

Gogoldhigga waxaa qora qof aan qoraaga buugga ahayn, waxa ayna taageero iyo ammaan, ama qiimayn guud u tahay qoraalka. Inta badan waxaa qora qof la garanayo oo la qaddariyo, gaar ahaan mid mawduuca buuggu ka hadlayo khibrad iyo aqoon badan u leh.

Qasab ma aha in buugga la raaciyo gogoldhig, marar badanna, run ahaantii looma baahna.

Arar/ Afeef: Preface

"Ama afeef hore yeelo ama adkaysi dambe." Qoraagu halkan ayaa uu ku muujiyaa danta iyo ujeeddada iyo baaxadda qoraalka. Gaarkeeda waa loo dhigi karaa, hordhacana waa lagu dari karaa.

Mahadnaq/ Mahadcelin: Acknowledgements

Qof keligii buug soo saaraa ma jiro. Qoraa kastaa waxa uu taageero toos ah iyo mid dadbanba ka helaa dad badan. Waa lamahuraan in qoraagu tixgaliyo una mahadceliyo dadkii ku kaalmeeyey qoraalka. Haddii ay aad u kooban yihiin, waxaa gadaal lagaga dari karaa hordhaca. Mahadnaqa waxaa kale oo lagu qori karaa dhammaadka buugga.

Hordhac: Introduction

Waa qaybta qoraalku ka bilowda ee buugga ugu horraysa. Bogga koowaad (1) ee buuggu waxa uu ka bilowdaa hordhaca.

Hordheh: Prologue

Qaybtan waxaa laga helaa buugaagta sheekooyinka, riwaayadaha, ama gabayada ah, waxa ayna ka dhigan tahay hordhac lagu tilmaamayo dhacdo ka horraysa xogta buuggu xambaarsan yahay. Waxa ay gogolxaadh u tahay waxa ka dambeeya.

Ubucda Buugga: Main Body

Qoraalka buugga qaybta ugu baaxadda weyn weeyaan, waxaana loo qaybiyaa cutubyo ama xubno. Haddii ay cutubyadaasi koox-koox isu raaci karaanna, koox walba waxaa laga dhigaa qayb isla socota. Ku dedaal in aad cutub kastaa ku bilowdo bogga midigta ah.

Hoosqor: Footnote

Haddii la rabo in faahfaahin dheeraad ah, oo aan badnayn,

la raaciyo qayb ka mid ah qoraalka, amaba tixraac loo samaynayo, waxaa la adeegsan karaa hoosqor (footnote/ حاشية) bogga qaybtiisa hoose lagu qoro oo wata tiro (1,2,3...) ama xaraf (b,t,j,x,...), ama summad (*, **, ***,...).

GABAGGABO/ GUNAANAD: CONCLUSION

Waa soo ururinta dulucda iyo biyadhaca xogtii buuggu xambaarsanaa. Qaybtan lagama helo noofallada.

DIBDHEH: EPILOGUE

Qaybtani waxa ay la mid tahay gabaggabada, laakiin waxa ay raacdaa qoraal wata hordheh (*prologue*).

LADH: APPENDIX

Waa xog dheeraad ah, sida sawirro, shaxo, warbixinno, iyo wixii la mid ah, kuwaas oo taageeraya doodda qoraaga, ama xog dheeraad ah siinaya akhristaha, laakiin ay adkaatay in qoraalka toos loogu daro. Ladhka waxaa gadaal laga raaciyaa qoraalka. Sheeko-faneeddu ma yeelato ladh.

QORAAL-DANBEED: ENDNOTES

Qoraal danbeedku (*endnote*) waa hoosqorkii, waana ka baaxad weyn yahay, oo qoraalka ayaa uu gadaal ka raacsan yahay. Labo siyaaboodba waa loo raacin karaa: (1) in cutubka dhammaadkiisa la raaciyo, ama (2) in buugga dhammaadkiisa la raaciyo, oo ay cutubka u dambeeya ama gabaggabada ku xigaan.

TIXRAAC: REFERENCES

Waa ilaha uu qoraagu toos u soo xigtay, oo si habaysan loo qoray—iyada oo la raacayo hababka APA, MLA, iwm.

Haddii buuggu leeyahay qoraal-danbeed (endnotes), halkaas ayaa la raacin karaa tixraaca, in gaar loo qorana looma baahna. Haddii hoosqor ahaan tixraac kasta meeshiisii loo raaciyayna, waa laga maarmi karaa.

RAADRAAC: BIBLIOGRAPHY

Ilo-xogeed uu qoraagu kaashaday laakiin uusan toos u soo xigan, rabana in uu akhtistuhu ka sii kororsado aqoon dheeraad ah, ayaa halkan lagu qoraa.

Haddii buuggu leeyahay qoraal-danbeed (endnotes), halkaas ayaa la raacin karaa raadraaca, in gaar loo qorana looma baahna.

EREYFUR: GLOSSARY

Haddii ay buugga ku jiraan ereyo badan oo qeexitaan u baahan, ayna adag tahay in qoraalka dhexdiisa lagu wada qeexo, waxaa habboon in Ereyfur (*Glossary*) loo sameeyo oo gadaal laga raaciyo buugga.

EREYTUS: INDEX

Waa qaybta buugga ugu dambaysa waxa ayna ka kooban tahay ereyada muhiimka ah ee qoraalka ku jira iyo bogagga laga heli karo. Waxa ay akhristaha u fududaysaa helitaanka waxa uu u baahan yahay. Sheeko-faneeddu uma baahna.

QAYBAHA BUUGGA

*"Nin lagu seexdoow ha seexan,
Xil baad siddaa ha seexan."*
—Cali Sugulle

RAADRAAC

Soomaali

Afmaal 1. Tifaftirayaasha: Cabdirashiid M. Ismaaciil, Cabdalla C. Mansuur, Saynab A. Sharci. 2012.

Axmed F. Cali "Idaajaa", Murtida Maahmaahda Soomaalida. 2005.

Axmed F. Cali "Idaajaa", Silsiladda Xulka Suugaanta Soomaaliyeed 1. Looh Press. 2017.

Axmed F. Cali "Idaajaa", Ismaaciil Mire. Looh Press. 2020.

Axmed Sheekh Jaamac (tifaftirkii: Rashiid Cabdillaahi), Cadlidoonaha Daal Allaa Baday. Ponte Invisible. 2013.

Cabdalla Cumar Mansuur & Annarita Pugliell, Barashada Naxwaha af Soomaaliga, i. Looh Press. 2018.

Cabdiraxmaan Cumar Warsame (Feegar), Hab-qoraalka Sheekada Gaaban. Akademiyada Cilmiga, Fanka, iyo Suugaanta. 1983.

Cabdiraxmaan C.F. 'Barwaaqo', Mahadho. Hal-Aqoon. 2015.

Cabdulqaadir Diiriye, Soodoog. Garanuug. 2020.

Cali Ileeye, Xabagbarsheed. Garanuug. 2018.
Cismaan Cabdinuur Xaashi, Af-dhaab. Akaddemiyadda
 Cakaara. 2018.
Guddiga afka Soomaalida, Asaaska Naxwaha af Soomaaliga. 1971.
Maxamed Baashe X. Xasan, Hal Aan Tebayey. 2008.
Maxamed Baashe, X. Xasan, Hal Ka Haleel.
 Garanuug. 2018.
Maxamed Baashe X. Xasan, Afka Hooyo Waa
 Hodan, Garanuug. 2019.
Maxamed Baashe X. Xasan, Hal Tisqaaday.
 Garanuug. 2020.
Maxamed Gaanni, Dhabannahays. Garanuug. 2020.
Maxamed Xaaji Xuseen Raabi, Habka Qoraalka.
 Jaamacadda Ummadda Soomaaliyeed. 1977.
Shire Jaamac Axmed, Naxwaha af Soomaaliga.
 Akadeemiyaha Dhaqanka. 1976.
Xuseen Sh. Axmed (Kaddare), Waasuge iyo Warsame.

Carabi

أربع رسائل في علوم الحديث (- قاعدة في الجرح والتعديل - السبكي- قاعدة في المؤرخين - السبكي- المتكلمون في الرجال - محمد بن عبد الرحمن السخاوي شمس الدين- ذكر من يعتمد قوله في الجرح والتعديل - الذهبي): السبكي - السخاوي - الذهبي. المحقق: عبد الفتاح أبو غدة. مكتبة المطبوعات الإسلامية. الطبعة الخامسة ١٩٩٠.

اقرأ وارقَّ: علي بن محمد بن حسين العمران. العصرية للنشر والتوزيع. ٢٠١٨.

الإعلان بالتوبيخ لمن ذم أهل التاريخ: السخاوي: فرانز روزنثال. مؤسسة الرسالة. ١٩٨٦.

الإقتراح في بيان الاصطلاح: تقي الدين أبو الفتح محمد بن علي بن وهب بن مطيع القشيري، المعروف بابن دقيق العيد. دار الكتب العلمية - بيروت.

الجامع لأخلاق الراوي وآداب السامع: الخطيب البغدادي. المحقق: محمد عجاج الخطيب. مؤسسة الرسالة. ١٩٩٦.

الحيوان: عمرو بن بحر بن محبوب الكناني بالولاء، الليثي، أبو عثمان، الشهير بالجاحظ. دار الكتب العلمية - بيروت الطبعة: الثانية، ١٤٢٤

الذهبي ومنهجه في كتابه تاريخ الإسلام: معروف، بشار عواد. عيسى البابي الحلبي - جامعة بغداد. ١٩٧٦.

الرسول المعلم صلى الله عليه وسلم وأساليبه في التعليم: عبد الفتاح أبو غدة. مكتبة المطبوعات الاسلامية بحلب. ١٩٩٦.

العقد الفريد: أحمد بن محمد بن عبد ربه الأندلسي. المحقق: مفيد محمد قميحة. دار الكتب العلمية. ١٩٨٣.

الغياثي غياث الأمم في التياث الظلم: عبد الملك بن عبد الله بن يوسف بن محمد الجويني. المحقق: عبد العظيم الديب. مكتبة إمام الحرمين الطبعة: الثانية.

القراءة المثمرة: مفاهيم وآليات: عبد الكريم بكار. دار القلم - دمشق - الدار الشامية. ٢٠٠٧.

المشوق إلى القراءة وطلب العلم: علي بن محمد بن حسين العمران. دار عالم الفوائد للنشر والتوزيع. ٢٠٠٢. الطبعة الثانية.

بستان العارفين: يحيى بن شرف النووي محي الدين أبو زكريا. المحقق: محمد الحجار. دار البشائر الإسلامية. ٢٠٠٦.

تاريخ بغداد: للخطيب البغدادي. دار الكتب العلمية.
تقييد العلم: الخطيب البغدادي. المحقق: سعد عبد الغفار علي. دار الإستقامة. ٢٠٠٨.

تذكرة السامع والمتكلم في أدب العالم والمتعلم: بدرالدين ابن جماعة الكناني. دار البشائر الإسلامية. ٢٠١٣.

جامع بيان العلم وفضله: ابن عبد البر. المحقق: أبو الأشبال الزهيري. دار ابن الجوزي - الدمام. ١٩٩٤.

روضة المحبين ونزهة المشتاقين: ابن قيم الجوزية. مجمع الفقه الإسلامي بجدة.

سير أعلام النبلاء: الذهبي. المحقق: شعيب الأرناؤوط - بشار معروف - آخرون. مؤسسة الرسالة. ١٩٨٢.

طبقات الشافعية الكبرى: تاج الدين السبكي. المحقق: محمود محمد الطناحي - عبد الفتاح الحلو. فيصل عيسى البابي الحلبي. ١٩٦٤.

فتح المغيث بشرح ألفية الحديث: السخاوي. المحقق: عبد الكريم بن

عبد الله بن عبد الرحمن الخضير - محمد بن عبد الله بن فهيد آل فهيد. دار المنهاج.

قيمة الزمن عند العلماء: عبد الفتاح أبو غدة. مكتبة المطبوعات الإسلامية. الطبعة العاشرة.

مقدمة ابن خلدون: ابن خلدون تحقيق: أ.د علي عبدالواحد وافي. دار نهضة مصر. ٢٠١٤. الطبعة: السابعة.

منهج الفن الإسلامي : محمد قطب. دار الشروق ١٩٨٣

نهاية المطلب في دراية المذهب: عبد الملك بن عبد الله بن يوسف بن محمد الجويني. المحقق: عبد العظيم الديب. دار المنهاج. ٢٠٠٧.

Ingiriisi

Afrax, Maxamed Daahir (2013) Between continuity and innovation: transitional nature of post-independence Somali poetry and drama, 1960s – the present. PhD Thesis. SOAS, University of London Source: Afrax Phd.

Anne Lamott, Bird by Bird. Canon Gate. 2020.

Bill Bryson, Mother Tongue: The Story of The English Language. 1990.

Brian D. Osborne, Writing Biography and Autobiography. 2004.

George Orwell, Why I Write. 1946. Accessed online on 21 January 2021. https://www.orwellfoundation.com/the-orwellfoundation/orwell/essays-and-other-works/why-i-write/

James Atlas, The Shadow in the Garden. Vintage Books. 2017.

John Jorke, Into the Woods. Penguin Books. 2013.

Mary Norris, Between You & Me. Norton. 2015.

Mortimer J. Adler & Charles Van Doren, How to Read a Book. Touchstone. 2014.

New Oxford Style Manual. Oxford University Press. 2016.

Richard Holmes, This Long Persuit. William Collins. 2017.

Scott Norton, Developmental Editing. University of Chicago Press. 2009.

Stephen King, On Writing. Hodder. 2012.

Steven Pinker, The Sense of Style, The Thinking Person's Guide To Writing In The 21st Century. 2014.

The Economist Style Guide, 11th edition. 2015.

Will Storr, The Science of Storytelling. William Collins. 2019.

William Strunk Jr., The Elements of Style. 1918.

William Zinsser, On Writing Well, 30th Anniversary Edition: An Informal Guide to Writing Nonfiction. 2012.

www.ingramcontent.com/pod-product-compliance
Lightning Source LLC
Chambersburg PA
CBHW021137080526
44588CB00008B/98